GRÜNE
LÜGEN

FRIEDRICH SCHMIDT-BLEEK

GRÜNE LÜGEN

Nichts für die Umwelt, alles fürs Geschäft – wie Politik und Wirtschaft die Welt zugrunde richten

LUDWIG

MIX
Papier aus verantwortungsvollen Quellen
FSC® C014889
www.fsc.org

Verlagsgruppe Random House FSC® N001967
Das für dieses Buch verwendete
FSC®-zertifizierte Papier *EOS*
liefert Salzer Papier, St. Pölten, Austria.

2. Auflage
Konzept und Realisation: Kerstin Lücker, Berlin
Redaktion: Andrea Kunstmann, München

Umschlaggestaltung: Eisele Grafik · Design, München
Umschlagillustration: © James Shearman/Photodisc/GettyImages
Satz: Leingärtner, Nabburg
Druck und Bindung: Pustet, Regensburg
Printed in Germany 2014
ISBN: 978-3-453-28057-1

www.ludwig-verlag.de

Für Jacqueline und meine Kinder

Inhalt

Einleitung

Was, glauben Sie, ist eine der begehrtesten Schmugglerwaren der Welt? Welchen Rohstoff müssen Länder wie die Schweiz importieren, weil sie ihn nicht mehr haben? Und welcher Rohstoff hat exportierenden Ländern wie Australien in den letzten zwanzig Jahren beträchtliche Gewinne beschert? Öl? Uran? Gas?

Nein, es ist Sand.[1] Und nein, es geht nicht bloß um Sandkästen für Kindergärten und Spielplätze. Gebäude, Straßen, Computer, Kreditkarten, Geldautomaten, Verkehrsmittel, aber auch Glas, Lebensmittel, Kosmetika und Solarzellen: Unsere Zivilisation ist auf Sand gebaut. Sand ist der wichtigste Bestandteil von Beton und Stahlbeton. In Sand sind auch jene wichtigen Mineralien enthalten, ohne die unsere Kommunikationstechnologie undenkbar wäre – ohne Sand könnte man keine wertvollen Chips und Mikroprozessoren herstellen. Doch trotz riesiger Wüsten geht uns dieser Rohstoff aus. Für Beton ist Wüstensand nicht geeignet, weil seine vom Wind rund geschliffenen Körner nicht aneinander haften. Der als Baustoff begehrte Sand stammt von Meeresböden, Stränden und den Ablagerungen in Flüssen. Etwa 15 Milliarden Tonnen werden jährlich verbraucht, statistisch gesehen sind das weltweit mehr als 20 Tonnen pro Kopf.

Sand ist ein natürliches Material und steht, wie viele unserer Ressourcen, nicht unbegrenzt zur Verfügung. Je mehr Sand verbraucht wird, desto schwieriger wird es, neuen zu beschaffen. Es mag wie eine harmlose Kuriosität erscheinen, dass Länder wie Dubai, die von Wüste umgeben sind, Sand aus Australien importieren müssen. Die weniger harmlose Kehrseite ist, dass mit dem

Abbau von Sand am Meeresboden Tiere und Organismen getötet werden, wodurch die Nahrungskette unterbrochen wird und die Fischbestände schrumpfen. Strände und sogar ganze Inseln verschwinden durch den Abbau von Sand. Es mag uns in Europa egal sein, dass marokkanische Strände verschandelt und vernichtet werden. Es mag uns egal sein, dass in Kalifornien Millionen Dollar investiert werden, um Strände mit Sand aufzuschütten und so für die Touristen zu erhalten, und dass dieser mühsam zurückgewonnene Strand innerhalb eines Jahres wieder verschwindet. All das scheint – noch – weit weg. Doch je knapper der Rohstoff Sand weltweit wird, desto teurer wird er, und das trifft irgendwann auch den deutschen Häuslebauer.

Nach Luft und Wasser ist Sand das meistverbrauchte Wirtschaftsgut der Welt. Da verwundert es nicht, dass um den Handel mit Sand bereits mafiöse Strukturen entstanden sind, wie wir sie aus anderen lukrativen Geschäftsbereichen kennen.

Was für Sand gilt, gilt im Grunde genommen für jedes natürliche Material. Wasser und Luft, Wälder, Pflanzen, aber auch Öl, Gas oder seltene Erden: All dies wird von uns in rasender Geschwindigkeit verbraucht. Viele natürliche Materialien wachsen nicht oder nur langsam nach und lassen sich kaum ersetzen. Und so sind die meisten Rohstoffe heute Gegenstand von schärfer werdenden wirtschaftlichen Auseinandersetzungen. Doch die wirtschaftlichen Folgen der Rohstoffknappheit stellen noch das geringere Problem dar. Die eigentliche Gefahr besteht in den ökologischen Folgen, die jede Verwendung natürlichen Materials zeitigt. So wie der Abbau von Sand das Meer aus dem Gleichgewicht bringt, so beeinträchtigt auch die Dezimierung der großen Wälder, die Tag für Tag fortschreitet, wichtige Funktionen des Ökosystems. Die akute Bedrohung unserer Wasservorräte ist hinreichend bekannt – die Folgen mag sich bisher niemand so recht ausmalen. Erst kürzlich, auf der Münchner Sicherheitskonferenz am 2. Februar 2014, die sich ausschließlich mit politischen und militärischen Konflikten befasst, wurde eine Studie präsentiert, der zufolge in China und Indien, aber auch im Nahen Osten und in Afrika das Wasser auszugehen droht. Mehr als die Hälfte des chinesischen Grundwassers ist durch Rückstände aus Industrie und Viehzüchtung verschmutzt und durch Schwermetalle belastet; in Indien müssen einige Regionen bereits mit Trinkwasser aus Tanklastwagen versorgt werden. Die mit der Wasserknappheit drohenden globalen Konflikte bereiten nun auch Politik und Militärs zunehmend Sorge.[2]

Und zu den bereits durch Atom*katastrophen* kontaminierten Gebieten werden sich bald durch Atom*müll* kontaminierte hinzugesellen – denn es ist zweifelhaft, ob es überhaupt irgendwann gelingt, diesen Abfall einigermaßen »sicher« zu entsorgen.

Die Knappheit von Wasser, Sand und sauberer Luft, die Überfischung der Meere, ihre Übersäuerung und Vergiftung durch gigantische Mengen von Plastikabfällen, die Verwüstung ganzer Landstriche: Die meisten dieser Gefahren klassifizieren wir als Umweltprobleme. Sie bedrohen uns existenziell, und zwar jeden Einzelnen von uns, weltweit. Doch was macht die Umweltpolitik? Sie scheint nur ein Thema zu kennen: den Klimawandel. Und sie scheint dafür nur eine einzige Ursache auszumachen: die industriell verursachten CO_2-Emissionen. Wo immer heute die Rede von Umweltproblemen ist, sucht man beinahe vergeblich nach anderen Themen. Der Wahlkampf zur Bundestagswahl 2013 zeigte dies mehr als deutlich, und auch der von CDU/CSU und SPD ausgehandelte Koalitionsvertrag bestätigt es. Selbst die Grünen, einst als Partei für ökologische Fragen angetreten, halten es nicht mehr für erwähnenswert, dass es andere, ernst zu nehmende Umweltprobleme gibt. Es scheint, als würde uns die Vielzahl der Bedrohungen schlicht überfordern. »Wo sich alles in Gefährdungen verwandelt, ist irgendwie auch nichts mehr gefährlich«, schrieb der Soziologe Ulrich Beck schon vor mehr als 25 Jahren (Beck spricht neben den ökologischen auch von sozialen Gefahren).[3]

Verstehen Sie mich nicht falsch: Der Klimawandel stellt eine ernste Bedrohung dar, und wir bekommen bereits heute die ersten Folgen zu spüren. Es ist völlig richtig, dass wir etwas dagegen unternehmen. Nur nützen uns hehre Absichten nichts, wenn sie in die Irre führen und der eingeschlagene Weg, anstatt wirklich Abhilfe zu schaffen, die Probleme noch verschärft. Genau dies aber passiert derzeit in der deutschen wie in der weltweiten Umweltpolitik.

Die Tatsache, dass wir die meisten Gefahren, wie Ulrich Beck es in der *Risikogesellschaft* analysiert hat, gar nicht wahrnehmen, sowie die Tatsache, dass unser Gefahren- und Krisenempfinden von unserem Wissen abhängig ist, haben unsere Umweltpolitik und unser Umweltbewusstsein in eine fatale Schieflage gebracht. Wir halten es für einen Segen, dass wenigstens der Klimawandel als Umweltproblem gesellschaftliche Anerkennung gefunden hat. Immerhin, sagen wir uns, werden inzwischen wenigstens hier weltweite Anstrengungen zu seiner Bekämpfung unternommen. Und wir glauben voll stolzer Überzeugung, gerade Deutschland stehe besonders gut da, mit seinem ständig wachsenden Anteil an erneuerbaren Energien und Vorzeigetechniken wie dem Elektromobil.

Mit diesem Glauben befinden wir uns im Irrtum. Die Energiewende trägt nicht zur Entschärfung von Umweltproblemen bei, weil sie anstelle von Ursachen nur Symptome bekämpft. Sie trägt nicht einmal maßgeblich zur Verlangsamung des Klimawandels bei! Und zwar deshalb, weil sie sich nahezu ausschließlich auf technische Energie konzentriert, und hier auf den Ausstoß von CO_2. Die Ursachen für den Klimawandel liegen jedoch nicht allein in der Verwendung technischer Energie und der damit verbundenen Emission von CO_2, sondern auch und in allererster Linie im Verbrauch natürlichen Materials – die Entnahme von Sand trägt dazu ebenso bei wie der Verbrauch von Wasser, das Abholzen von Wäldern und vieles mehr. Der ungebremste und verschwenderische Gebrauch von Ressourcen führt zu einer rasanten Zerstörung unserer Umwelt weltweit. Der Klimawandel ist lediglich eine von mehreren gefährlichen Folgen dieser Entwicklung.

Wenn aber der Verbrauch von Ressourcen ebenso zum Klimawandel beiträgt wie die CO_2-Emissionen, wenn er zudem andere, schwerwiegende Umweltprobleme erzeugt, so bedeutet dies, dass die Energiewende diese Probleme nicht löst, sondern sogar noch verschärft. Denn viele als grün gepriesene Technologien erfordern einen extrem hohen Materialeinsatz. Durch ihre Ressourcenintensität sind sie Gift für die Umwelt und in Wahrheit alles andere als grün. Gerade die CO_2-mindernde Technik ist in der Regel besonders ressourcenintensiv und verschärft damit unsere Umweltprobleme. All dies werde ich im vorliegenden Buch ausführlich erläutern.

Vor allem aber grenzt die Fokussierung auf den Klimawandel andere schwerwiegende Umweltprobleme zunehmend aus. Umweltwissenschaftler beobachten derzeit mindestens fünf, sechs gefährliche Entwicklungen derselben Größenordnung – etwa die regionale Verknappung von Trinkwasser durch Übernutzungen, den Artenverlust, die Ausbreitung von Wüsten, die Erosion von Mutterböden, die Zerstörung der Regenwälder und von Landflächen, die versiegelt, verweht, vergiftet oder ausgelaugt und damit unfruchtbar gemacht werden. Glauben Sie, dass diese Probleme gelöst werden, indem man sie ignoriert? Es ist mir schleierhaft, wie man in der Energiewende ein vielversprechendes Erfolgsmodell sehen kann, angesichts des Umstands, dass sie nicht einmal den Klimawandel aufzuhalten vermag.

Hans-Jürgen Papier, ehemals Präsident des Bundesverfassungsgerichts, sagte unlängst im Rahmen einer Diskussion im Fernsehsender *Phoenix*,[4] angesichts der Rentenpläne der Koalition von CDU, CSU und SPD sei es denkbar, eine Klage im Sinne von Artikel 20a des Grundgesetzes beim Verfassungsgericht anzustrengen, weil diese Pläne zukünftige Generationen finanziell so stark belasten, dass damit die »soziale Nachhaltigkeit« missachtet werde. Artikel 20a des Grundgesetzes lautet:

»Der Staat schützt auch in Verantwortung für die künftigen Generationen die natürlichen Lebensgrundlagen und die Tiere im Rahmen der verfassungsmäßigen Ordnung durch die Gesetzgebung und nach Maßgabe von Gesetz und Recht durch die vollziehende Gewalt und die Rechtsprechung.«

Auch wenn Papier die Rentenpläne und die soziale Nachhaltigkeit im Sinn hatte: Wie schon die vergangenen, vernachlässigt auch die aktuelle Regierung den vorgeschriebenen Schutz der »natürlichen Lebensgrundlagen«, zu dem sie *insbesondere* in Verantwortung für künftige Generationen verpflichtet ist. Eine Klage schiene mir hier durchaus berechtigt.

Wirtschaftswachstum

Wir sind Gefangene einer Zivilisation, die uns zwingt, die Umwelt zu zerstören, um Erfolg zu haben. Ein grundlegender Webfehler unseres Wohlstandes besteht darin, dass wirtschaftlicher Erfolg sich an einer wachsenden Zahl produzierter Güter bemisst und damit zwangsläufig an einen wachsenden Materialverbrauch gekoppelt ist. Solange sich Fortschrittswille und Risikobereitschaft an der Zuwachsrate des Bruttoinlandprodukts (BIP) messen, schwindet die Chance auf eine zukunftsfähige Gesellschaft, und auch das soziale Gefälle wird weiter wachsen. Aus diesem Dilemma können wir uns nur durch eine grundsätzliche Umkehr befreien. Es bedarf eines Richtungswechsels, durch den wirtschaftliches Wachstum von materiellem Wachstum abgekoppelt wird (zum Beispiel durch die Stärkung von Dienstleistungen). Eine solche Umkehr verlangt mehr als ein paar umweltpolitische Maßnahmen, die aus einem oder zwei Ministerien heraus lanciert werden. Sie verlangt gesamtgesellschaftliche Anstrengungen, die von höchster Stelle aus koordiniert werden. Das Überleben von Banken auf Zypern sollte weniger wichtig sein als die Zukunft der Umwelt unserer Kindeskinder. Warum spiegelt sich diese Trivialität nicht in der Regierungspolitik und ihren Investitionen wider? Wo bleibt die viel gerühmte Verhältnismäßigkeit?

Wir brauchen eine Ressourcenwende

Die knapper werdende Ressource Sand stellt eines von zahlreichen Umweltproblemen dar, die in der öffentlichen Wahrnehmung unterrepräsentiert sind. An ihrem Beispiel wird noch etwas deutlich: Wo ein Rohstoff abgebaut wird, kommen fast immer weitere Rohstoffe zum Einsatz. Zum Beispiel muss der Sand, ehe er zu Beton verarbeitet werden kann, mit großen Mengen Wasser gereinigt werden. Und man benötigt technische Energie für Bagger, Kräne und Schiffe, die Sand aus Fluss- und Meeresböden schöpfen. Um Sand verwenden zu können, brauchen wir also auch Rohstoffe wie Öl (für Benzin) oder Braunkohle (für Strom) oder vergleichbare Energieträger. Und was, glauben Sie, braucht man für den Bau von Braunkohle- oder Atomkraftwerken? Sand!

Wenden wir diese fatalen Wechselwirkungen ins Positive: Wenn nahezu jeder Einsatz einer Ressource mit der Aufwendung weiterer Ressourcen einhergeht und dieser Ressourcenverbrauch die verschiedensten Umweltprobleme erzeugt, dann muss umgekehrt auch jede Einsparung von Ressourcen zu einer Kettenreaktion von weiteren Einsparungen führen: Dort, wo ich statt zehn Tonnen nur eine Tonne Sand abbaue, brauche ich ungefähr zehnmal weniger elektrischen Strom und Treibstoff für Schiffe, Bagger oder Kräne. Doch nicht nur das: Ich brauche auch zehnmal weniger Schiffe, Bagger, Kräne und Lastwagen und damit wiederum weniger Ressourcen und technische Energie für deren Herstellung. Am Ende wirkt sich deshalb jede Ressourcensparmaßnahme auf eine ganze Kette weiterer Ressourcen aus, und mit der Einsparung von Energie wird nahezu zwangsläufig auch der CO_2-Ausstoß vermindert.

Es war diese Idee, die mich Ende der 1980er-Jahre dazu veranlasste, den Umweltschutz völlig neu zu denken. Ausgehend von dieser Überlegung, entwickelte ich in der Folgezeit das Konzept der Ressourcenwende. Es beruht im Kern auf der Forderung, unsere Wirtschaft materiell ungefähr um den Faktor 10 zu verschlanken.

Das bedeutet, in möglichst naher Zukunft dafür zu sorgen, dass wir – weltweit – mit einem zehnfach verringerten Ressourceneinsatz denselben oder noch mehr Wohlstand erzeugen.

Seitdem ich die Forderung nach einer Dematerialisierung um den Faktor 10 zum ersten Mal formuliert habe, sind zahlreiche Gremien und Institutionen entstanden – allen voran das von mir mit aufgebaute Wuppertal Institut für Klima, Umwelt, Energie –, die dieses Konzept aufgenommen und weiterentwickelt haben. Der Lösungsansatz liegt also auf dem Tisch – seit nunmehr über 20 Jahren. Zahlreiche Forschungen sowie unzählige Versuche in der Praxis haben längst erwiesen, dass eine materielle Verschlankung, wie ich sie im Rahmen der Ressourcenwende fordere, praktikabel ist.

Die Bedeutung der Ressourcenproblematik wird heute kaum ernsthaft bestritten. Das wird allein aus der Zahl politischer Absichtsbekundungen deutlich: Wer sucht, findet Papiere und Gremien auf Bundes- und EU-Ebene, die eine Umkehr des materiellen Wachstums und einen sparsamen, verantwortlicheren Umgang mit Ressourcen einfordern (vgl. dazu S. 187 ff.). Doch leider bleibt es bisher bei diesen Absichtsbekundungen. Anstatt dem verschwenderischen und zu einem großen Teil völlig unnötigen Verbrauch von Ressourcen Einhalt zu gebieten, setzt unsere Regierung weiterhin auf die Energiewende und verkauft sie uns als zukunftsweisendes Projekt. Damit belügt sie uns, und damit belügen wir uns als Gesellschaft selbst, solange wir keinen Widerstand leisten.

»Zukunft« wird es nur dann geben, wenn es uns gelingt, die Schraube des steigenden Ressourcenverbrauchs zurückzudrehen. Solange das nicht geschieht, sind all unsere als »grün« und »ökologisch wertvoll« etikettierten Produkte Schwindel – und das gilt in vielerlei Hinsicht auch für die Energiewende. Es ist dringend an der Zeit, nicht über Energie, sondern über Ressourcen zu sprechen. Wir alle, jeder einzelne Verbraucher und in besonderem Maße die Verantwortlichen in Unternehmen und Politik, müssen für eine Umkehr im Umgang mit Ressourcen sorgen. Und zwar jetzt!

I Öko-Rollback – zurück in die Vergangenheit

In einer Ausgabe des Magazins *Intelligent Life* war vor einigen Jahren ein interessantes Gedankenexperiment zu lesen: »Es wäre einfach, sich eine Parallelwelt vorzustellen, in der die BBC-Nachrichten mit dem Wetterbericht beginnen, der uns über Hitzewellen, Hurrikane und Monsune informiert. Danach würde der Umweltredakteur übernehmen. Er würde analysieren, wie diese sich auf Hunger, Ressourcenvorkommen und Migration auswirken, bevor er schließlich an den Politikredakteur übergibt – mit einer gewissen Erleichterung –, der vor der Downing Street Nr. 10 steht und die letzten Wendungen im Finanzskandal erklärt. Das hätte eine gewisse Logik.«[5]

Der Autor Robert Butler beobachtet, dass geografische Themen heute selten ohne alarmierenden Unterton diskutiert werden. Sobald ein Gegenstand aus dem Bereich Geografie aufkomme – zum Beispiel Ackerbau, Flüsse, Bevölkerungswachstum –, finde man sich fast zwingend in einem Gespräch über versalzene Ackerböden in Bangladesch, die Versauerung der Ozeane oder die fortschreitende Wüstenbildung in Afrika wieder. Und wo immer man das Gespräch begonnen habe, am Ende lande man unweigerlich beim Topthema: dem Klimawandel. Der BBC hingegen attestiert der Autor eine Perspektive auf das Weltgeschehen, die eher dem 19. Jahrhundert entspreche, die die Politik eher als Zusammentreffen konträrer Meinungen verstehe, die durch Wahlen, Gipfeltreffen und Friedensprozesse verhandelt werden könnten. »Auf diese Weise wird die Umwelt getrennt als eines von vielen Themen behandelt, obwohl die Geschichte zeigt, dass die Überlebensfähigkeit einer Zivilisation davon abhängt, wie sie mit ihrer Umwelt umgeht. Die großen Faktoren, die unser Leben in den nächsten 50 Jahren bestimmen werden, sind vermutlich Dinge, über die wir nur wenig Kontrolle haben. Oder, wie der UN-Generalsekretär Ban Ki-moon einmal sagte: ›Man kann mit dem Iran verhandeln. Man kann nicht mit der Natur verhandeln.‹«

Butlers Artikel erschien 2009. Heute, fünf Jahre später, scheint es, dass die Entwicklung genau die entgegengesetzte Richtung genommen hat. Es ist nicht gelungen, die Lösung der uns bedrängenden Umweltprobleme zum Topthema zu machen, ihr vor allen anderen Themen den Vorzug zu geben, in den Medien nicht und schon gar nicht in Politik und Gesellschaft. Im Gegenteil: In einem Artikel der *ZEIT* vom 21.11.13 ist zu lesen: »Öko war früher. Von den grünen Bekenntnissen der Menschheit ist wenig geblieben. Die Welt gibt erst mal auf.«[6] Die Autoren sprechen vom Öko-Rollback – vom Rückfall in eine Vergangenheit, da Fragen des Umweltschutzes kaum die Gemüter bewegten. Denn selbst hartgesottene Kämpfer für die Umweltsache ziehen sich inzwischen resigniert zurück, wie bei der 2013 im polnischen Warschau veranstalteten Weltklimakonferenz, bei der – zum ersten Mal in der Geschichte der Klimakonferenzen – die NGOs (die Nicht-Regierungs-Organisationen) geschlossen und unter Protest den Saal verließen. Das Zauberwort, mit dem jede vernünftige Umweltpolitik in die Schranken gewiesen wird, lautet »Wachstumshindernisse«. Keine Regierung, auch nicht die deutsche, traut sich eine Politik zu, die sich als Wachstumshindernis für die eigene Volkswirtschaft erweisen könnte. Da mag die ökologische Gefahr noch so groß sein.

Nach der Ölkatastrophe im Golf von Mexiko erteilten die USA noch mehr Genehmigungen für die riskante Offshore-Ölförderung als zuvor. Zugleich verbreitet sich im Inland das sogenannte Fracking, die Gewinnung von Erdgas aus besonders tief liegenden Gesteinsschichten. Mit beiden ausgesprochen risikoreichen Techniken sichern die USA der heimischen Industrie die Grundlage zu weiterem unbegrenztem Wachstum. Besonders fatal an dieser Entwicklung: Die neuen Reserven verschaffen der amerikanischen Industrie unerwartete Mengen billige Energie und damit Wettbewerbsvorteile, sodass Länder, die sich für eine vernünftigere, aber teurere Energiepolitik entscheiden, auf dem Weltmarkt ins Hintertreffen geraten, zumindest auf kurze Sicht. Damit üben die USA einen gewaltigen Druck auf den Rest der Welt aus und nehmen letztendlich auch der deutschen Energiewende den Wind aus den Segeln. Die Folgen waren auf der Klimakonferenz in Warschau zu beobachten. Wie in einer Kettenreaktion zog sich Regierung um Regierung von der Verantwortung zurück. Japan gibt sein Ziel auf, den CO_2-Ausstoß zu begrenzen, und verkündet, von nun an wieder größere Mengen CO_2 zuzulassen. Der polnische Außenminister erklärt die Kohle zur unverzichtbaren Existenzgrundlage seines Landes. Während in Neuseeland gerade der Asylantrag des weltweit ersten Klimaflüchtlings geprüft wird, will das Nachbarland Australien die eben eingeführte CO_2-Steuer wieder abschaffen. In Deutschland beschließt die neue Große Koalition, die Energiewende zu bremsen; insbesondere Hannelore Kraft (SPD), Ministerpräsidentin von Nordrhein-Westfalen, macht sich für die dort ansässige Industrie stark und betont, dass wirtschaftliche Interessen und Arbeitsplätze Vorrang haben vor der Umwelt. Und die CDU handelt nach demselben Prinzip: Unmittelbar nach ihrer Wiederwahl betrieb die Regierung unter Angela Merkel die Änderung eines Abkommens der EU, das die Begrenzung des CO_2-Ausstoßes von Neuwagen ab dem Jahr 2020 vorsah. Die Begrenzung von 95 Gramm Kohlendioxid-Ausstoß pro Kilometer müssen die Autobauer nun erst 2021 einhalten. Ein besonders offensichtlicher Fall von Lobbyismus – nur wenige Tage später wurden mehrere Großspenden von Autofirmen an die CDU und ihre bayerische Schwesterpartei bekannt.

Die Rückwärtsrollen in der Umweltpolitik sind eine beängstigende Entwicklung. Zuvor haben wir lange Zeit ungeheure

Anstrengungen erlebt, den drohenden Klimawandel abzuwenden. Seit Jahrzehnten werden Milliarden investiert, um die Emission von Treibhausgasen zu reduzieren: in Ruß- und Abgasfilter, saubere Energiequellen und Maßnahmen zur Dämmung von Gebäuden. Seit Jahren werden zähe Kämpfe zwischen Bund, Ländern, Kommunen, zwischen Ökolobbyisten, Betreibern von Braunkohlebergwerken und Industrie ausgefochten, und seit Jahren wird auf nationaler, europäischer und globaler Ebene mühsam und mit wenig Erfolg um einen wirksamen Klimaschutz gerungen. Hatte das Welt-Klima-Theater in Warschau seine letzte Vorstellung?

Die Zerstörung der Welt nimmt allerorts zu, doch der aktuellen Resignation scheint die Einsicht zugrunde zu liegen, dass unser Bemühen für den Umweltschutz ein Kampf David gegen Goliath ist: Die Bedrohungen sind gigantisch, die Präventionskosten auch, die Folgekosten noch viel höher, und die Aussichten auf wirklich wirksame Maßnahmen tendieren, so die verbreitete Überzeugung, gegen null. Derweil weist eine aktuelle Studie der Europäischen Kommission potenzielle Nettogewinne für die europäische Industrie von 250 bis 600 Milliarden Euro jährlich aus, wenn realistische Möglichkeiten der Ressourceneinsparung wahrgenommen würden.[7]

Da klingt es fast schon wie eine Binsenweisheit, wenn ich behaupte: Unsere Umweltpolitik ist auf dem falschen Weg, denn sie ist wenig effektiv im Hinblick auf die Gefahren, die uns durch die Zerstörung der Ökosphäre drohen. Allerdings ist es im biblischen Gleichnis am Ende der scheinbar ohnmächtige David, der die Auseinandersetzung gewinnt, weil er das richtige Mittel gegen den übermächtigen Gegner findet. Ehe ich von Kapitel 3 an alternative Konzepte für einen angemessenen und wirksamen Umgang mit Umweltproblemen vorstellen will, gilt es zunächst, eine klare Diagnose zu stellen. Denn solange wir nicht anfangen, grundsätzlich anders zu handeln, nehmen die Bedrohungen von Minute zu Minute zu.

Natur, die der Mensch nutzt, steht uns als Natur in ihrer ursprünglichen Form nicht mehr zur Verfügung. Diese Erfahrung lehrten bereits die Anfänge des Ackerbaus vor rund 12 000 Jahren, als sich erwies, dass das Säen und Ernten von Nahrungsmitteln auf einem Stück Land nicht beliebig oft wiederholbar ist. Es dauerte jedoch fast ebenso lange, bis daraus ein Problem wurde, denn lange Zeit schien der Vorrat an Natur unbegrenzt: War ein Boden unfruchtbar geworden, ein Wald abgeholzt, so zog man einfach weiter. Immerhin: Als die industrielle Revolution den Naturverbrauch im 19. Jahrhundert drastisch beschleunigte, entstand fast zur selben Zeit die »romantische« Sehnsucht nach unberührter Natur. Ahnten die Romantiker bereits, dass Wälder, Wiesen und Auen zu verschwinden drohten?

Die Rede von der »Nachhaltigkeit« unseres Handelns ist in den politischen und gesellschaftlichen Debatten über die Zukunft nahezu allgegenwärtig. Doch aus übermäßigem Gebrauch wird manchmal Missbrauch: Allzu häufig scheint das Gütesiegel der Nachhaltigkeit allein der Bekundung guter Absichten zu dienen; seine Bedeutungen sind dabei nicht nur vielfältig, sondern auch ausgesprochen unklar. Weit verbreitet ist in der aktuellen Diskussion ein sogenanntes Dreisäulenmodell, in dem soziale, wirtschaftliche und ökologische Aspekte als gleichbedeutende Dimensionen von Nachhaltigkeit aufgefasst werden. Ich halte dies für falsch, weil die ökologische Stabilität – also die ökologische Nachhaltigkeit – Grundvoraussetzung für das Überleben aller Menschen auf dem Planeten Erde ist und weil uns nur ein einziger Planet zur Verfügung steht. Was nutzen den Bewohnern einer Insel in der Karibik wirtschaftlicher Wohlstand und soziale Stabilität, wenn ihr Land in den Fluten eines Tsunami versinkt? Der britische Buchautor Stephen Emmott beschreibt das, was uns durch das kollabierende Ökosystem Erde bevorsteht, anhand eines Vergleichs mit einem Asteroiden, der in absehbarer Zeit auf die Erde fallen und drei Viertel der Weltbevölkerung vernichten wird.[8] Wenn dem so wäre, argumentiert er, müssten wir all unsere Anstrengungen darauf richten, die Katastrophe abzuwenden. Emmott wählt dieses Beispiel, weil die Flugbahn eines Asteroiden heute leicht zu berechnen und die Bedrohung damit real ist. Was das derzeit erreichte Maß der Naturzerstörung auslösen wird, lässt sich nicht ganz so eindeutig vorhersagen. Doch dass die Gefahr nicht genau berechnet werden kann, macht sie nicht weniger bedrohlich. Deshalb ist es kaum nachzuvollziehen, warum ökologische Nachhaltigkeit nicht längst Priorität vor allen anderen Themen hat. Längst müssten ökologische Aspekte und Erwägungen jede Entscheidung unseres Handelns in allen Lebensbereichen gleichermaßen durchdringen.

Blicken wir auf die in der Politik verhandelte Nachhaltigkeit. Der deutsche Sachverständigenrat für Umweltfragen (SRU) formulierte 2012 folgende Stellungnahme: »Die Ökonomie in ihren stofflichen Dimensionen zehrt von ›Größen‹, die sie nicht selbst produzieren, sondern nur verbrauchen kann. Das ökonomische System muss sich daher im Rahmen der Reproduktionskapazität der Natur bewegen. Nachhaltigkeit bedeutet, sich innerhalb der damit gegebenen ökologischen Grenzen zu bewegen.«

Mit der Forderung, menschliches Wirtschaften solle sich im Rahmen der »Reproduktionskapazität« der Natur bewegen, erhebt der SRU einen radikalen Anspruch, bedenkt man, wie wenig realistisch er in der Praxis ist. Der Verbrauch von Natur geht schnell, ihre Wiederherstellung dauert ungleich viel länger oder ist überhaupt unmöglich. Zwar mag es in manchen Bereichen wie der Forstwirtschaft gelingen, durch einigermaßen umsichtiges Wirtschaften Bestände zu erhalten. Die Nutzung von fossilen Rohstoffen wie Kohle und Erdöl, von Erzen und Mineralien wie Eisen oder Schotter erfüllt diese Bedingung aber überhaupt nicht, denn diese Rohstoffe erneuern sich nicht – jedenfalls nicht in von Menschen erlebbaren Zeiträumen. Auch jede Nutzung von Flächen, sei es ihre Versiegelung durch Bauwerke oder das Umpflügen eines

Ackers, ist in diesem Sinne nicht nachhaltig, könnte es allenfalls in langen Zeiträumen sein, wenn entsprechende Flächen der Natur wieder überlassen würden.

Seit Beginn der menschlichen Zivilisation stellt uns die Natur vor das unlösbare Problem, dass verbrauchtes Material nicht beliebig erneuert werden kann. Auf dem Prinzip beliebiger Erneuerbarkeit beruht jedoch unsere Wirtschaft. Wenn der Zucker ausgeht, kaufen wir neuen, wenn das Benzin alle ist, fahren wir zur Tankstelle, und wenn der Akku des Telefons leer ist, hängen wir es an die Steckdose. Dass es irgendwann kein neues Material geben wird, dass die Menschheit mit dem Planeten auskommen muss, auf dem sie lebt, ist eine Erkenntnis, die erstaunlich hartnäckig verdrängt wird. Trotz aller Warnungen reicht unser Vorstellungsvermögen offenbar nicht aus, um zu verstehen, dass irgendwann tatsächlich kein Benzin mehr aus der Zapfsäule kommen könnte – und das ist noch eines der geringsten Probleme, die dann auf uns zukommen.

Weder Technik noch technische Energie kann man ohne den Gebrauch und Verbrauch natürlicher Ressourcen schaffen, d.h. ohne den Einsatz von Material (Masse), Wasser und Fläche. Davon gab es jahrtausendelang scheinbar endlos viel, sodass wir uns in fataler Weise an den Irrtum gewöhnt haben, es könne auch in Zukunft immer so weitergehen. Das gängige Wirtschaftsmodell basiert bis heute auf dieser grundfalschen Annahme. Hinzu kommt die technische Hybris des Menschen, der glaubt, intelligente Technik könne Ersatz schaffen, wenn es einmal knapp wird mit den Ressourcen aus der Natur, dem sogenannten Naturkapital. Dass das zu kurz gedacht ist, sieht man schon daran, dass auch die mühsame Rückgewinnung verschwundener Naturressourcen den Einsatz von Naturressourcen und Energie voraussetzt.

Solange unsere Lebensweise auf der Nutzung von Natur basiert – und das wird immer so sein –, wird sie immer spürbarer an die Grenzen dieser Natur stoßen. In diesem Lichte betrachtet, handelt es sich bei wirklicher Nachhaltigkeit eigentlich um eine Utopie.

Denn theoretisch sind Handlungen nur dann nachhaltig, wenn sie unbegrenzt oft oder auf unbegrenzte Zeit wiederholt werden können. In der Praxis scheint es konstruktiver, den Begriff vorsichtiger zu formulieren: Für mich ist Nachhaltigkeit die Fähigkeit der Gesellschaft, verlässliche Rahmenbedingungen zu schaffen, die Wohlstand für alle Menschen ermöglichen. Gleichzeitig müssen sie die natürlichen, sozialen und wirtschaftlichen Grundlagen für die Zukunft sicherstellen, von denen diese Fähigkeit abhängt. Denn dass viele Ressourcen nach ihrer Nutzung nicht mehr erneuerbar sind, bedeutet nicht, dass es unmöglich ist, die Stabilität der Ökosphäre insgesamt zu erhalten. Ja, es kann und muss gelingen, die Natur so weit zu bewahren, dass jene Dienstleistungen und Funktionen intakt bleiben, die für uns lebensnotwendig sind. Anders gesagt: Wir werden wahrscheinlich irgendwann kein Öl oder Kupfer mehr haben, um zu heizen oder Elektromotoren zu bauen – dafür wird es andere technische Lösungen geben. Wenn wir jedoch »nachhaltig«, d. h. auf Dauer überleben wollen, müssen wir darauf achten, dass uns niemals das Wasser ausgeht und dass man unsere Luft auch in Zukunft noch atmen kann. Wir werden dafür sorgen müssen, dass die Ökosphäre insgesamt in ihrem biologischen Gleichgewicht bleibt.

Die Funktionen und Dienstleistungen der Ökosphäre

Wenn man eine bestimmte Ressource verbraucht hat, bleibt einem nichts anderes übrig, als sie durch andere Materialien zu ersetzen. Man wird, sollte es irgendwann einmal kein Öl mehr geben, mit Gas, Wasserstoff oder anderen Brennstoffen heizen. Doch das eigentliche Problem bei der Verwendung von Material besteht nicht darin, dass es irgendwann aufgebraucht sein wird. Wesentlich folgenschwerer sind komplexe Wirkungszusammenhänge, die durch diesen Verbrauch gestört werden, sodass grundsätzliche Funktionen wie das Klima, die Atemluft oder die Wasservorräte bedroht sind. Ein prominentes Beispiel für solche Zusammenhänge ist die Abholzung des Regenwalds im Amazonasgebiet: Da Bäume die Fähigkeit besitzen, Feuchtigkeit aus dem Boden zu saugen und in Form von Wasserdampf in die Atmosphäre abzugeben, sorgen sie für immer wiederkehrende Niederschläge. Wird ein zu großer Teil des Waldbestandes vernichtet, bleiben die Niederschläge irgendwann aus. Das Klima verändert sich, und auf lange Sicht verwandelt sich eine fruchtbare Region mit Tausenden von Lebensformen in eine Wüste. Doch damit nicht genug. Bäume sind außerdem in der Lage, große Mengen von CO_2 zu speichern und durch Fotosynthese in Sauerstoff umzuwandeln. Die Abholzung des Regenwalds führt also auch zu einer beträchtlichen Steigerung der CO_2-Konzentrationen in der Atmosphäre.

Solche komplexen Wirkungszusammenhänge sind der Grund dafür, dass man Naturgebiete als Ökosysteme bezeichnet, in denen unzählige Elemente vom kleinsten chemischen Teilchen bis hin zu Tier- und Pflanzenarten miteinander zu einem komplexen Ganzen verbunden sind. Die Schwierigkeit, mit der wir angesichts von Systemen konfrontiert sind, besteht darin, dass alle einzelnen Elemente des Systems miteinander in Wechselwirkung stehen. Ursache-Wirkungs-Ketten verlaufen hier nicht linear wie beim Dominospiel, bei dem man beim Anstoß des ersten Steins genau vorhersagen kann, in welcher Reihenfolge die anderen Steine umfallen. Bei komplexen Systemen sind alle Elemente so miteinander verknüpft, dass allenfalls ein paar Reaktionen an der Oberfläche vorausgesagt werden können. Das macht »systemische« Eingriffe so schwierig und führt dazu, dass wir, wo immer wir in die Natur eingreifen, nie wissen können, was wir alles damit auslösen.

Die Funktionen des Ökosystems Erde sind so, wie sie sich im Laufe von Milliarden von Jahren entwickelt haben, für den Menschen überlebenswichtige Dienstleistungen. Zu diesen Dienstleistungen gehören die Sonnenenergie, die den Planeten überhaupt erst bewohnbar macht, die Zyklen von Tag und Nacht und der Jahreszeiten. Es gehört dazu die Vielfalt der Arten und ihr hoch komplexes Zusammenspiel, das wir noch keineswegs umfassend verstanden haben. Auch scheinbare Banalitäten sind wichtig, wie die, dass Blüten durch Insekten bestäubt werden und erst dadurch Früchte wachsen können, die wir Menschen ernten. Es gehört dazu die Verfügbarkeit von flüssigem Wasser und reiner Atemluft, von essbaren Pflanzen und Tieren, die Entstehung und ständige Erneuerung fruchtbarer Böden. Und neben vielem anderen auch der Schutz vor gefährlicher Strahlung aus dem All durch eine ideal austarierte Chemie und Physik der Atmosphäre.

Im Vergleich zur Natur legt der Mensch ein extrem hohes Tempo vor in seinem Bemühen, Ziele zu verwirklichen und Prozesse zu optimieren. Hierdurch bleibt praktisch nie genug Zeit für die beteiligten Komponenten, sich aufeinander einzustellen und neue Gleichgewichte zu finden. Mit anderen Worten: Die natürliche Co-Evolution von Mensch und Natur wird unentwegt durch unsere hastig neu erfundene Technik gestört. Wenn jedoch die Entwicklungen von Mensch und Technik auf der einen und der Natur auf der anderen Seite weiterhin immer stärker auseinanderdriften, könnte der Mensch irgendwann als selbst geschaffenes Fossil auf der Strecke bleiben.

Die Grenzen unseres Handelns liegen nicht in der Knappheit von Ressourcen allein, und die Gefahr für unseren Wohlstand beruht nicht allein darauf, dass diese irgendwann aufgebraucht sein werden. Die eigentliche Grenze unseres Handelns liegt in der Belastbarkeit der Ökosphäre. Nachhaltiges Handeln erfordert daher eine kluge Beachtung der Gesetze der Natur, und nachhaltiger Umweltschutz bedeutet die Erhaltung der lebenswichtigen Leistungen und Funktionen der Natur.

Wie steht es um die Ökosphäre?

Die Antwort auf diese Frage ist so einfach wie bedrückend: Globale Entwicklungen haben bereits begonnen, die uns tragende Biosphäre massiv und dauerhaft zu verändern, oder, sagen wir es deutlicher: zu zerstören. Trotz kostspieliger und immer aufwendigerer Bemühungen, die wir als »Umweltschutz« bezeichnen, nehmen gravierende Probleme immer weiter zu:

- die Versauerung der Ozeane
- die Frischwasserknappheit
- die Aerosolanreicherung in der Atmosphäre (Schwebeteilchen, die in der Luft für Klimaveränderungen, aber auch für die Entstehung des Ozonlochs und von saurem Regen verantwortlich sind)
- der Klimawandel
- der Verlust von Arten
- die Erosion von Mutterböden
- die Ausbreitung von Wüsten
- die Verschmutzung von Wasser und Böden
- die Zerstörung der Ozonschicht

Offenbar können wir nicht verhindern, dass die Ökosphäre immer mehr aus dem Gleichgewicht gerät, »uns um die Ohren fliegt«, wie der *Spiegel* dies einmal nannte, als Wirbelstürme den neuen Bahnhof in Berlin beschädigten. Zu den mitunter skurrilen Auswirkungen dieser Entwicklung gehört, dass die Sumatra-Schildkröte sich heute in Frankfurt zu Hause fühlt und die Nordseequalle im Persischen Golf herumschwimmt. Welche Probleme allein die Vernichtung einzelner Ökosysteme wie des Amazonasgebietes verursacht, ist kaum zu ermessen. Der Philosoph Peter Sloterdijk schuf die Formulierung vom »amazonischen Schmerz« des Menschen als Ausdruck für das Leiden und die Trauer über die Krankheit und den Tod der Natur. Doch wir müssen keineswegs bis nach Brasilien reisen, um diesen Schmerz zu erfahren, denn auch bei uns gibt es unzählige Beispiele für die irreversiblen Veränderungen der Umwelt, die Wirtschaft und Technik verursachen. Nur fällt uns das Verschwinden von Natur oft gar nicht auf. Etwa wenn Vögel, die in Hecken nisten oder dort Schutz suchen, aus Landstrichen verschwinden – weil die Hecken an den Rändern der Felder entfernt wurden, um den großen Landmaschinen die Arbeit zu ermöglichen.

Der Mensch kann keine Technik schaffen, ohne die ökosystemischen Dienstleistungen und Funktionen zu verändern. Je mehr und je ungehemmter er hierfür natürliches Material und Wasser bewegt und nutzt, je mehr Fläche er hierfür belegt und verändert, desto größer wird der Stress für die Natur. Etwa 60 Prozent der untersuchten Ökosystemleistungen seien bereits degradiert oder durch nicht-nachhaltige Nutzung gefährdet, schreibt der Sachverständigenrat für Umweltfragen (SRU 2012) und bezieht sich dabei auf eine Studie aus dem Jahr 2005. Was uns infolge dieser Schäden wirklich droht, kann niemand vorhersagen. Ökologische Katastrophen müssen sich nicht ankündigen, sie können plötzlich und ohne erkennbaren Anlass eintreten. Wirbelstürme wie die Hurrikane Katrina (2005), Sandy (2012) oder der Taifun Hayian (2013) auf den Philippinen geben nur einen Vorgeschmack dessen, was uns jederzeit und in vielen Regionen der Welt überraschen kann.

Wem gehört die Natur?

Wenn von Globalisierung die Rede ist, so wird diese Entwicklung meistens als wirtschaftliches und mediales Phänomen beschrieben. Die Welt, so heißt es, sei heute ein einziger Kommunikations- und Wirtschaftsraum und die Menschen an jedem Ort der Erde gleichermaßen vernetzt. Doch die politischen Machtstrukturen und das Wohlstandsgefälle haben sich bisher auch durch die euphorisch bejubelte Informations- und Kommunikationstechnik nicht allzu sehr verändert. Dagegen sind Umweltprobleme in einem ganz radikalen Sinne global: Kein Mensch kann die Dienstleistungen der Natur beanspruchen oder gar beeinträchtigen, ohne dass andere die Folgen mittragen müssen. Umweltprobleme scheren sich nicht um politische Grenzen, und Macht vermag nichts auszurichten gegen die Schäden, die eine aus dem Gleichgewicht geratene Natur anrichtet – wenn die Polkappen schmelzen, das Klima verrückt spielt und Wirbelstürme sich häufen.

Anders sieht es auf der Seite der Verursacher aus. In der Aufteilung der Welt und den Besitzverhältnissen, wie wir sie heute kennen, spiegelt sich noch immer die imperiale Weltordnung des 19. Jahrhunderts wider. Den größten Nutzen und Wohlstand haben die starken Industrie- und Wirtschaftsnationen, die damit auch in weit größerem Maße für die Zerstörung von Natur verantwortlich sind als weniger stark entwickelte Regionen. Und so kommt es, dass reiche Länder wie Deutschland sich einen teuren Umweltschutz leisten, etwa in Form von Hybridautos, und dazu Rohstoffe aus Ländern nutzen, die durch die Preispolitik auf dem Weltmarkt in Armut gehalten werden und daher weit davon entfernt sind, ihre Rohstoffe für den eigenen Wohlstand einzusetzen – geschweige denn für den Erhalt der Natur. Was erstens ungerecht und zweitens ein fragwürdiger Beitrag zum Umweltschutz ist.

Die meisten Prognosen darüber, welche Umweltkatastrophen uns in den nächsten Jahrzehnten drohen, gehen davon aus, dass die Entwicklungsländer härter betroffen sein werden als die reichen Industrienationen. Bis zu 80 Prozent der Kosten könnten in Asien, Afrika und Südamerika anfallen. Überflutungen weiter Küstenstriche könnten sich besonders verheerend auswirken und zu Verlusten an Siedlungs- und Ackerland führen – unter anderem hätte dies eine Umsiedlung von vielen Millionen von Menschen zur Folge (das Ausmaß der sogenannten Umweltmigration, die uns bevorsteht, scheint unvorstellbar, wenn man bedenkt, wie schwer sich die Europäische Union schon heute mit der vergleichsweise geringen Zahl von Flüchtlingen aus Afrika tut). In Europa und Nordamerika könnten Überflutungen wegen besserer Schutzmaßnahmen weniger gravierend ausfallen. Wir wissen, dass vor allem die Schaffung unerhörten Reichtums in den Industrienationen zu den bedrohlichen Reaktionen der Umwelt geführt hat, zum Beispiel der Veränderung des Klimas. Die Auswirkungen müssen alle ausbaden, doch, wie man befürchten muss, werden die armen Länder sogar den Löwenanteil der Probleme abbekommen.

Grüne Politik?

Ich halte die zunehmende Umweltzerstörung für die einzige unerwünschte, menschenverursachte Entwicklung, die so gut wie vollkommen irreversibel ist. Doch was macht die Politik? Während der Schaden jeden Tag wächst, haben im Wahljahr 2013 nicht einmal mehr die Grünen das Thema an erster Stelle auf ihrer Agenda. Lösungsvorschläge, die uns auf den Weg zu einer nachhaltigeren Lebensweise bringen könnten, suchte man im letzten Wahlkampf vergebens. Stattdessen wird die Energiewende so diskutiert, als würden die Probleme mit ihr gelöst. Wie falsch das ist, wird noch zu erörtern sein. Wenn Politiker behaupten, die Bundesrepublik sei auf dem Weg in die Nachhaltigkeit, dann lügen sie, bewusst, oder weil sie nicht wissen, wovon sie reden. Denn es stimmt einfach nicht. Alle großen Umweltprobleme nehmen jeden Tag weiter zu – wie kann man da der Meinung sein, unsere Politik sei auf dem Weg in die richtige Richtung? Wir haben ein Umweltministerium, und wir haben eine Energiewende, deren Kernziel in der Reduktion von CO_2-Emissionen besteht. Doch was hilft uns das, wenn die Zerstörung der Umwelt in allen anderen Bereichen weiter betrieben wird?

Wenn wir uns darüber einig sind, dass wir die Dienstleistungen der Natur nicht oder nur sehr schwer und im Labormaßstab durch Technik ersetzen können, dann sollten wir endlich aufhören, uns wegzuducken und damit herauszureden, dass wir gerade genug andere Probleme haben. Wir sollten aufhören, das Problem auf nachfolgende Generationen zu verschieben, denn je länger wir warten, desto geringer sind die Chancen, die Schäden aufzufangen, die schon entstanden sind. Nötig wäre der gemeinsame politische Entschluss, einen Prozess in Gang zu setzen, dessen Ziel es ist, jeden unnötigen Verbrauch von Natur zu vermeiden. Es wäre der Entschluss zu einer Ressourcenwende. Doch wer setzt einen solchen Prozess in Gang? Vielleicht könnten die Medien einen Anfang machen. Sie könnten jene Themen in den Vordergrund rücken, die für unsere Existenz in Zukunft entscheidend sein werden. Insofern hätte es tatsächlich eine gewisse Logik, wenn die Nachrichten mit dem Wetterbericht begännen.

2 Was heißt hier Umweltschutz?

Der Umweltschutz schützt die Umwelt nicht

Niemand bestreitet heute mehr, dass es für die Menschheit überlebensnotwendig ist, die bestehenden und drohenden Umweltprobleme ernst zu nehmen, und dass es höchste Zeit ist, endlich entsprechend zu reagieren. Dennoch weigern sich die meisten der beteiligten Akteure in Politik, Wirtschaft und Gesellschaft beharrlich, zu verstehen, dass unsere Umweltpolitik fehlschlägt und dass ein großer Teil der Maßnahmen, die wir im Zeichen drohender Gefahren ergriffen haben, ineffektiv ist oder sogar zur Verschärfung der Lage beiträgt. Dieser blinde Fleck im Bewusstsein der Öffentlichkeit findet sich in allen Parteiprogrammen, die keinen Anlass zur Korrektur des bisher eingeschlagenen Wegs sehen. Blind sind jedoch auch die Medien, in denen man vergeblich nach deutlichen Worten sucht. Dabei müssten sie es eigentlich laut und unentwegt verkünden: Der Umweltschutz, den wir in den letzten 50 Jahren entwickelt haben, schützt die Umwelt nicht – zumindest nicht annähernd in dem Maße, wie es nötig wäre. Denn wie anders sollte man die paradoxe Situation beschreiben, dass wir so viel Umweltpolitik betreiben wie noch nie, zugleich aber das Ausmaß der Naturzerstörung ständig weiter zunimmt? Diese Erkenntnis befiel mich schon vor 20 Jahren. Seitdem weisen Forscher darauf hin, dass wir in Umweltfragen neu denken müssen. Seit gut 20 Jahren wird in verschiedenen Institutionen und Forschungseinrichtungen untersucht, wie eine Ressourcenwende auszusehen hätte – ohne die wir keine Zukunft haben werden. Es wäre die dringlichste

Aufgabe der Medien, nicht nur darüber zu berichten, sondern diese Ressourcenwende zur wichtigsten Leitdebatte unserer Zeit zu erheben.

Die Frage, die sich hier jedoch zunächst aufdrängt, lautet: Was tut unser Umweltschutz? Was tut energiesparende Technik in Kühlschränken, Automotoren, Heizungen, Industrieanlagen, was bewirken wiederverwertbare Materialien, das Dämmen von Häusern, entgiftete Wasch-, Reinigungs-, Kosmetikartikel, Pfandflaschen und Energiesparlampen, wenn sie die Umwelt nicht schützen?

Frühe Warnungen und Ökostrom aus dem 19. Jahrhundert

Vor 200 Jahren gelang es der Technik, die Verfügbarkeit von nutzbarer Energie sprunghaft zu verbessern. James Watt setzte Kohle für den Antrieb der Dampfmaschine ein und legte damit den Grundstein für die industrielle Revolution. Es folgte der Siegeszug einer Technik, die Rohstoffe in industrielle Güter verwandelt, gestützt und gefördert durch eine außerordentlich erfindungsreiche Chemie. Nach der Dampfmaschine entdeckte man andere Energiequellen wie das Erdöl für Motoren von Diesel und Benz. Und schon damals lag das Offensichtliche klar zutage: Erstaunlicherweise beschrieb der schwedische Physiker, Chemiker und spätere Nobelpreisträger Svante Arrhenius bereits 1895 die möglichen Auswirkungen der Verbrennung von Kohle, Erdöl und Erdgas auf die Natur und warnte ein Jahr später vor dem Klimawandel als Folge von industriellen CO_2-Emissionen. Das Problem war früh bekannt, und so hatten bereits vor Arrhenius' Warnungen verschiedene Ingenieure mit alternativen Energiequellen experimentiert. In Amerika baute der gebürtige Schwede John Ericsson bereits in den 1870er-Jahren Solarmotoren und wagte die kühne Behauptung: »Sie werden wahrscheinlich überrascht sein, wenn ich sage, dass der Sonnenmotor näher an der Perfektion ist als die Dampfmaschine, doch solange die Kohlebergwerke nicht erschöpft sind, wird sein Wert keine vollständige Anerkennung erfahren«.[9] Das erste Buch zum Thema Sonnenenergie erschien 1869;[10] sein Autor, der französische Ingenieur Augustin Mouchot, gewann bei der Weltausstellung in Paris 1878 mit einem Sonnenkollektor die Goldmedaille. Vier Jahre später stellte sein Assistent Abel Pifre – wieder bei der Weltausstellung in Paris – eine solarbetriebene Druckerpresse vor. Und wie Arrhenius war auch Mouchot überzeugt: »Am Ende wird die Industrie in Europa die Ressourcen nicht mehr haben, um ihre ungeheure Expansion zu befriedigen. Ohne Zweifel wird die Kohle irgendwann verbraucht sein. Was wird die Industrie dann tun?«[11] Leider war Kohle damals unschlagbar billig. Während Mouchot und seinen Mitstreitern bald die Gelder ausgingen, um ihre Sonnenkollektoren weiterzuentwickeln, fiel die Entscheidung der Industrie vor allem aus Kostengründen zugunsten der Nutzung von fossilen Energieträgern. Kaum jemand nahm die Begrenztheit dieser Rohstoffe ernst, geschweige denn die möglichen ökologischen Folgen ihrer Nutzung.

Der stumme Frühling

Es dauerte lange, bis die ökologischen Folgen der Industrialisierung sich so gravierend bemerkbar machten, dass ein Wegschauen nicht mehr möglich war. In den 1960er- und 70er-Jahren tauchten in Europa, den USA und Japan die ersten Anzeichen dafür auf, dass Schäden an der Umwelt auch Schäden für den Menschen bedeuten konnten. Toxische Stoffe in Flüssen und Baumaterialien, Dioxine, Schwermetalle, Stickoxide etc. zeigten ihre gesundheitsschädigende Wirkung. So erkrankten zum Beispiel auf einmal viele Japaner, weil sie Fische aßen, die mit Quecksilber aus industriellen Abwässern verseucht waren.

Die im Entstehen begriffene amerikanische Umweltbewegung wurde maßgeblich durch ein Buch befeuert, das auch mich zum Umdenken veranlasste. Als ich 1962 gerade begonnen hatte, als Gastprofessor der Chemie an einer amerikanischen Universität zu lehren, veröffentlichte die Biologin Rachel Carson ihr aufsehenerregendes Werk *Silent Spring* (Der stumme Frühling)[12]. Carson thematisierte darin die alarmierenden Folgen einer Landwirtschaft, die mit Insektiziden, Pestiziden und Agrarchemikalien aller Art auf Leistung getrimmt wird, als sei sie kein Teil der Natur. Und sie beschreibt den Tod von Vögeln und die Vergiftung von Säugetieren durch den unkontrollierten Einsatz von Chemikalien, deren Auswirkungen vorher kaum geprüft worden waren. Es ist nach gut 50 Jahren Umweltbewegung kaum mehr vorstellbar, doch damals war diese Erkenntnis für die meisten von uns ein Schock. Allzu lange hatten wir mit stets neuer Begeisterung nur die fantastischen Leistungen unserer Forschung gesehen. Carsons Buch brachte die Kehrseite in all ihrer Hässlichkeit zutage: Millionen von Tieren zu töten ist verwerflich und unverzeihlich. Das empfanden damals auch meine Studenten, die ich aufforderte, sich mit dem Thema auseinanderzusetzen. Das Buch veränderte unser Selbstverständnis als Wissenschaftler fundamental, indem es uns zwang, die Folgen unseres Handelns zu reflektieren. Auf einmal drängten sich Fragen auf: Was tue ich da? Was bedeutet es? Was ist mein Ziel, was nutzt es der Gesellschaft, und was bewirke ich eventuell unbeabsichtigt? Und wenn etwas schiefgeht: Was ist eigentlich der Grund dafür, dass es schiefgeht?

Der stumme Frühling war erst der Beginn eines langen Lernprozesses. Anfang der 1970er-Jahre machte der amerikanische Chemiker Sherry Rowland die Entdeckung, dass die für den Menschen völlig harmlosen FCKW-Stoffe den Ozonschutzschild der Erde vernichten. Ich hatte einige Jahre zuvor sein Team betreut, als er am Max-Planck-Institut in Mainz zu Gast war. Erst seine Entdeckung ließ erahnen, dass Technik und Chemie alle möglichen Funktionen des Ökosystems Erde beeinflussen, die für den Menschen überlebenswichtig sind. Wo die Ozonschicht aufgerissen war, sah sich der Mensch auf einmal ungeschützt der gefährlichen Sonnenstrahlung ausgesetzt. Mit Rowlands Entdeckung wurde die ganze Ökosphäre bis hinauf in die Stratosphäre zum Aufgabenbereich des Umweltschutzes. Zusammen mit Mario Molina und Paul Crutzen erhielt er 1995 dafür den Nobelpreis für Chemie, einen der ganz wenigen, die je für Forschungen zum Erhalt der Ökosphäre vergeben wurden – in krassem Gegensatz zu Dutzenden parallel vergebenen Preisen für Wirtschaftswissenschaftler, deren Träger mit ihren Denkmodellen genau die Wirtschaft untermauerten, die uns in unser heutiges Dilemma stürzt: Wir haben keine Wahl, als die Umwelt zu zerstören, wenn wir erfolgreich sein wollen.

Zu den Meilensteinen der Geschichte des Umweltbewusstseins gehört der Bericht »Grenzen des Wachstums«, den der Club of Rome 1972 veröffentlichte. Auch wenn dieser die Umwelt und erst recht den Schutz der Umwelt überhaupt nicht im Fokus hatte. Ein 17-köpfiges Wissenschaftlerteam des Massachusetts Institute of Technology (MIT) um den Ökonomen Dennis Meadows hatte damals durch Computersimulationen fünf Trends analysiert, die Vorhersagen über die aktuelle Entwicklung der Weltgemeinschaft ermöglichen sollten: erstens die beschleunigte Industrialisierung, zweitens das rapide Bevölkerungswachstum, drittens die weltweite Unterernährung, viertens die Ausbeutung der Rohstoffreserven und fünftens die Zerstörung des Lebensraumes. Was die Simulationsläufe deutlich machten, fassten die Autoren der Studie so zusammen: »Das offensichtliche Ziel des Weltsystems ist gegenwärtig, immer noch mehr Menschen zu erzeugen und sie mit noch mehr Nahrungs- und Gebrauchsgütern, mit reiner Luft und Wasser zu versorgen. Wir haben gezeigt, dass die Gesellschaft bei weiterer Verfolgung dieses Ziels über kurz oder lang gegen eine der vielen endgültigen Grenzen für das Wachstum auf der Erde stoßen wird.«[13] Die Umwelt an sich war, wie gesagt, nicht Thema der Meadows-Studie; doch in ihrer Funktion als Wirtschaftsraum und Rohstoffreservoir für den Menschen spielt sie eine wichtige

Rolle, schließlich gehörten knapper Wohnraum und versiegende Rohstoffe schon damals zu den Faktoren, die allen Prognosen zufolge den Wachstumstrends Grenzen aufzeigen würden. Die Simulationen von Meadows und Kollegen illustrierten damit zu einem frühen Zeitpunkt die unabweisbare Tatsache, dass auf einem physisch begrenzten Planeten kein unbegrenztes physisches Wachstum möglich ist.

Der Umweltschutz wird politisch

Der Bericht des Club of Rome, heute mehr als 40 Jahre alt, greift meiner Argumentation ein wenig vor. Er verweist nämlich bereits darauf, dass es die großen Entwicklungstrends der Weltgesellschaft im Ganzen sind, die uns vor das bis heute ungelöste Problem stellen: Mit ihrer Politik, ihren sozialen Strukturen und der Wirtschaft in ihrer derzeitigen Ausrichtung sägt die Gesellschaft ständig weiter an dem Ast, auf dem sie sitzt. Dieser Satz gilt, solange die Zerstörung der Ökosphäre in all ihren im ersten Kapitel beschriebenen Dimensionen zunimmt.

In den Entstehungsjahren der deutschen Umweltbewegung waren es jedoch nicht solche großen Zusammenhänge, sondern konkrete Umweltprobleme, die im Fokus der Aufmerksamkeit standen. Auf die Entdeckung der Krankheit sollte bald die Therapie folgen. Und hier ist die Geschichte des Umweltschutzes zunächst auch eine Erfolgsgeschichte. Denn ungeachtet der Situation, in der wir uns heute befinden, ist es damals gelungen, gegen die stets großen Widerstände in Politik, Wirtschaft und Industrie manches durchzusetzen, das tatsächlich auch der Umwelt zugutekam. Seither ist die Luft in den Städten sauberer geworden, in vielen Gewässern kann man wieder baden, und wilde Deponien sind bei uns inzwischen rar. Auch gibt es eine große Zahl von Einzelpersonen oder Gruppen, die sich um den Erhalt naturnaher

Räume und den schonenden Umgang mit Energie und Ressourcen kümmern.

In Deutschland richtete man 1973 das Umweltbundesamt ein, das mich ein Jahr später aufforderte, in leitender Funktion mitzuwirken. Ich nahm an und begann wenig später darauf zu drängen, die Umweltqualität von Produkten der chemischen Industrie gesetzlich zu regeln. Zunächst stieß ich damit auf ablehnende Skepsis bei den Verantwortlichen. Man verwies auf die Gesetzgebung im Bereich landwirtschaftlich genutzter Chemikalien und auf das gerade erst in Kraft getretene Bundesimmissionsschutzgesetz (BImSchG), das diese Probleme »abschließend geregelt« habe. Doch die Entdeckung der Schädlichkeit von FCKW, das nicht in der Landwirtschaft, sondern in Haarspray und Kühlschränken eingesetzt wurde, half mir ebenso wie der Zufall, dass Frankreich gerade bei der Europäischen Kommission in Brüssel einen Richtlinienvorschlag zur Kontrolle chemischer Produkte eingereicht hatte. Nachdem sich die Industrie lange erfolgreich gegen ein vom Bundesgesundheitsministerium geplantes »Bundesgiftgesetz« zur Wehr gesetzt hatte, wurde ich nun mit der Aufgabe betraut, das Chemikaliengesetz zu gestalten.

Das Chemikaliengesetz

Von etwa 67 Millionen heute bekannten Stoffen vermarktete die chemische Industrie in den 80er-Jahren knapp 100 000 als Chemikalien. Jeder Stoff ist ein Individuum, welches ein besonderes, eigenes ökotoxikologisches Gefährdungspotenzial besitzt. Ein Teil dieser Chemikalien gelangt in die Umwelt und kann dort mit Millionen möglichen Reaktionspartnern in der Umwelt in Wechselwirkung treten. Wie stark und wie schnell ein einzelner Stoff wirkt, hängt davon ab, in welcher Konzentration er auftritt und welche anderen Stoffe sich am selben Ort befinden. Manche Chemikalien kommen bereits in der Natur vor. Manche verwandeln sich erst in Gift, wenn man ihre Menge dramatisch erhöht, wie sich am Beispiel des natürlichen CO_2 zeigt. Heute werden nach einer aktuellen Erhebung 4800 Stoffe in den Mitgliedsstaaten der Organisation für wirtschaftliche Zusammenarbeit und Entwicklung (OECD) in Jahresmengen von mehr als 1000 Tonnen hergestellt oder in diesen Raum importiert.[14]

Ein ganz anderes Feld sind Emissionen und Einleitungen aus der Technosphäre. Man vermutet, dass wenigstens 300 000 Substanzen und ganze Cocktails verschiedener, fortwährend veränderter Zusammensetzungen in die Außenluft, in den Boden und ins Wasser gelangen. Einige der am besten bekannten Problemstoffe sind inzwischen gesetzlichen Auflagen unterworfen. Aber der große Rest?

Aus diesen Zahlen wird deutlich, in welch krassem Missverhältnis die technikinduzierten Schäden zu den Möglichkeiten stehen, sie zu kontrollieren und einzudämmen. Es kann keinen Prüfungskatalog geben, der Vollständigkeit beansprucht und für Sicherheit in Bezug auf die von uns produzierten und genutzten Chemikalien sorgt. Auch bei genetisch veränderten Organismen sind solche Vorhersagen über mögliche Folgen nicht möglich. Und dasselbe gilt für das so prominente »Umweltgift« CO_2, das, wie gesagt, erst in hohen Mengen zu einem Problem wurde: Zwar haben wir den Treibhauseffekt weitgehend verstanden und wissen, dass Emissionen Chinas Städte in eine Smog-Glocke tauchen, doch viele andere Effekte hoher CO_2-Konzentrationen sind bisher kaum erforscht.

All dies hinderte uns Mitte der 70er-Jahre nicht an dem Plan, ein Gesetz zu machen, das die Prüfung von Chemikalien regelt. Ein wesentliches Anliegen bestand damals darin, neue Stoffe nicht erst dann unter die Lupe zu nehmen, wenn sie bereits Mensch und Umwelt geschädigt hatten. Es lagen damit zwei Aufgaben vor uns: Alle bereits marktgängigen Chemikalien mussten nachträglich geprüft werden, und für alle neu im Markt vorgesehenen Stoffe mussten Prüfungen gesetzlich vorgeschrieben werden.

Das klang gut, warf aber in der Umsetzung einen riesigen Katalog an neuen Schwierigkeiten auf. Da wäre zunächst die Frage, wann eine Chemikalie als giftig gilt, das heißt, was genau eigentlich geprüft werden soll: Ist ein Stoff giftig für den Menschen? Und ist er es deshalb, weil er Krebs erzeugt? Oder besteht seine gefährliche Wirkung in der sogenannten Teratogenität, das heißt in der Gefahr für noch ungeborenes menschliches Leben? Oder ist er giftig für Tiere und Pflanzen und gelangt erst auf Umwegen zum Menschen – wie das Quecksilber in Fischen oder das FCKW, das die Ozonschicht zersetzt? Selbst wenn wir also nur die dreißig oder sechzig der wichtigsten unerwünschten Eigenschaften untersuchen wollten – wer sagte uns, was wichtig ist? Die nächste große Schwierigkeit bestand darin, herauszufinden, über welche Wege und in welchen Mengen ein Stoff in die Umwelt gelangte.

Zu diesen Grundsatzfragen kamen praktische Hindernisse: Angesichts der in (West-)Deutschland vorhandenen Prüfkapazitäten hätte man für die ursprünglich geplanten Prüfungen der bereits vermarkteten Chemikalien etwa 400 Jahre veranschlagen müssen. Dabei war noch nicht berücksichtigt, dass in diesen 400 Jahren viele neue Chemikalien auf den Markt drängen würden. Und natürlich wären dadurch enorme Kosten entstanden. Zu dem *Was* und dem *Wie* gesellte sich also auch die Frage: *Wer zahlt?* Spätestens hier wird klar, warum das Vorhaben auf den Widerstand jener Wirtschaftszweige stieß, die mit der Herstellung und Vermarktung der betroffenen Produkte ihr Geld verdienten.

Ein nächstes Problem tat sich auf: Wer Prüfungen verlangt, muss auch sagen, wie geprüft werden soll und wie die Ergebnisse bewertet werden. Zwar gab es bereits einige Prüfmethoden, etwa zur Klärung der Frage: Was ist akut giftig, was ist chronisch giftig, und was ist möglicherweise krebserzeugend? Andere Untersuchungen wie die Prüfung auf potenzielle Teratogenität waren jedoch lange umstritten. Um Klarheit zu schaffen, ließ ich sogenannte Ringversuche durchführen. Dieselben Substanzen wurden an einige angesehene Labors gegeben und mittels damals üblicher

Prüfungen auf Toxizität untersucht, deren Ergebnisse zur offiziellen Kennzeichnung verwendet wurden. Die Resultate fielen so unterschiedlich aus, dass wir schließlich von Deutschland aus internationale Standards bei den Prüfmethoden forderten. Seither ist viel deutsches Geld für die Erarbeitung der Grundlagen normierungs- und international harmonisierungsfähiger Methoden ausgegeben worden. Sie kamen dem weltweiten Schutz vor Gefahrstoffen zugute. Ein Teilaspekt des Chemikaliengesetzes, das 1980 im Bundestag verabschiedet wurde, enthält einen Abschnitt über gute Laborpraxis. Denn auch für die Qualifikation des Laborpersonals, die Ausstattung der Labors und die Dokumentation der Prüfungen mussten Regeln formuliert werden.

Am Ende langer Gefechte entstand ein Stufenplan: Zur Markteinführung wurden grundlegende Prüfungen vorgeschrieben. Wenn dabei gewisse Hinweise auf Gefährlichkeit auftreten oder die verkaufte Menge eine Schwelle überschreitet, müssen weitere Testergebnisse nachgeliefert werden. Dieses Vorgehen hat zwei Vorteile: Es berücksichtigt, dass die Auswirkung eines Stoffes von seiner Dosis abhängt, und es ermöglicht Herstellern, mit einem Stoff zunächst Geld zu verdienen, das dann für weitere Prüfungen eingesetzt werden kann. 70 Prüfrichtlinien und die Vorgaben für gute Laborpraxis (Good Laboratory Practice) wurden unter meiner Leitung bei der OECD in Paris gesetzlich festgezurrt. Damit galten sie für mehr als 80 Prozent der Weltproduktion. Hierdurch wurden die Prüfergebnisse unter den Mitgliedsstaaten für den Handel mit Chemikalien austauschbar. Die Instrumente der OECD zur Beurteilung von Stoffen flossen in die EU-Gesetzgebung ein und sind inzwischen auch von anderen Ländern wie Russland und China übernommen worden.

Der Weg zu einer institutionalisierten Chemikalienkontrolle war schwierig. Doch wir haben erreicht, dass man heute mehr als früher über mögliche Risiken neuer Chemikalien weiß, und wir haben erreicht, dass Hersteller oder Importeure den Hinweisen auf mögliche Gefahren nachgehen müssen. Im Übrigen liegt der

Hauptgewinn des Chemikaliengesetzes meiner Meinung nach darin, dass die betroffene Industrie sich selbst viel besser kontrolliert als früher.

Am Wendepunkt

Die 70er- und 80er-Jahre des 20. Jahrhunderts waren die Zeit, in der ständig neue Umweltprobleme entdeckt und zum Teil auch erfolgreich bekämpft wurden. Mit dem Chemikaliengesetz, der Einrichtung der deutschen Umweltprobenbank, den Beiträgen zur Messbarkeit von Veränderungen in der Umwelt und der Bewertung von Umweltschäden habe ich einige Beiträge leisten können, den Umweltschutz zu verbessern. Länder wie Deutschland haben enorme Summen in die Umweltpolitik investiert, und sie tun es immer noch. Und dennoch wurde mir Ende der 1980er-Jahre klar – unter anderem infolge der Erfahrungen, die wir mit dem Chemikaliengesetz machten –, dass das alles nicht ausreicht. Es waren verschiedene Puzzleteile, die schließlich zu einer bitteren Erkenntnis beitrugen: Unser Umweltschutz schützt die Umwelt kaum.

Da wäre zunächst die Tatsache, dass unsere Umweltpolitik bis heute in großen Teilen nicht auf den Schutz der Umwelt, sondern die Gesundheit des Menschen ausgerichtet ist. Bis heute konzentrieren wir uns darauf, dass Wasser und Luft sauber sind, wo sie mit dem Menschen in Berührung kommen (lange kümmerte sich deshalb kaum jemand um die Verschmutzung der Meere durch Plastik), und dass wir Giftstoffe von uns fernhalten. Die Idee jedoch, die Umwelt selbst müsse mit ihren Pflanzen und Tieren geschützt werden, war anfangs den meisten Menschen fremd. So taufte ein deutsches Gesetz aus jener Zeit Chemikalien als »Pflanzenschutzmittel«, die »Unkraut« vernichten, also Pflanzen abtöten, die nicht essbar sind. Es ist ein Unterschied, ob ein Stoff giftig für den Menschen ist oder negative Auswirkungen auf die Stabilität der Umwelt hat. Dioxine, Asbest, Quecksilber, Kadmium – diese Stoffe und viele andere, die unter dem Etikett »Umweltchemikalien« traurige Berühmtheit erlangt haben, sind zwar giftig für Menschen, bedeuten aber eine geringe Gefahr für die Dienstleistungen und Funktionen der Natur. Dass die Entnahme von Sand weltweit Ökosysteme aus dem Gleichgewicht bringt, habe ich in der Einleitung bereits ausführlich beschrieben. Über 50 Prozent der Strände sind bereits verschwunden, ebenso wie unzählige Inseln. Hinzu kommt, dass Sand, wenn der Wind ihn in großen Mengen auf zuvor grüne Flächen trägt, diese Flächen unfruchtbar machen kann. Auf diese Weise wird ein Stück Natur durch die bloße »Verschiebung« von Sand grundlegend verändert. Zugespitzt könnte man daher formulieren, unter Umweltaspekten ist Sand giftiger als Dioxin!

Unser Umweltschutz, der die Priorität klar bei der Abwendung von Gesundheitsgefahren für den Menschen setzt, besteht im Wesentlichen aus Maßnahmen, die mit hohem Aufwand an Geld und Material Schäden auszugleichen suchen und Barrieren aufbauen zwischen Wirtschaftssphäre (Technosphäre) und Ökosphäre: Katalysatoren, die Autoabgase entgiften, Ruß- und Entschwefelungsfilter in Industrieanlagen, die Emissionen reinigen, Kläranlagen, die Wasser aufbereiten, etc. Der überwiegende Teil dieser Maßnahmen reagiert dabei nachsorgend auf bereits entstandene Probleme. Natürlich, man will auf das Auto nicht verzichten, deshalb beschränkt man sich auf Schadensbegrenzung. Diese nachsorgende Reaktion auf Gefahren und Symptome – unser Umweltschutz – ist jedoch ausgesprochen teuer, weil sie immer mit zusätzlicher Technik verbunden ist.

Unser Umweltschutz besteht zudem in einem Wust an Vorschriften und Gesetzen. Die Einhaltung und Überwachung dieser Gesetze erfordert entsprechende Strukturen mit Kontrolleuren und Experten. Damit ist nicht allein die angeblich »grüne« Technik teuer, sondern auch ihre Verwaltung und Überwachung.

Meine Gewissheit, dass wir uns in Forschung und internationalen politischen Gremien hinreichend um den Schutz der Umwelt bemühten, wurde am Silvesterabend des Jahres 1988 durch ein Gespräch in ihren Grundfesten erschüttert. Ich unterhielt mich mit Stanislaw Shatalin, damals Leiter der Abteilung Ökonomie der sowjetischen Akademie der Wissenschaften und persönlicher Berater Michail Gorbatschows. Er hatte einige Male von der Umweltsituation in seiner Heimat erzählt, vom Umgang mit Giften, vom Umgang mit Radioaktivität. Es waren schlimme Zustände. Also schlug ich ihm vor, in Russland eine Umweltgesetzgebung nach deutschem Vorbild zu implementieren. Shatalin überlegte einen kurzen Moment, ehe er antwortete: »Njet.« Und dann erklärte er: »Erst machen wir zusammen die Marktwirtschaft. Dann werden wir reich in Russland. Und danach können wir uns eure Umweltpolitik leisten.« Mit anderen Worten: Russland und viele andere Länder der Welt haben kein Geld, um die Abgase ihrer Kohlekraftwerke von Schwefelemissionen zu reinigen oder die radioaktiven Abfälle der Marine woanders als im Meer zu entsorgen. Sofort begriff ich, was dies für die Wirkung unserer bisherigen Anstrengungen bedeutete. Denn es war und ist kaum vorstellbar, dass sich die Situation vieler armer Länder in absehbarer Zeit verändern könnte. Doch was nutzen unsere Bemühungen, wenn andere Länder weiter ungezählte Megatonnen Natur in Abfall, Wasserverschmutzung und Emissionen verwandeln?

Nach dem Gespräch mit Shatalin wurde mir klar, dass es uns im Westen gelungen war, mittels Gesetzen und Verordnungen eine milliardenschwere Zweitwirtschaft aufzubauen – eine geplante Wirtschaft für reiche Länder. Ihre Hauptaufgabe bestand darin, von der Wirtschaft verursachte Gefahren vor allem für die menschliche Gesundheit abzuwenden. Und es wurde mir klar, dass die neue, »grüne« Wirtschaft dies mit eben den Mitteln tat, die überhaupt erst für die Umwelt- und Gesundheitsgefahren verantwortlich waren: mit zusätzlicher Technik und einem ständig steigenden Verbrauch von natürlichen Ressourcen. Als Wissenschaftler habe ich mich nach der anfänglichen Erschütterung mit dieser Erkenntnis keineswegs zufriedengegeben. Wenn der bisherige Weg falsch war, so galt es, einen neuen zu finden. Ich begann, grundsätzlich anders zu denken, und hatte wenig später im neu gegründeten Wuppertal Institut die Gelegenheit, einen alternativen Forschungsansatz auszuloten. Wissenschaftlich wurde dieser Weg zu einem Erfolg. Doch leider fehlt bis heute die gesellschaftliche Anerkennung. So versauert das Konzept gewissermaßen in der Schublade, anstatt in die Praxis umgesetzt zu werden und so der Umwelt zu nützen.

Als das Chemikaliengesetz 1980 im Bundestag verabschiedet wurde, waren seit dem Erscheinen von Carsons Buch 18, seit der Entdeckung der Gefährlichkeit von FCKW-Stoffen für die Ozonschicht etwa 6 Jahre vergangen. Wenn man bedenkt, wie mühselig politische Prozesse vonstattengehen, so ist das eine erstaunlich kurze Zeit, in der es gelungen ist, umweltpolitische Standards auf globaler Ebene einzuführen (wer hier einwendet, dass das Chemikaliengesetz deutsches Recht ist, der sei daran erinnert, dass die darin festgeschriebenen Standards in allen OECD-Staaten sowie in China und Russland gelten; 1980 betrafen sie damit 80 Prozent der Weltproduktion). Der Konsens zwischen uns »Öko«-Wissenschaftlern und der umweltbewegten Gesellschaft der 70er- und 80er-Jahre, der diesen Erfolg möglich machte, brach nach 1990 auseinander. Warum das so ist, darüber kann ich nur spekulieren, und sicher spielen hier zahlreiche Faktoren eine Rolle. Naheliegend scheint die Erklärung, dass die eigene Gesundheit den Menschen unmittelbarer betrifft als die Gesundheit der Natur. Wenn Pilze, die ich esse, radioaktiv verseucht sind, löst das Panik aus. Wenn mein Handeln in Berlin aber dazu beiträgt, dass in Südspanien fruchtbare Landstriche der Verwüstung anheimfallen, so benötigt es schon ein besonderes Maß an Besonnenheit, um diese Tatsache im alltäglichen Handeln zu berücksichtigen. Schnell ist hier von »Idealismus« die Rede, und nicht selten schwingt darin eine abschätzige Konnotation. Die Gefahr, die von Gift ausgeht, spricht unmittelbar unsere Angst an. Die Gefahr, die von der zunehmenden Instabilität des Trägersystems Erde ausgeht, verhält sich dazu wie ein vergleichsweise abstraktes Phänomen. Während uns Wissenschaftlern die Komplexität und die Tragweite der Umweltprobleme seit Beginn der 1990er-Jahre immer klarer vor Augen standen, entschied sich die Gesellschaft dafür, den Fokus auf einzelne – wenn auch wichtige! – Aspekte wie den Klimawandel zu legen, und hier wiederum nur auf einige wenige Ursachen. Es wird dringend Zeit, dass sich das ändert.

3 Der ökologische Rucksack

Material bewegen, Natur abbauen

Viele Schäden, die unsere technikbasierte Wirtschaft in der Ökosphäre verursacht, werden von der »klassischen« Umweltpolitik – einem weitgehend als Umweltschutz missverstandenen Gesundheitsschutz – nicht erfasst. In allem, was wir bis zum Ende der 1980er-Jahre entwickelten, hatten wir eines vollkommen übersehen: die ungeheure Bewegung von Material. Die Folgen, die aus Verbringungen entstehen, sei es beim Bau von Häusern, Industrieanlagen, Straßen oder in der Landwirtschaft, sei es beim Abbau von Rohstoffen, tauchten in unseren Umweltbilanzen gar nicht auf – sie waren Terra incognita. Doch schon wenn wir Rohstoffe nur von ihren natürlichen Lagerstätten entfernen, schon wenn wir sie lediglich an einen anderen Ort transportieren, stört das die Ökosphäre und ihre Evolution maßgeblich, und zwar auch dann, wenn wir die bewegten Massen gar nicht dazu benutzen, unseren Wohlstand zu mehren.[15] Wie ich oben bereits zugespitzt formuliert habe: Sand kann für die Natur »giftiger« sein als Dioxin, weil allein seine Bewegung dazu führen kann, dass ein fruchtbarer Boden unfruchtbar wird, während Dioxin für den Menschen weit gefährlicher ist als für die Umwelt. Ein Beispiel dafür sind die Abraumhalden, die der Bergbau hinterlässt. Sie bereiten nicht wegen irgendwelcher Schadstoffe und deren biologischer Abbaubarkeit oder der Ablagerung von Müll Probleme. Dennoch gibt es wohl keinen Zweifel daran, dass es sich hier um dramatische Eingriffe in die Natur handelt, häufig mit Langzeitfolgen: Die unterirdischen Schächte etwa, aus denen im Ruhrgebiet Kohle gefördert wurde, fallen heute zusammen. Schon manche Autos und Häuser sind in Löchern verschwunden. Damit nicht riesige Seen entstehen, was diese dicht besiedelten Gebiete unbewohnbar machen würde, müssen Tag und Nacht enorme Mengen von Wasser abgepumpt werden. Dies erfordert einen hohen Einsatz an Energie, deren Menge die ursprünglich durch die Kohleförderung gewonnene Energie in Zukunft übersteigen kann.[16]

Bei den meisten Eingriffen in die Natur können wir die daraus entstehenden Folgen nur ungefähr vorhersagen. Da es sich bei Ökosystemen um komplexe Systeme handelt, deren Elemente millionenfach miteinander wechselwirken, lassen sich die Art und die Zahl der Folgeerscheinungen ebenso wenig berechnen wie die Zeiträume, in denen sie sich manifestieren. Und bisherige Erfahrungen lehren uns, dass oft nicht weniger, sondern mehr Schwierigkeiten auftreten als vorhergesehen; leider sind wir häufig gezwungen, allzu optimistische Zukunftsprognosen nach unten zu korrigieren, wenn es um die Negativbilanz neuer Techniken geht.

Angesichts des Gesprächs, das ich am Silvesterabend 1988 mit Stanislaw Shatalin hatte und das mir zeigte, wie teuer unser Umweltschutz ist, sowie angesichts der ständig neuen, unvorhergesehenen Probleme, mit denen wir konfrontiert waren, stellte ich mir daher folgende Frage: Kann es einen bezahlbaren, vorsorgenden Umweltschutz geben, der nicht immer nur auf Probleme und Schäden reagiert, die bereits entstanden sind? Wie müsste Handlungsdirektiven für einen vorsorgenden Umweltschutz aussehen?

Material-Input: Natur in Kilogramm

Mirjas gewichtiger Morgen

»Mirja wacht auf und legt die 12,5 Kilogramm schwere Armbanduhr um ihr Gelenk, sie schlüpft in ihre 35 Kilogramm schweren Jeans, macht sich Kaffee mit ihrer 52 Kilogramm schweren Maschine und trinkt aus ihrem 1,5 Kilogramm schweren Becher die gewohnte Erfrischung. Nachdem sie ihre 3,5 Kilogramm schweren Joggingtreter angezogen hat, radelt sie mit ihrem 400 Kilogramm schweren Fahrrad zum Büro. Dort angekommen, schaltet sie ihren 12 Tonnen schweren Computer ein und führt ihr erstes Gespräch mit dem 70 Kilogramm wiegenden Smartphone.«[17]

Eine merkwürdige Fiktion? Eija Koski, Mitglied beim finnischen Bund für Naturschutz in Helsinki, erfand diese Geschichte, um uns folgende Tatsache vor Augen zu führen: Für jedes Produkt, das wir verwenden, wird bei seiner Herstellung eine bestimmte Menge an Natur verbraucht. Dieser Naturverbrauch, die verwendeten Ressourcen, können berechnet und in Kilogramm oder Tonnen ausgedrückt werden. Bei der Produktion von Mirjas Uhr wurden 12,5 Kilogramm natürliche Ressourcen verbraucht, für die Jeans benötigte man 35 Kilogramm, bei der Kaffeemaschine waren es 52, und elektronische Geräte wie der Computer schlagen gleich mit 12 Tonnen Material zu Buche. Der jeweilige Verbrauch von Wasser wiegt zumeist etwa zehnmal schwerer.

Es war diese Idee, die ich bei meiner Suche nach einem neuen Ansatz für einen wirkungsvollen Umweltschutz fand. Sie schien ebenso einfach wie verblüffend: Wenn jeder Eingriff in die Natur die Natur verändert, warum *messen* wir dann nicht jeden Eingriff in die Natur? Nehmen wir doch als Maßstab für das Ausmaß des Eingriffs in die Natur die technische Bewegung und Entnahme von natürlichen Ressourcen selbst! Ein Kilogramm oder eine Tonne Ressourcen, die der Natur entnommen werden, lassen sich so mit anderen Eingriffen auf eine ganz einfache Weise vergleichen: anhand ihres Gewichts, angegeben in Kilogramm oder Tonnen.

Dass es für die Umwelt immer schädlich ist, wenn wir Material bewegen, hatte ich verstanden. Nun galt es, herauszufinden, wie viel Material eigentlich bewegt und/oder verbraucht wird, um ein bestimmtes Produkt herzustellen. Als das Wuppertal Institut für Klima, Umwelt, Energie 1992 gegründet wurde, berief dessen Präsident Ernst Ulrich von Weizsäcker mich zu seinem Vizepräsidenten und Leiter der Abteilung »Stoffströme und Strukturwandel«. Hier bot sich mir endlich die Gelegenheit, dieser drängenden Frage nachzugehen. Wir begannen, den Material-Input zu untersuchen, der in einem Produkt steckt. Erstmals bezogen wir in diese Rechnungen auch sämtliche Mengen an Natur ein, die im Zuge der Herstellung verbraucht und zu Abfall werden. Das bedeutete, mit der Rechnung bei der Rohstoffgewinnung zu beginnen und die Produktion, den Vertrieb, die Nutzung und die Entsorgung von Produkten, Gebäuden und Infrastrukturen einzurechnen. Die Leistung meiner neuen Idee bestand darin, den vom Bergwerk bis zum Händler anfallenden Naturverbrauch so zu berechnen, dass wir für jedes Produkt einen Wert in Masse/Gewicht angeben konnten. Das Ergebnis ist ein als Material-Input »MI« bezeichneter Wert, der die in Kilogramm gemessene Summe aller Materialien bezeichnet, die für die Herstellung eines Produktes aus ihrer ursprünglichen, natürlichen Einbettung bewegt und entnommen wurden. MI misst somit den Naturverbrauch von Produkten in Gewichtseinheiten.[18]

Ausgehend von dieser Idee, begannen wir am Wuppertal Institut, Methoden für die Ermittlung des Ressourcenverbrauchs zu entwickeln und die ersten Produkte zu untersuchen. Zur Berechnung des Material-Inputs eines Gutes bestimmten wir sogenannte MI-Faktoren. Diese Faktoren geben die Summe aller Materialien in Kilogramm wieder, die für die Bereitstellung von je einem Kilogramm Grundmaterialien – wie etwa Kunststoffe, Glas oder Kupfer – aus der Natur bewegt oder entnommen werden.[19] Bei Grundmaterialien reichen die MI-Faktoren von 1,2 für Rundholz – das heißt, für 1 Kilogramm Rundholz werden ca. 1,2 Kilogramm Natur verbraucht – über 5 für typische Kunststoffe, 15 für Papier, 85 für Aluminium, 500 für Kupfer bis zu 550 000 Kilogramm für Gold. Um es deutlich zu machen: Für die Gewinnung von Gold wird in der Regel das rund 550 000-Fache des Eigengewichtes an Natur verbraucht. Ihr Ring wiegt also in Wirklichkeit mehr als zwei Tonnen!

Natürlich stellt sich die Frage, wie Natur hier berechnet wird. Zunächst einmal verstehe ich unter natürlichen Ressourcen in diesem Zusammenhang Rohstoffe, Boden, Wasser, Luft und Fläche. Zu den Rohstoffen gehören Mineralien, fossile Energieträger und Kernbrennstoffe, Biomasse und wilde Tiere. Unter dem Stichwort Fläche fasse ich Landnutzung für Behausung, Industrie, Infrastrukturen, Bergbau, Land- und Forstwirtschaft zusammen. In meinem Konzept werden die Material-Inputs (MI) getrennt nach fünf verschiedenen Input-Kategorien erfasst. Diese fünf Kategorien sind:

- Biotische (erneuerbare) Rohstoffe: pflanzliche Biomasse aus Bewirtschaftung, Biomasse aus nicht bewirtschafteten Bereichen (Pflanzen, Tiere etc.)
- Abiotische (nicht erneuerbare) Rohmaterialien: mineralische Rohstoffe, fossile Energieträger, nicht verwertete Rohförderung (z. B. Abraum), Ausschachtungen
- Bodenbewegungen in der Land- und Forstwirtschaft: mechanische Bodenbearbeitung, Erosion
- Wasser: Oberflächenwasser, Grundwasser, Tiefengrundwasser (unterschieden nach Prozess- und Kühlwasser)
- Luft: Verbrennung, chemische Umwandlungen

Auf der Basis der hier entwickelten Rechenmodelle werden seither am Wuppertal Institut, aber auch von anderen Forschungseinrichtungen die Material-Inputs von Gütern berechnet. Dabei haben Erfahrungen gezeigt, dass der Bedarf an Wasser in der Regel 5- bis

20-mal größer ist als biotische und abiotische Inputs zusammen. Auch hat es sich in der Praxis oft als sinnvoll erwiesen, biotische und abiotische (nicht nachwachsende) Stoffe als gleichwertig oder »verrechenbar« zu betrachten. Alle ermittelten Daten, insbesondere die für den Energie-Input, werden stets gesondert gespeichert, um Nachrechnungen und Schwachstellenanalysen zu erleichtern. In Wuppertal führen heute zwei meiner frühen Mitarbeiter, Frau Prof. Dr. Christa Liedtke und Herr Prof. Dr. Bringezu, die Arbeiten sehr erfolgreich weiter.

Jedes Produkt hat einen ökologischen Rucksack!

Das Ergebnis unserer ersten Recherchen war und ist bis heute erschütternd: In jedem technischen Produkt stecken im Schnitt etwa 30 Kilogramm Natur pro Kilogramm Produkt, in elektronischen Geräten oft das Zehnfache, und ebenfalls das Zehnfache an Wasser. Bei der Informations- und Kommunikationstechnik sind es bis zu 600 Kilogramm Natur für ein Kilogramm Produkt! Die meisten unserer Güter sind damit extrem materialintensiv.

Die Berechnung des Material-Inputs von Gütern macht den ökologischen Preis sichtbar, den wir für diese Güter zahlen, oder etwas ehrlicher: den wir von der Natur abfordern: Er besteht in großen Mengen an Natur, die bei der Herstellung aufgebraucht und dabei zumeist denaturiert werden. Um diesen ökologischen Preis noch deutlicher zu beschreiben, erfand ich das Bild des ökologischen Rucksacks, einen inzwischen auch im Englischen weit verbreiteten Terminus. Der ökologische Rucksack entspricht dem Material-Input, den ein Produkt zusätzlich »auf seinem Rücken« trägt. Er errechnet sich also aus dem Material-Input insgesamt, gerechnet vom Bergwerk bis zum Händler, abzüglich des Eigengewichtes des Produktes. Allerdings entschieden wir uns in der Praxis dafür, den Bedarf an Wasser und Fläche nicht einzubeziehen, sondern gesondert zu rechnen. Zu dem Naturverbrauch, der mit den ökologischen Rucksäcken angegeben wird, kommen also immer Wasser und Fläche gesondert hinzu.

Nehmen wir der Einfachheit halber an, wir kaufen ein 1 Kilogramm schweres Smartphone: Für seine Herstellung wurden 450 Kilogramm Natur verbraucht. Das Smartphone trägt somit einen Rucksack von 449 Kilogramm verbrauchter Natur auf seinem Rücken. Ökologische Rucksäcke von Nahrungsmitteln und technischen Alltagsprodukten wie etwa Haushaltsgeräten oder Autos liegen zumeist bei über 30 Kilogramm pro Kilogramm Produkt. Dabei werden im Schnitt mehr als 90 Prozent der Natur auf dem Wege vom Produzenten zum Händler verbraucht. Das Dumme ist, dass wir uns von der Last der Rucksäcke, die in unseren Gütern stecken, nicht ohne Weiteres befreien können. Wir alle sind Gefangene eines Wirtschaftssystems, das gutes Leben mit der Zerstörung der Umwelt bezahlt.

Der ökologische Rucksack als Ausdruck der Umweltbelastung

Das Konzept des ökologischen Rucksacks, der sich in Kilogramm (oder Tonnen) ausdrücken lässt, erfordert ein völliges Umdenken: Die Umweltfreundlichkeit oder Gefährlichkeit eines Produkts bemisst sich nun nicht mehr allein darin, ob etwa giftige Stoffe enthalten sind, ob bei seiner Verwendung Energie verbraucht oder, wie bei Verkehrsmitteln, Schadstoffe emittiert werden. Weil mit der Berechnung des ökologischen Rucksacks einerseits die gesamte Produktionskette (eingesetzte technische Energie, verwendetes Material, Transport etc.) und andererseits alle möglichen verwendeten Ressourcen (biotische, abiotische, Wasser, Boden, Luft) erfasst werden, ermöglicht dieses Konzept eine viel realistischere Vorstellung davon, wie stark die Umwelt bei der Herstellung eines

Produkts in Anspruch genommen wird. Ein Vergleich der ökologischen Rucksäcke von Produkten führt in vielen Fällen dazu, dass die Umweltqualität von Produkten völlig neu bewertet werden muss.

Ein Beispiel: Die Produktion von Baumwolle erfordert extrem hohe Mengen an Wasser. In Russland wurde unter Stalin im Gebiet des Kaukasus eine Baumwollproduktion betrieben, für die man das Wasser des Aralsees, des einstmals viertgrößten Binnengewässers der Welt, einsetzte. Das führte zu einer Versalzung und schließlich zur weitgehenden Austrocknung des Sees. Fischbestände starben und mit ihnen die Fischerei; einstige Hafenstädte und Badeorte liegen heute in einer Wüste. Zudem vergifteten Pestizide und andere Schädlingsbekämpfungsmittel das Land derart, dass es zu gravierenden Gesundheitsschäden bei der Bevölkerung kam. Am Ende verursachte allein die Baumwollproduktion ein schier unglaubliches Ausmaß an Umweltschäden, einschließlich eines veränderten Klimas in der kaukasischen Region, das natürlich auch zum weltweiten Klimawandel beiträgt. Heute gilt die – weitgehend irreversible – Austrocknung des Aralsees als eine der größten Umweltkatastrophen des 20. Jahrhunderts. Lange jedoch bewertete der klassische Umweltschutz Baumwolle als besonders umweltfreundlich, Plastik dagegen als besonders umweltschädlich. Die Errechnung der ökologischen Rucksäcke revidiert solche Fehleinschätzungen, der Vergleich der beiden Stoffe ergibt hier genau das Gegenteil: In der *Herstellung* ist Baumwolle um vieles umweltschädlicher als Plastik.

Technische Energie

Alle Energie, die wir in der von uns Menschen geschaffenen Welt verbrauchen, stammt aus Rohstoffen oder aus der Nutzung natürlicher Energiequellen wie Gravität, solare Strahlung, Wellen und

Erdwärme. In allen Fällen werden technische Anlagen benötigt, um die gewünschte Energie zu gewinnen, umzuwandeln, zu transportieren und einzusetzen. Das bedeutet, dass alle Energie, mit der unsere gesamte Wirtschaft betrieben wird, den Verbrauch natürlicher Ressourcen erfordert. Ich nenne diese Energie *technische Energie*, weil sie ausschließlich mit technischen Mitteln gewonnen, transportiert und genutzt wird. Im Gegensatz zu Energie aus natürlichen Quellen ist die technische Energie nicht kostenlos. Ihre unmittelbare Auswirkung auf die Umwelt ist jedoch, wenn wir einmal von Lärm und technisch erzeugter radioaktiver Strahlung absehen, gering. Um die wahre ökologische Qualität der technischen Energie zu bewerten, reicht es daher nicht, diese unmittelbaren Auswirkungen zu betrachten. Denn für sie gilt dasselbe wie für jedes andere Produkt: Technische Energie hat einen ökologischen Rucksack, einen bestimmten Material-Input an verbrauchter Natur, und ihr Einfluss auf die Natur und das Maß der Umweltbelastung ergeben sich aus der Größe dieses Rucksacks. Entscheidend ist der Bedarf an natürlichen Ressourcen, die pro Einheit verfügbar gemachter Energie verbraucht werden – zum Beispiel pro ans Netz gelieferte Kilowattstunde Strom. Wenn wir die ökologischen Rucksäcke für einzelne Güter, z. B. Autos oder Schuhe, berechnen, so werden die ökologischen Rucksäcke der technischen Energie, die für die Herstellung und den Betrieb der Güter eingesetzt werden, anteilig eingerechnet. Für die Bewertung der technischen Energie selbst aus den unterschiedlichen uns zur Verfügung stehenden Energiequellen gilt: Je kleiner der Rucksack, desto umweltfreundlicher ist der Strom. Die folgende Tabelle enthält die Menge an Material, die zur Produktion von einer Kilowattstunde Strom mithilfe verschiedener Anlagen verbraucht wird. Alles ist eingerechnet, vom Bergwerk bis zur Lieferung von Strom an den Verbraucher oder ans Netz. Und auch hier zeigt sich, dass die Bewertung mittels der ökologischen Rucksäcke anders ausfällt als die klassische Bewertung von Energieträgern.

Technik	Kg/kWh	Berichtsjahr	Laufzeit (Jahre)
Höhenwind*	0,0046	(2013)	20
Windkraftanlagen	0,027	(2013)	20
Wasserkraftwerke	0,113	(1995)	40
Solarthermik	0,2	(1995)	20
Atomkraftwerke**	0,27	(1995)	40
Erdgas	0,28	(1995)	40
Heizöl	0.31	(1995)	40
Steinkohle	0,72	(1995)	40
Braunkohle	1,14	(1995)	40
Photovoltaik***	1,8	(1995)	20

Vergleicht man anhand der Zahlen aus der Tabelle z.B. Braunkohle oder Windkraftanlagen mit Höhenwind, erhält man als Ergebnis einen Unterschied um Faktor 250 bzw. 5,9:

Braunkohle/Höhenwind = 1,14/0,0046 = 250
WKA/Höhenwind = 0,027/0.0046 = 5,9

* Schienensystem

** Bei minimaler Entsorgung – der ökologische Rucksack von AKWs nimmt gewaltig an Gewicht zu, wenn man die Kosten und Umweltschäden, die bei der Entsorgung entstehen, in vollem Umfang einrechnet.

*** Die Effizienz hat sich seit 1995 um etwa den Faktor 3 bis 4 verbessert, auch wenn es dafür keine offiziellen Zahlen gibt.

Alle angegebenen Werte beziehen sich auf technische Anlagen, mit denen Strom produziert werden kann. Sie unterscheiden sich erheblich in ihrer Ressourcenintensität, wobei der kleinste Wert von kg/kWh dem kleinsten ökologischen Rucksack entspricht.

Auch der Flächen- und Wasserverbrauch pro erzeugter kWh variiert beträchtlich zwischen den verschiedenen Produktionsmöglichkeiten.

Christopher Manstein hat 1995 in seiner Diplomarbeit am Wuppertal Institut die ökologischen Rucksäcke der Energieumwandlung abgeschätzt. Kernenergie liegt mit 271 Kilogramm Ressourcen pro Megawattstunde produziertem Strom etwa gleichauf mit einem Heizölkraftwerk (306 kg/MWh) oder einem Erdgaskraftwerk (283 kg/MWh). Steinkohle hat einen etwa doppelt so hohen

Wert (722 kg/MWh) wie Kernenergie, Erdgas und Erdöl. Braunkohle ist mit 11348 kg/MWh die ökologisch teuerste Stromerzeugung, was an den hohen Abraummengen beim Braunkohletageabbau und dem relativ schlechten Energiegehalt der Braunkohle liegt.[20]

Die Energie aus Atomkraftwerken hat nur dann einen verhältnismäßig kleinen ökologischen Rucksack, wenn man die bei der Entsorgung entstehenden Umweltkosten weitgehend ausklammert. Hier deutet sich schon eine Schwierigkeit bei der Berechnung der ökologischen Rucksäcke an: Die genauen Werte ändern sich mit der Zeit, und zwar deshalb, weil sich die Bedingungen in Lagerstätten, für Prozesse und Transporte ändern, weil neue Materialien und Techniken eingesetzt und weil andere Entsorgungstechniken notwendig werden. Das gilt auch für unser Beispiel der ökologischen Bewertung von Plastik: Der Rucksack dieses Stoffes ist bis zur Herstellung vergleichsweise leicht. Erst in jüngster Zeit beginnt sich abzuzeichnen, dass die Entsorgung von Plastik insbesondere in den Meeren zu einem globalen Umweltproblem zu werden droht. Damit aber verändert sich die ökologische Bewertung von Plastik insgesamt. Dasselbe gilt für den Atomstrom, bei dem die Rechnung (ökologisch und finanziell) noch lange nicht abgeschlossen ist. Auf den Aspekt der Veränderlichkeit der ökologischen Rucksäcke werde ich in einem späteren Kapitel noch zu sprechen kommen. Das gilt auch für einige weitere Fragen, die sich an das Konzept des ökologischen Rucksacks anschließen: Wie genau sind die Berechnungen? Was bedeuten sie für unser Handeln?

Eines jedoch zeigt die oben stehende Tabelle deutlich: Der als »öko« subventionierte und gehandelte Strom aus Photovoltaikanlagen ist beim aktuellen Stand der Technik alles andere als »grün«! Das bedeutet natürlich keineswegs, dass es nicht prinzipiell wünschenswert wäre, die Gewinnung von Energie aus erneuerbaren Energiequellen voranzutreiben. Nur ist es dringend geboten, den hierfür eingesetzten Materialbedarf deutlich zu reduzieren.

Verschwiegene Umweltkosten

Die Berechnung des ökologischen Rucksacks ist ein Grundbaustein für die von mir geforderte Ressourcenwende. Aus ihm lassen sich bereits eine ganze Reihe von einfachen Wahrheiten ableiten:

1. Jedes Produkt, das wir nutzen, hat nicht nur einen finanziellen, sondern auch einen ökologischen Preis. Dieser besteht in der Menge an Natur, die von der Herstellung bis zum Verkauf des Produkts verbraucht wurde, abzüglich des Eigengewichts des Produkts.
2. Produkte mit einem großen ökologischen Rucksack belasten die Umwelt stärker als Produkte mit einem kleinen ökologischen Rucksack.
3. Je mehr Güter wir nutzen, wegwerfen und neu kaufen, desto stärker belasten wir die Umwelt; je weniger Güter wir nutzen, desto weniger stark belasten wir die Umwelt.

Die einzelnen Rucksäcke – vom abgebauten Rohstoff bis hin zu komplizierten Techniken, aber auch die Rucksäcke einer größeren Zahl von Produkten – lassen sich einfach addieren. Daher erlaubt es das Konzept des ökologischen Rucksacks, Aussagen auf der Mikroebene zu treffen, also: Wie stark belastet die Herstellung eines einzigen Autos die Umwelt? Es erlaubt jedoch ebenso Aussagen auf der Makroebene: Die Gesamtheit der Rucksäcke aller Güter, Anlagen und Infrastrukturen auf dem Markt ist ein Maß für die Umweltzerstörung, die sich die Menschheit leistet. Und das bedeutet: Die Effizienz, mit der wir Naturressourcen in Güter verwandeln, ist ein Index dafür, wie stark wir unsere Ökosphäre belasten.

Der ökologische Rucksack stellt uns außerdem einen verlässlichen Rahmen für eine ehrliche ökologische Rechnung zur Verfügung. Solange nicht der gesamte Rucksack berücksichtigt wird, erhalten wir fast immer ein trügerisches Bild von der Umweltqualität eines Produkts. Die viel gefeierten Elektromobile etwa lassen sich nur dann als umweltfreundlich bewerten, wenn man sich auf die reduzierte Emission von Schadstoffen konzentriert. Genau das ist das Ziel der meisten als »grün« bezeichneten Innovationen der Automobilindustrie. Für die Produktion der neuen Fahrzeuge wie das Hybrid- und das E-Mobil werden jedoch viele neue Ressourcen benötigt – allen voran Kupfer, aber auch Lithium, Neodym und andere »öko-teure« und seltene Rohstoffe. Allein die Gewinnung dieser Materialien bezahlen wir mit einer ganzen Reihe von größeren Eingriffen in die Natur. So wird Lithium in bislang weitgehend unberührten Ökosystemen, beispielsweise den Salzseen in Südamerika und China, abgebaut.[21] Und schon heute ist absehbar, dass die derzeit zugänglichen Kupferreserven bis circa 2050 zu 30 Prozent aufgebraucht sein könnten.[22] In einem Interview mit der *ZEIT* prognostiziert der Leiter des Potsdam-Instituts für Klimafolgenforschung, Hans Joachim Schellnhuber, das von BMW gebaute E-Auto werde den Automobilmarkt der Zukunft verändern.[23] Doch wie lange und für wie viele Autos werden die Ressourcen reichen? Für den Weltmarkt, auf dem sich die Zahl der Automobile bald verdoppeln wird? Mag sein, dass es gelingen wird, durch neue Technik bisher unzugängliche Kupferreserven zu erschließen, was indessen wieder neue Eingriffe in Ökosysteme erfordert. Die Schäden jedenfalls, die durch den Bau von E-Autos in der Natur verursacht werden, sind weit größer zu veranschlagen als die Entlastung, die durch geringere Emissionen erreicht wird.

Es ist erfreulich, dass das Elektromobil beim Fahren weniger Treibstoff verbraucht, weil es so für die Verbesserung der Luft in unseren Städten sorgt. Allerdings wird dieser Fortschritt mit der Zerstörung von Ökosystemen in weiter Ferne bezahlt: in Südamerika, Afrika oder China. Einen Beitrag zum Umweltschutz leisten diese Innovationen damit nicht, und auch der Klimawandel kann so nicht aufgehalten werden (mehr dazu auch in Kapitel 5). Im Gegenteil! Wenn man den ökologischen Rucksack des Elektroautos betrachtet, wird schnell deutlich, wie wenig grün manches Projekt der Energiewende in Wirklichkeit ist.

Nimmt man die Umweltqualität vieler grüner Vorzeigeprojekte unter die Lupe, so drängt sich manche Frage auf. Wie kann es sein, dass der Leiter des größten Klimaforschungsinstituts, der unter anderem als wichtigster Berater der Bundesregierung in Klimafragen fungiert, für Techniken wirbt, deren ökologische Rechnung schon jetzt verheerend ausfällt? Besteht an einem tatsächlichen ökologischen Fortschritt möglicherweise gar kein Interesse? Wer oder was hindert die Politik daran, darüber aufzuklären, dass jedes Produkt einen ökologischen Rucksack hat? Seit zwanzig Jahren wundere ich mich darüber, dass man über dieses Konzept, das von Umweltwissenschaftlern anerkannt und verwendet wird, nichts in den Zeitungen liest. Man hört und sieht so gut wie nichts davon in Fernseh- und Radioberichten, man sucht vergeblich danach in Schulbüchern. Wenn man Ressourceneffizienz als Maßstab für umweltfreundliches Handeln zugrunde legt, entpuppen sich jedenfalls die meisten offiziellen Bekenntnisse zum Umweltschutz und zu einer nachhaltigen Politik als Lippenbekenntnisse. Natürlich kann der Satz: »Weniger Produkte belasten die Umwelt weniger stark« einer Wirtschaft nicht schmecken, die davon lebt, die Zahl der verkauften Produkte ständig zu steigern. Doch reicht das als Grund dafür, dass die gesamte Politik von rechts bis links, dass auch die Medien zum Thema Ressourcen schweigen?

Wenn man die ökologischen Rucksäcke von Produkten ernst nimmt, wird eines deutlich: Der Material-Input in unseren Gütern ist extrem hoch. 90 Prozent Abfall, die bei der Produktion anfallen, nutzen uns bei der Verwendung von Produkten gar nichts. Dem Endverbraucher ist es egal, ob bei der Herstellung seiner Kaffeemaschine 10 oder 50 Liter Wasser verbraucht wurden. Er kann dies bis jetzt auch nicht beeinflussen. Wir haben jedoch am Beispiel des Aralsees gesehen, dass dies für den Erhalt unserer Ökosysteme keineswegs egal ist. Für die Verschwendung der Natur sind einerseits technische Bedingungen verantwortlich, andererseits fehlende Anreize, bei natürlichen Ressourcen zu sparen. Umweltschutz, der wirklich die Umwelt schützen soll, muss jedoch bei diesem Verhältnis ansetzen: Je weniger verbrauchte Natur in einem Produkt oder in Strom steckt, desto umweltfreundlicher sind sie.

4 MIPS – der materielle Fußabdruck

Von der Wiege bis zur Bahre

Der ökologische Rucksack erlaubt es uns, die Menge an verbrauchter Natur, die »unsichtbar« in einem Produkt steckt, sichtbar zu machen. Ein circa 150 Gramm schweres Smartphone kostet ungefähr 70 Kilogramm Natur. Aus vielen Beispielen dieser Art habe ich die Schlussfolgerung gezogen, dass die Effizienz, mit der wir Naturressourcen in Güter verwandeln, ein Index dafür ist, wie stark wir unsere Ökosphäre belasten. Oder umgekehrt, dass wir, um nachhaltiger zu wirtschaften, den Material-Input in unseren Gütern reduzieren müssen. Doch das ist nur ein Teil der Wahrheit. Würde man den Material-Input bei der Herstellung von Autos oder Mobiltelefonen reduzieren, zugleich aber doppelt so viele Autos bzw. Mobiltelefone produzieren (zum Beispiel, weil sich nun durch billiger und umweltfreundlicher gewordene Autos jeder zwei bis drei Wagen leisten kann), so würde die positive Wirkung kleinerer Rucksäcke pro Produkt durch die Verdopplung der Produkte wieder zunichtegemacht. Ein ähnliches Problem wurde in der Umweltpolitik bereits häufig beobachtet und als Reboundeffekt beschrieben. So etwa stattete man in Mexiko die Bevölkerung mit neuen, besonders stromsparenden Klimaanlagen aus – im Zeichen des Umweltschutzes. Viele Mexikaner erlaubten es sich daraufhin, die Anlagen wesentlich länger laufen zu lassen als zuvor; da ihr Betrieb billiger geworden war, schwand die Angst vor hohen Stromrechnungen. Der Effekt für die Umwelt war dann doppelt negativ: Nicht nur wurde mit den neuen Klimaanlagen genauso viel Energie verbraucht wie zuvor – weil sie zwar energiesparender waren, aber länger liefen –, sondern man verschrottete zudem alte, funktionsfähige Modelle zugunsten neuer, deren Produktion eine Menge zusätzlicher Ressourcen kostete. Der Staat förderte die neuen Klimaanlagen mit viel Geld, doch anstelle der Natur profitierte die Industrie.

Der Reboundeffekt führt uns die Notwendigkeit eines weiteren Schritts vor Augen: Für die tatsächliche ökologische Bewertung eines Produkts reicht es nicht, den Material-Input »vom Bergwerk bis zum Händler« zu berücksichtigen. Auch die Lebensdauer und die Intensität seiner Nutzung müssen hinzugerechnet werden. Erst wenn wir den gesamten Lebenszyklus eines Produktes betrachten, ist unsere Rechnung über seine Auswirkung auf die Umwelt wirklich umfassend. Wir rechnen also »von der Wiege bis zur Bahre«, oder, noch besser, von der Wiege bis zur Wiege – dann nämlich, wenn Abfall rezykliert und somit wieder zur Wiege eines neuen Produkts wird oder die Masse als Abfall zur Wiege zurückkehrt. Wenn nämlich Abfälle irgendwann wieder in den Kreislauf der Natur zurückkehren, zu »Naturmasse« werden, dann ist der Kreislauf von der »Wiege bis zur Wiege« vollendet.

Wenn wir die Umweltbelastung wirklich zurückfahren wollen, müssen wir nicht nur weniger materialintensive Güter schaffen, sondern die Zahl der Produkte selbst verringern. Das ist trivial und schlägt sich in der weitverbreiteten Auffassung nieder, der einzige Ausweg aus dem Dilemma unseres selbstzerstörerischen Wohlstands sei der Verzicht, was die neuere Forschung unter dem Schlagwort der Suffizienz diskutiert (das Wort ist vom lateinischen *sufficere*, »ausreichen«, abgeleitet. Wer suffizient lebt, »begnügt« sich mit dem Nötigen und verzichtet auf das Überflüssige). Seit sich die Nachrichten über Umweltkatastrophen häufen und uns damit einen Vorgeschmack auf das Bevorstehende geben, mehren sich auch die Warnungen vor den Naturkatastrophen. Das bereits erwähnte Buch *10 Milliarden* des englischen Forschers Stephen Emmott führt den drohenden Untergang der Welt Seite für Seite in nüchternen Fakten, Zahlen und Bildern vor.[24] Auch Emmott sieht die einzige Lösung in einem radikalen Verzicht und schließt die erwartbare Prognose an, dass wir zu der notwendigen Umkehr nicht in der Lage sein werden. Diese Auffassung ist jedoch nur unter der Voraussetzung richtig, dass unser Wohlstand zwingend an eine Wirtschaft gekoppelt ist, deren »Gesundheit« auf einer ständig wachsenden Zahl produzierter Güter basiert. Indessen sind in jüngster Zeit sogar aus der Wirtschaft selbst zunehmend wachstumskritische Stimmen zu vernehmen, und auch ich werde diese Prämisse in den folgenden Kapiteln infrage stellen.

Produkte und Dienstleistungen

Weshalb kaufen wir uns etwas? Wir kaufen eine Waschmaschine, weil wir gern saubere Wäsche haben. In unserer Küche steht ein Kühlschrank, der unsere Lebensmittel vor dem Verderben schützt, und wir haben uns eine Schlagbohrmaschine angeschafft, damit wir dann und wann ein Loch in die Wand bohren können, um sie mit einem Bild zu schmücken. Einmal in der Woche holen wir unseren Turbostaubsauger hervor, um den Teppich »fasertief« zu reinigen. Er, der Turbo, ist ein Meisterwerk der Technik und des Designs. Dass dieses Meisterwerk dazu verdammt ist, den weitaus überwiegenden Teil seiner Existenz ohne Beschäftigung zu verbringen, Raummiete kostet, gewartet werden muss und in seinem ganzen Leben durchschnittlich nur etwa 150 Stunden arbeitet, ist uns zumeist nicht bewusst. Der Nutzen, den wir haben wollen, besteht in dem sauberen Teppich.

Wir leisten uns den Service eines Produkts, wir lassen uns bedienen. Zwar werden die meisten Dienstleistungen nach wie vor von Menschen erbracht, doch auch sie benötigen hierzu Maschinen, Energie und die nötigen Infrastrukturen. Ohne den Service von Technik und Gerät geht nichts. Und die Zahl der Maschinen, die Service ohne menschliches Zutun leisten, nimmt zu: Rund um die Uhr zahlen sie Bargeld aus oder gleiten als Roboter-Staubsauger und intelligente Rasenmäher durch Räume und über Wiesen.

Bei vielen Geräten steht die Leistung – der Service – im Vordergrund, mit der eine bestimmte, von uns gewünschte Funktion wie »schmutzige Wäsche waschen«, »staubsaugen«, »ein Loch in die Wand bohren« oder »von A nach B gelangen« erfüllt wird. Doch solche unmittelbar nützlichen Dienste bilden nur einen Ausschnitt aus dem Spektrum möglicher Funktionen von Produkten. Schmuck und Bilder etwa kaufen wir aus Freude am Schönen oder als Wertanlagen; und mit dem neuen Kleid, Anzug, Parfüm oder Auto bringen wir unseren individuellen Lebensstil zum Ausdruck. Ein Produkt, das unser Prestige hebt, leistet uns auch einen Dienst. Aus dieser Perspektive gesehen, nehmen wir unablässig die Dienste von materiellen Gütern in Anspruch, die uns nützlich sind: Die warme Dusche am Morgen verdanken wir der Heizanlage, dem städtischen Wasserwerk, den Leitungen aus PVC und vielen anderen Dingen, die alle im Konzert funktionieren müssen. Die Fahrt zur Arbeit dem Fahrrad, Auto, der U-Bahn oder dem Bus, und beim Vorlesen einer Gutenachtgeschichte für unsere Kinder leistet uns das Buch einen erfreulichen Dienst. Die Lampe auch. Und der Stuhl. Unsere Lebensqualität und unsere Befindlichkeit werden also in erster Linie durch den Nutzen bestimmt, der uns durch Dienstleistungen erbracht wird.

Warum Dienstleistungen?

Bei Dienstleistungen denken wir normalerweise an die Arbeit des Krankenpflegers, des Flugzeugpiloten, des Bankangestellten, des Verkäufers, des Friseurs oder des Unternehmensberaters, also an den Dienst, den ein Mensch für einen anderen erbringt. Die Tätigkeit des Dienstleistens wird dabei als »nichtmaterielle Leistung«

definiert, die Menschen für andere Menschen erbringen und deren Ziel nicht die Herstellung eines materiellen Produkts ist, sondern Hilfe, Beratung und Organisation. Diese Leistungen gelten traditionell als nicht übertragbar, nicht lagerfähig und nicht transportabel. Doch das ist – genauer betrachtet – ein Irrtum. Auch diese Dienstleistungen können »transportiert« werden, zum Beispiel über Telefon oder das Internet. Und dass auch Produkte ohne menschliche Hilfe Dienstleistungen erbringen, merken wir spätestens, wenn der Fahrkartenautomat am Bahnhof versagt. Ich fasse Dienstleistungen deshalb in einem weiteren als dem üblichen Sinne als einen Nutzen auf, der uns erbracht wird. Wer diese Dienstleistung erbringt, Mensch oder Maschine, ist dabei nebensächlich. Um zu einem der Beispiele zurückzukehren: Es ist mir gleich, ob ein Mensch oder eine Maschine meine Wäsche reinigt (solange der Mensch fair behandelt und bezahlt wird). Hauptsache, sie wird sauber, und das zu einem vernünftigen Preis. Das Wichtigste an einem Produkt ist offenbar der Nutzen, den es uns bringt, indem es ein Bedürfnis oder eine Funktion erfüllt. Produkte sind nichts anderes als Dienstleistungserfüllungsmaschinen.

Ich halte mich deshalb so ausführlich bei den Dienstleistungen auf, weil unser Denken gewohnheitsmäßig auf Konsumgüter ausgerichtet ist, bei denen wir vor allem das Versprechen sehen, dass Konsum glücklich macht. Das Auto, die Handtasche, die vielen technischen Geräte, die das »Ich« in Form des englischen »I« schon im Namen tragen, sind heute mehr als nur Gebrauchsgegenstände. Es sind Dinge, zu denen wir eine emotionale Beziehung aufbauen und die auch der Selbstdarstellung, der Hebung unseres Prestiges dienen. Doch auch das kann man letztendlich als Dienstleistung oder Funktion betrachten. Abgesehen davon ändern die Produkte, die wir um des Besitzes willen erwerben, nichts an der Tatsache, dass uns die meisten Konsumgüter als Produkte herzlich egal sind. Oder haben Sie sich schon einmal am Design Ihrer Heizungsanlage gestört? Obwohl aber bei der Mehrzahl der Produkte die Funktion im Vordergrund stehen sollte, sind unsere Wirtschaft und wir Konsumenten überwiegend am Produkt orientiert: Wenn wir Güter verwenden, bezahlen wir nicht für den Nutzen, sondern für das Gerät. Dabei wissen wir weder, was ihr Nutzen uns wirklich kostet, noch kennen wir die Menge Natur, die hierfür aufgewendet wird.

Die Erfahrung des Reboundeffekts in der Umweltpolitik hat gezeigt, dass nicht nur das Produkt, sondern auch die Art und Weise seiner Nutzung eine wichtige Rolle spielt, wenn man seine Auswirkungen auf die Umwelt richtig bewerten will. Eine stromsparende Klimaanlage, die ständig läuft, schadet der Umwelt mehr als eine stromfressende Anlage, die meistens ausgeschaltet ist. Die Fahrt in der leeren S-Bahn ist ökologisch weit weniger günstig als die Fahrt in einem voll besetzten Mercedes – auch die öffentlichen Verkehrsmittel rechnen sich erst, wenn sie entsprechend genutzt werden. Wirklich umfassend wird unsere Umweltrechnung also nur, wenn wir unseren Fokus darauf richten, wie wir Produkte *nutzen*. Deshalb ist es wichtig, die Dienstleistung in den Vordergrund zu rücken.

Material-Input-Per-Service: der materielle Fußabdruck

Wenn wir uns die Dienstleistung, den Service, ansehen, den ein Produkt erbringt, erhalten wir für jedes Produkt eine Rechnung in Bezug auf ihre Umweltwirkung, die sich vom ökologischen Rucksack unterscheidet. Denn der enthält nur den Material-Input, der bei der Herstellung und bis zum Verkauf der Ware anfällt. Um die Rechnung zu vervollständigen, ist es nötig, auch den Material-Input zu ermitteln, der in seiner Nutzung steckt und der bei der Entsorgung anfällt.

Ein Beispiel: Zwei identische Neuwagen tragen beim Verkauf denselben ökologischen Rucksack. Sie wurden mit derselben Menge an verbrauchter Natur produziert. Nun gerät der Käufer des ersten Wagens, der das Gefährt ausschließlich alleine nutzt, nach zwei Monaten in einen Unfall mit Totalschaden. Das Auto wird verschrottet. Der zweite Wagen wird von einem Familienvater mit drei Kindern fünfzehn Jahre lang gefahren. Rechnet man nun, wie viele Ressourcen für jeden einzelnen gefahrenen Kilometer pro Person verbraucht wurden, so fällt die ökologische Bewertung des Nutzens der beiden Autos extrem unterschiedlich aus. Betrachtet man nicht das Auto, sondern den Nutzen – in diesem Falle die Beförderung von Personen über bestimmte Strecken –, so ergibt sich für die beiden Wagen ein völlig unterschiedlicher ökologischer Wert. Um diesen zu vergleichen, muss der Material-Input berechnet und durch die Zahl der gefahrenen Kilometer dividiert werden. Gehen wir für das Beispiel mit einer vereinfachten Rechnung davon aus, dass der Materialverbrauch von der Wiege bis zur Bahre bei circa 60 Tonnen liegt. Bei dem zweiten Wagen, der 15 Jahre gefahren wurde, liegt er vielleicht bei 70 Tonnen, da hier ja ein höherer Benzinverbrauch und vielleicht noch die eine oder andere Reparatur hinzuzurechnen sind. Nehmen wir weiter an, dass mit dem Unfallwagen bis zur Verschrottung 2 000 Kilometer, mit dem anderen Wagen 200 000 Kilometer gefahren wurden. Für den ersten Wagen ergibt sich also der Wert von 60 000 Kilogramm geteilt durch 2 000 Kilometer = 30. Für den zweiten Wagen liegt der Wert bei 70 000 Kilogramm geteilt durch 200 000 Kilometer = 0,35. Der Ressourcenverbrauch, der für den Unfallwagen *pro gefahrenem Kilometer* angefallen ist, liegt um fast ein Hundertfaches höher als der des zweiten Autos! Würde man für den zweiten Wagen noch die Zahl der durchschnittlich beförderten Personen hinzurechnen, käme man nicht auf 200 000, sondern zum Beispiel auf 600 000 gefahrene Kilometer (ausgehend von im Schnitt drei beförderten Personen). Der für den Ressourcenverbrauch pro gefahrenem Kilometer ermittelte Wert läge dann nur noch bei 0,116, der des Unfallwagens wäre damit beinahe um einen Faktor 300 höher.

Ausgehend von diesen Überlegungen, habe ich vor mehr als zwanzig Jahren vorgeschlagen, den Material-Input pro Nutzen zu ermitteln, der für ein Produkt anfällt. Der so ermittelte Wert wird mit der Formel MIPS ausgedrückt, das bedeutet Material-Input MI – von der Wiege bis zur Wiege – durch die Service-Einheit S: MI per S = MIPS. Der Anschaulichkeit halber wird der MIPS auch als »materieller Fußabdruck« bezeichnet. Jedes Produkt hinterlässt auf seinem Weg von der Wiege bis zur Bahre einen solchen materiellen Fußabdruck in der Ökosphäre.

Der MIPS gilt ausschließlich für Produkte, deren Verwendung Nutzen stiftet (auf ein Barren Silber von 500 Gramm trifft das zum Beispiel nicht zu). Wir sprechen deshalb von »dienstleistungsfähigen Produkten« oder auch von »Dienstleistungserfüllungsmaschinen«. Wird das Produkt genutzt, so gibt der materielle Fußabdruck MIPS an, wie viel der in das Produkt investierten Natur für jede Einheit extrahierten Nutzen »abgeleistet« wird. Je öfter wir ein Produkt nutzen, desto weniger Ressourcenverbrauch fällt für jede einzelne Nutzung an. Während der Material-Input dabei eine feste Größe als Gewichtseinheit in Kilogramm oder Tonnen darstellt, ist die Serviceeinheit variabel: Im Falle von Mobilität besteht sie in gefahrenen Kilometern. Der MIPS gibt also für Autos, Fahrräder, Flugzeuge den Material-Input pro zurückgelegtem Kilometer an. Dabei sind Service, Dienstleistungen und Nutzen in meinem Modell ein und dasselbe. Ein Nutzen kann zum Beispiel sein: ein Buch lesen oder Haare schneiden. In diesen Fällen summiert sich der Materialeinsatz aller verwendeten Produkte/Serviceeinheit. Um den MIPS von einer Stunde Lesen zu errechnen, müsste man die Heizkosten, das Dach über dem Kopf, die Produktion des Buchs, den Strom, den die Lampe verbraucht, etc. einbeziehen.

Bei MIPS wird die gesamte Menge an Natur berechnet, die bis zur Entsorgung eines Produktes verbraucht wird. Zum Material-Input, der bei der Herstellung anfällt, kommen der Ressourcenverbrauch während der Nutzung (zum Beispiel Wasser, Waschmittel und technische Energie bei der Waschmaschine) sowie für die Entsorgung hinzu. Bei Wegwerfprodukten gilt: MIPS = MI, weil S = 1 (das Produkt wurde einmal benutzt, also entspricht sein materieller Fußabdruck dem Material-Input, der in dem Produkt steckt). Bei langlebigen Produkten beträgt der MIPS nur noch einen kleinen Bruchteil des ursprünglichen Material-Inputs. Der materielle Fußabdruck des Kölner Doms ist heute schon nicht mehr groß, da er seit nahezu tausend Jahren von Millionen Gläubigen genutzt wird, und er verringert sich mit jedem Jahr weiter (selbst wenn er bereits mehrfach, unter anderem nach den Bombenschäden des Zweiten Weltkriegs, aufwendig restauriert werden musste).

Indem wir den Materialbedarf mit MI für Material-Input und den erbrachten Nutzen mit S für Service bezeichnet haben, lässt sich MI geteilt durch S, also der MIPS, auch als Materialeffizienz (besser: Materialintensität) eines Nutzens oder einer Leistung beschreiben. Der MIPS erlaubt es uns, die *lebenszyklusweite materielle Intensität* (Materialeffizienz) von Gütern und ihren Dienstleistungen abzubilden.

Nutzen statt besitzen

Wenn wir Produkte, Gebäude, Materialien, Anlagen und Infrastrukturen nicht ausschließlich als Gegenstände, sondern vor allem unter dem Aspekt ihres Nutzens betrachten, vollziehen wir damit einen Wahrnehmungswandel. Dann nämlich ist es möglich, sie in Bezug auf Dienstleistungsvermögen und Ressourcenaufwand zu vergleichen. Das Konzept MIPS ermöglicht es somit, unter dem Gesichtspunkt des Ressourcenverbrauchs zum Beispiel die Fahrt mit dem Auto direkt mit der Straßenbahnfahrt zu vergleichen, und zwar ganz exakt, unter Berücksichtigung aller Faktoren.

Wenn es nicht auf das Produkt an sich ankommt, sondern darauf, welchen Zweck es erfüllt, dann ist klar, dass wir unter verschiedenen Produkten, die ihrer Funktion nach vergleichbar sind, dasjenige wählen können, welches diese Aufgabe für uns am besten und billigsten erfüllt. Sofern wir über entsprechende Informationen verfügen, können wir bei dieser Wahl außerdem berücksichtigen, welches Produkt am umweltfreundlichsten arbeitet und am umweltfreundlichsten hergestellt wurde, also einen möglichst kleinen materiellen Fußabdruck hinterlässt. Aus all dem geht hervor, dass es nicht wesentlich ist, ob wir ein Produkt besitzen – das eigentlich Wichtige ist seine für uns verfügbare Funktion. Die Bequemlichkeit der Nutzung ist ein Managementproblem, das zumeist innovativ gelöst werden und Arbeitsplätze schaffen kann. Um der Nachhaltigkeit zu dienen, müssen Dienstleistungserfüllungsmaschinen einerseits mit ressourceneffizienten Mitteln gestaltet, angeboten und betrieben werden, andererseits müssen sie unseren Wohlstand mit erhöhter Ressourcenproduktivität gewährleisten. Letzteres bedeutet, dass die Maschinen länger genutzt werden müssen – erst dann sind sie produktiv.

Handlungsoptionen: Beispiel Rasenpflege

Nehmen wir als Beispiel die Funktion »Rasenpflege«. Zur Pflege des Rasens kann man sich einen Rasenmäher kaufen und dafür mehr oder weniger Geld ausgeben, je nachdem, ob er von einem Elektro-, einem Benzinmotor oder von menschlicher Muskelkraft angetrieben wird. Statt ein solches Gerät zu kaufen, kann man aber auch einen Gartenpflegebetrieb beauftragen, den Rasen zehnmal pro Jahr zu schneiden. Der Gärtner bringt dann das Firmengerät mit, dessen Nutzung im Preis inbegriffen ist. Eine dritte Möglichkeit ist, sich mit Nachbarn zusammenzutun und ein »Rasenmäher-Sharing« zu betreiben, sich also ein Gerät zu teilen. Schließlich gibt es als vierte Möglichkeit die sogenannte »Nulloption«, nämlich das Gras mitsamt seiner Blumenpracht einfach wachsen zu lassen und es allenfalls zweimal – im Spätsommer und im Spätherbst – mit der Sense zu schneiden.

Die vier Möglichkeiten zur Erfüllung der Funktion »Rasenpflege« sind, gemessen am Verbrauch von natürlichen Ressourcen, völlig unterschiedlich zu bewerten. Die erste Möglichkeit ist die nach wie vor verbreitetste und die mit dem bei Weitem höchsten Ressourcenverbrauch. Bei der zweiten Möglichkeit wird das Gerät durch den Gartenpflegebetrieb intensiv genutzt, seine »Nutzungsintensität« ist vergleichsweise hoch. Daran ändert auch die Tatsache nichts, dass solche Profigeräte im Allgemeinen stabiler und schwerer gebaut sind und deshalb mehr Material enthalten. Dafür leben sie länger und können während ihrer Lebenszeit sehr viel mehr Leistung erbringen als ein Hausgerät, das die meiste Zeit vor sich hin rostet. Der Materialeinsatz pro Quadratmeter geschnittenen Rasens ist bei einer angenommenen Lebensdauer des Geräts von zehn Jahren etwa 20 bis 30 Mal geringer als im ersten Fall.

Bei der dritten Möglichkeit, dem Rasenmäher-Sharing, ist, wenn sich fünf Familien ein Gerät teilen, der Materialeinsatz pro Quadratmeter geschnittenen Rasens im Vergleich zur ersten Möglichkeit etwa fünf Mal geringer; die tatsächliche Zahl liegt unter fünf, da durch die häufigere Nutzung zusätzlich Treibstoff oder Strom verbraucht wird.

Wichtig ist, auf welche Weise der Materialaufwand bei gleichem Nutzen gesenkt wird. Während bei der zweiten und dritten Variante die Nutzung der eingesetzten Ressourcen (die Ressourcenproduktivität) dadurch verbessert wird, dass das Gerät besser genutzt (die Nutzungsintensität erhöht) wird, das heißt durch organisatorische Maßnahmen, liegt die vierte Lösung auf einer anderen Ebene. Diese vierte Möglichkeit nannten wir die Nulloption. In ihrem Fall verbessert sich die Ressourcenproduktivität durch eine persönliche Entscheidung für ein verändertes Verhalten. Die Materialintensität pro Quadratmeter geschnittenen Grases ist (wenn die Sense etwa hundert Jahre hält) gegenüber dem eigenen Rasenmäher um rund ein 250-faches geringer! Natürlich setzt dies auch eine andere Betrachtungsweise voraus: Wer einen englischen Rasen als »Muss« ansieht, vielleicht gar nicht einmal, weil er ihn schöner findet als eine bunte Blumenwiese, sondern weil er glaubt, damit sein Ansehen bei den Nachbarn pflegen und anheben zu können, der wird sich kaum eine Blumenwiese leisten. Und Eltern von kleinen Kindern mögen eine solche Wiese als schlechten Spielplatz empfinden, denn das hochwachsende Grün erholt sich von den Spuren des Spiels wesentlich schlechter als ein kurz gehaltener Rasen. Die Nulloption zeichnet sich immer durch eine äußerst hohe Ressourcenproduktivität und finanzielle Einsparungen aus. Das ist aber nicht ihre einzige positive Eigenschaft. In unserem Fall ist es außerdem die Erhaltung der Artenvielfalt von Blumen, Schmetterlingen und Insekten.

5 Grüne Lügen

Fehler im System

Zu den bekanntlich größten Sündern, denen Umweltschützer seit den 1960er-Jahren auf die Spur kamen, gehört das Auto. Es bläst schädliche Abgase in die Luft, und bis zum Jahr 2000 konnte der während der Fahrt verbrannte Treibstoff Blei enthalten, das sich als gefährlich für die Gesundheit erwies. (Wer Autos gar nicht mag, kann auch noch Hunderttausende Verkehrstote, Millionen Verletzte, die Zerstückelung der Natur durch Autobahnen, den Lärm und viele andere Nachteile hinzurechnen). Also bemühten sich die Hersteller, die Schäden einzudämmen, indem bleifreies Benzin hergestellt und die Motoren mit einem Katalysator versehen wurden. Letzterer filtert die schlimmsten Schadstoffe heraus, bevor der Rest in Form von Abgasen in die Luft gelangt. Derartige Vorgehensweisen werden häufig als End-of-the-pipe-Lösungen bezeichnet: Man korrigiert auftretende Schäden am Ende des Rohrs, dort, wo der Schaden gewissermaßen »austritt«. Eben diese nachträglichen Korrekturen von bereits entstandenen und entstehenden Schäden kennen wir als Umweltschutz. Fast unsere gesamte Umweltpolitik besteht aus End-of-the-pipe-Lösungen.

Nun machen die Berechnungen des ökologischen Rucksacks und des materiellen Fußabdrucks MIPS sichtbar, dass ein großer Teil der Auswirkungen, die das Auto auf die Umwelt hat, durch seinen lebenslangen Materialverbrauch verursacht wird. Der Produktionsweg eines Autos beginnt bei der Gewinnung und Verarbeitung von Erzen, der Herstellung von Kunststoffen und anderen

Ausgangsprodukten. Hinzu kommen die Herstellung von Schrauben, Klebern, Teppichen, von Motorteilen und anderen, manchmal von weit her zugelieferten Komponenten, und schließlich die Montage des gesamten Autos und die Auslieferung, für die oft wiederum große Transportstrecken zurückgelegt werden. Wird das Auto dann als Transportmittel benutzt, füllt sich sein ökologischer Rucksack weiter, da Treibstoffe und Ersatzteile gebraucht werden. Allerdings machen diese den deutlich kleineren Teil der ökologischen Kosten aus. Schaut man auf die gesamten, von der Produktion bis zur Entsorgung entstehenden Kosten, so stellt sich heraus: Der Anteil des Treibstoffs am Material-Input eines Personenwagens liegt nur bei 15 bis 20 Prozent. Bezieht man die Infrastruktur an Straßen, Parkplätzen, Tankstellen und anderem in die Rechnung ein, dann sinkt der Anteil des Treibstoffs am gesamten Material-Input sogar auf nur zwei Prozent und weniger. In jedem Fall liegt also der größte Teil der Umweltrechnung bereits auf dem Tisch, wenn das Auto ausgeliefert wird. Und so muss man bei einem Mittelklassewagen heute insgesamt für jeden Kilometer, den er fährt, einen Materialbedarf von 300 bis 500 Gramm rechnen, kalkuliert für eine Gesamtfahrleistung von 200 000 Kilometern. Bis das Auto verschrottet wird, sind für dieses Produkt 60 bis 80 Tonnen Ressourcen bewegt und dabei verändert – denaturiert – worden; der lebenslange Material-Input eines Mittelklassewagens beträgt damit 60 bis 80 Tonnen.

Konzentriert man sich nun bei der Schadensbegrenzung ausschließlich auf den Treibstoffverbrauch und die Emissionen, schließt man von vorneherein 80 Prozent der Ursachen aus, die für die Umweltbelastungen durch das Auto verantwortlich sind. Das wäre noch akzeptabel, wenn man sich darauf einigte, dass man zu mehr Zugeständnissen an die Natur eben nicht bereit ist. Doch es kommt noch schlimmer: Die mühsame, durch komplizierte neue Technik erreichte Verringerung des Treibstoffverbrauchs schlägt aufseiten der Produktion derart zu Buche, dass die Umweltbelastung insgesamt noch zunimmt, manchmal, wie im Falle des Elektroautos oder von Hybridmotoren, in weit höherem Maße als die bei den Schadstoffemissionen erreichten Einsparungen.

Solche Umweltschutzmaßnahmen, die sich in der Gesamtrechnung negativ auf die Umwelt auswirken, bezeichne ich als »grüne Lügen«. Im Kern bestehen sie darin, eine umweltbelastende Technik durch neue oder zusätzliche, die Umwelt zusätzlich belastende Technik zu entschärfen. Wobei es den Erfindern solcher Maßnahmen (auch bei der Partei Die Grünen) leider fast ausnahmslos gelingt, den negativen Teil der Rechnung zu verschweigen und die angeblich umweltfreundlichen Innovationen als grüne Vorzeigeprojekte zu verkaufen. Und so kommt es, dass die Senkung des Treibstoffverbrauchs von Automotoren zwar einen gewissen Beitrag zum Klimaschutz leistet – aber leider keinen entscheidenden, wirklich nachhaltigen. Die euphorischen Erwartungen an das Elektroauto sind daher völlig fehl am Platz. Es gibt zwar Stimmen, die darauf hinweisen, dass auch der elektrische Strom unter Ausstoß von klimaschädlichem Kohlendioxid produziert wird, aber das ist nur ein Teil des Problems. In der Summe ist der ökologische Preis des E-Autos wesentlich höher als der des mit Benzin und Diesel angetriebenen Fahrzeugs. Neben den seltenen Rohstoffen kommen dabei die Rucksäcke für die Batterien hinzu, die noch gar nicht berechnet wurden. Angesichts dieser Situation sind mir die Hoffnungen, die auf der Elektromobilität ruhen, ein Rätsel. In der Gesamtbilanz schlägt die vermeintlich positive Wirkung der Elektromobilität in einen negativen Effekt für die Ökosphäre um.

Die Energiewende: grüne Augenwischerei

Was ich als das Kernprinzip der grünen Lügen bezeichne – die technische Korrektur von umweltbelastender Technik, die durch einen höheren Einsatz an Ressourcen und technischer Energie erkauft wird –, stellt einen fundamentalen Konstruktionsfehler unserer Umweltpolitik dar. Das wird sich im Folgenden noch an vielen weiteren Beispielen zeigen. Doch die angeblich grüne Elektromobilität birgt noch weitere Konstruktionsfehler, und mit der Elektromobilität auch das Herzstück unserer aktuellen Umweltpolitik, die Energiewende. Denn so, wie aufseiten der Ursachen in erster Linie auf Schadstoffe und Emissionen und selten auf den Ressourcenverbrauch geachtet wird, beschränkt sich die Politik auch aufseiten der Wirkungen darauf, nur einen kleinen Ausschnitt der Realität zu beachten: Das einzige Umweltproblem, das heute die so dringend gebotene öffentliche Aufmerksamkeit erfährt, ist der Klimawandel. Zunächst ist das insofern lobenswert, als dabei erstmals ein größerer Systemzusammenhang wahrgenommen wird: Unzählige Faktoren beeinflussen das Klima, umgekehrt ist das Klima auf eine sehr komplexe Weise für alle möglichen Funktionen der Ökosphäre verantwortlich. Doch die neben dem Klimawandel heute bekannten Umweltprobleme von vergleichbarer Gefährlichkeit habe ich bereits genannt.

Die heute fast ausschließliche Konzentration aller Umweltschutzbemühungen auf den Klimaschutz stellt eine starke Verengung des Fokus dar. Es werden also nur etwa 20 Prozent unserer derzeitigen Umweltprobleme überhaupt in den Blick genommen! Dennoch ist der Klimawandel heute das einzige systemische Umweltproblem, das es geschafft hat, politisch anerkannt zu werden. Die Politik hat gewählt, was »gefühlt« am wichtigsten ist, und richtet ihre Anstrengungen seitdem nahezu ausschließlich auf den Klimaschutz aus. Als wäre das nicht kurzsichtig genug, kommt es in der Folge zu weiteren Verengungen: Als Hauptverursacher des Klimawandels gelten Emissionen, und hier in erster Linie der Ausstoß von Kohlenstoffdioxid, der beim Betrieb technischer Geräte entsteht. Auch das ist jedoch falsch, denn die Entnahme, Bewegung und Verarbeitung von Ressourcen jeglicher Art trägt insgesamt bedeutend stärker zur Erhöhung von Emissionen klimawirksamer Gase bei – sei es durch den Einsatz von Düngemitteln und die

Rindfleischproduktion, sei es durch Brandrodungen und Schwelbrände in kohlenstoffreichen Böden, die mengenmäßig erheblich an Emissionen von klimawirksamen Gasen aus der Technosphäre beteiligt sind. Einer der größten CO_2-Emittenten ist Indonesien, und zwar nicht deshalb, weil es die meisten Autos oder Kohlekraftwerke hat, sondern weil für die Palmölproduktion massenhaft tropische Wälder abgeholzt werden (im Jahr 2005 wurden 80 Prozent der indonesischen Emissionen durch die Palmölproduktion verursacht). Selbst wenn alle Indonesier mit dem Fahrrad statt mit dem Auto führen, würde sich die CO_2-Bilanz des Landes nicht wesentlich verbessern.[25] Obwohl also das CO_2 hier nicht durch die Verbrennung von Kraftstoff direkt in die Luft geblasen wird, wirkt sich die Palmölproduktion auf Kosten der Wälder viel verheerender auf die CO_2-Bilanz aus als eine Fahrt mit dem Auto. Dabei sind die folgenschweren Verluste von Mutterböden durch Erosion nicht einmal berücksichtigt.

Strittig ist jedoch schon die Annahme, CO_2-Emissionen seien der Hauptverursacher des Klimawandels, denn es gibt andere klimawirksame Emissionen, wie zum Beispiel N_2O (Distickstoffmonoxid), das durch die Verwendung von Düngern entsteht. Umgekehrt ist der Klimawandel nicht die einzige Folge von erhöhten CO_2-Konzentrationen in der Atmosphäre. Selbst bei diesen relativ gut erforschten Emissionen, von CO_2, aber auch SO_2 (Schwefeldioxid), können wir längst nicht alle potenziell möglichen Einwirkungen auf die Ökosphäre abschätzen. Für Hunderttausende anderer Emissionen und Einleitungen in die Atmosphäre können wir es erst recht nicht. Anscheinend ist jedoch wenig bekannt, dass der neuerdings vielfach genutzte Indikator »CO_2-Fußabdruck« als Wegweiser zu einer nachhaltigen Zukunft nichts taugt, weil

1. nicht alle Güter und deren Nutzung mit der Emission von CO_2 verbunden sind;
2. CO_2 nur eine der klimawirksamen Emissionen ist (N_2O und Methan sind weitere);

3. längst nicht alle von Menschen verursachten Veränderungen in der Umwelt auf die Emission von CO_2 zurückgehen;
4. die Emission von CO_2 keine Funktion der Ressourcenintensität von Produkten und Anlagen ist (z. B. ist die Ressourcenintensität von Atomstrom sehr hoch, obgleich die CO_2-Emission bei Kernkraftwerken relativ bescheiden ist);
5. CO_2 nur eine von Hunderttausenden verschiedenen Emissionen aus der Technosphäre ist;
6. Maßnahmen zur Minderung der Emission von CO_2 oft eine Erhöhung der Ressourcenintensität durch technische Maßnahmen nach sich ziehen;
7. »CO_2-frei« nicht »nachhaltig« bedeutet.

Das Ökosiegel: Garant für Umweltfreundlichkeit?

Die Wissenschaft ist nicht in der Lage, die Einwirkung all der menschengemachten Substanzen auf Millionen verschiedene Teile der Umwelt zu analysieren, in Versuchen zu simulieren, und schon gar nicht zu quantifizieren und die jeweiligen Ergebnisse in Geldwerte umzurechnen. In diesem Lichte betrachtet, erscheint der Glaube, man könne die Umweltschädlichkeit von Dingen durch den CO_2-Fußabdruck darstellen, als reichlich blauäugig. Dasselbe gilt für die Überzeugung mancher Wirtschaftsexperten, man könne Umweltschutz mit Hilfe von Kosten-Nutzen-Analysen (die in das Konzept der sogenannten Pigou-Steuer einfließen) optimieren.

Rekapitulieren wir das Gesagte noch einmal: Die aktuelle Umweltpolitik und die sie begleitenden Debatten über Umweltfragen beschränken sich in mehrfacher Hinsicht auf einen kleinen Ausschnitt der Realität. Da wäre zunächst die Verengung des Fokus auf den Klimawandel als einziges schwerwiegendes Umweltproblem. Sie hat zur Folge, dass gut vier Fünftel der uns bedrohenden Umweltgefahren von vorneherein ignoriert werden. Doch auch diese eingeschränkte Betrachtungsweise wird noch einmal verengt, indem man sich auf den CO_2-Fußabdruck als einzige Ursache für den Klimawandel versteift. Vor dem Hintergrund dieser doppelten Beschränkung konzentriert sich der Umweltschutz auf den Verbrauch von technischer Energie, der meist mit CO_2-Emissionen einhergeht, und zwar in erster Linie auf den Verbrauch der Energie, der beim Betrieb von Geräten erforderlich ist. Womit wir bei einer dritten Einschränkung wären. Um es an einem Beispiel zu veranschaulichen: Wir werden informiert, ob ein Kühlschrank viel oder wenig Strom frisst, wir erfahren jedoch nicht, wie energieaufwendig seine Herstellung war. Man schaut also auf den Betrieb, den Stromverbrauch, der vor Ort anfällt, wenn der Kühlschrank oder das Auto benutzt wird, verdrängt jedoch andere zu veranschlagende ökologische Kosten, die bei der Produktion wie auch der Nutzung der Geräte entstehen. Derart schiefe Bilanzen lassen natürlich auch die Kennzeichnung der ökologischen Qualität von Gütern fragwürdig erscheinen, die allein auf dem Energieverbrauch beruhen, da diese nichts über die Ressourcenintensität des erzielbaren Nutzens mittels der betroffenen Geräte, Anlagen und Fahrzeuge insgesamt aussagen. Und beim Stromverbrauch wird praktisch nie berücksichtigt, dass der materielle Fußabdruck sehr unterschiedlich sein kann. Der österreichische Strommix ist mehr als viermal geringer in seiner Ressourcenintensität als der deutsche. Das bedeutet: Derselbe Kühlschrank, der dasselbe deutsche Gütesiegel für einen sparsamen Energieverbrauch beim Betrieb trägt, wird in Österreich wesentlich ressourcensparsamer eingesetzt als in Deutschland – einfach deshalb, weil der hierfür verwendete Strom in Österreich unter ökologischen Gesichtspunkten wesentlich günstiger erzeugt wird. Dass die Einsparung an Energie während des Betriebs von Geräten mit einer Erhöhung der Materialintensität erkauft wird, haben wir beim Hybridauto gesehen. Der ökologische Rucksack des in den Medien hochgelobten Prius von Toyota wird durch den zusätzlichen Antrieb nahezu verdoppelt.

Falsche Glaubenssätze: CO_2 und technische Energie

Obwohl jedem ernst zu nehmenden Umweltforscher bekannt ist, dass Politik und Gesellschaft sowohl den Großteil der ökologischen Kosten als auch der damit einhergehenden Umweltprobleme verdrängen, halten die Verantwortlichen daran fest, Umweltbelastungen praktisch ausschließlich anhand der verbrauchten Energie zu messen. Ressourcen spielen dabei fast nie eine Rolle. Die Energie wiederum wird an ihren schädlichen Auswirkungen (CO_2-Emissionen, Strahlungen) gemessen; wieder spielen die Ressourcen keine Rolle. Für die technische Energie gilt jedoch dieselbe Formel, die für alle mit ihrer Hilfe erzeugten und betriebenen Geräte gilt: Die Umwelteinwirkungen bei ihrem Verbrauch sind im Vergleich zu den Umweltkosten, die bei ihrer Produktion entstehen, gering. Die Verwendung von technischer Energie selbst hat nur einen *minimalen* Einfluss auf Veränderungen in der Ökosphäre, während der Einsatz der Materialmenge pro erzeugter Menge Energie ihre »Umweltfreundlichkeit« bestimmt. Das ist der Grund, warum die an sich sinnvolle Solarenergie bisher eine insgesamt negative Umweltbilanz aufweist: Ihre Gewinnung ist insgesamt noch immer extrem ressourcenintensiv. Die Ziele der Energiewende sind nicht falsch. Es ist richtig, sich von Kernkraft und fossilen Energieträgern zu verabschieden und dauerhaft auf erneuerbare Energiequellen zu setzen. Ebenso wie es gut und notwendig war, die Landwirtschaft von toxischen Stoffen (Pestiziden etc.) zu befreien und FCKW-Stoffe zu verbieten. Nur muss der Versuch, saubere Energien zu generieren, mit dem Versuch verbunden sein, dies besonders ressourcenschonend zu tun. Dasselbe gilt für alle Energiesparmaßnahmen: Sie können nur dann ökologisch wirksam werden, wenn der Ressourceneinsatz dabei zumindest nicht erhöht wird.

Dass umweltpolitisches Handeln nur den Ausschnitt klimaschädlicher Emissionen berücksichtigt, hat zur Folge, dass entsprechende Umweltprojekte der Umwelt bisweilen mehr schaden als nutzen. Das beginnt damit, dass die Verminderung von Emissionen am Ausgang (End-of-the-pipe) auf Kosten eines zunehmenden Ressourcen-Inputs am Eingang, bei der Produktion, erkauft wird. Oft wird das Problem dabei zudem an einen anderen Ort verlagert, was auch moralisch fragwürdig ist. Auch darin besteht ein höchst problematischer Aspekt der Elektromobilität: Wenn die in Elektromotoren verarbeiteten seltenen Rohstoffe in China unter Einsatz technischer Energie abgebaut und verarbeitet werden, dann entstehen dort zusätzliche Emissionen – kurz: Für saubere Luft in Deutschland wird in China mit zusätzlicher Luftverschmutzung und Ressourcenentnahme bezahlt. In einem Interview vom 16.10.2013 weist der Verkehrsexperte Bernhard Knieriem auf diese Schattenseiten unserer grünen Mobilität hin. Er mahnt: »Im Falle der Agrokraftstoffe werden landwirtschaftliche Flächen zu einer global umkämpften Ressource, was sich schon jetzt im Land-Grabbing zeigt. Bei Elektroautos geht es um Lithium, Kobalt, Neodym, Dysprosium und weitere Stoffe, die global sehr begrenzt sind. Mit beiden Techniken steuern wir auf eine Art neuen Kolonialismus zu, weil wir in erheblichem Umfang Ressourcen in anderen Ländern ausbeuten müssen.«[26] Ausgerechnet unsere angeblich nachhaltigen Techniken, die dem Auto die Zukunft sichern sollen, zementieren damit alte, ausbeuterische Strukturen, die dem Gefüge der Welt seit dem 19. Jahrhundert ein ökologisches und soziales Gefälle aufprägen.

Das zentrale Dilemma der Umweltpolitik zeigt sich nicht nur im Bereich der grünen Mobilität: Jede Energieeffizienztechnik führt zu einem Wachstum, und jedes Wachstum zu erneutem Ressourcenverbrauch. Dabei könnte man die Effekte, die meist durch neue Technik erzielt werden, wesentlich einfacher, schneller und in größerem Umfang durch ganz andere Maßnahmen erzielen – angefangen bei kleineren Autos in der Stadt, der Verlängerung der Lebenszeit der Autos, Veränderungen der Transportwege, alternativen Mobilitätsformen und Ähnlichem. Es wäre schon jetzt ein Leichtes, die Ressourcenintensität der innerstädtischen Pkw-Nutzung um den Faktor 10 zu verringern, ohne den Einsatz technischer Neuerungen.

Wenn man die ökologischen Rucksäcke und den materiellen Fußabdruck MIPS berücksichtigt, die für einzelne Güter ebenso wie für die Wirtschaft als Ganzes berechnet werden können, so gelangt man zu einer völligen Neubewertung unserer Umweltpolitik. Viele Projekte der Energiewende kommen dabei nicht gut weg, denn sie sind von der Elektromobilität über die Photovoltaik bis hin zur Gebäudedämmung fast immer ausgesprochen materialintensiv. Es handelt sich um grüne Augenwischerei. Angesichts dieser Diagnose verwundert es, dass die Grünen im Wahlkampf 2013 das Thema Umwelt in vielen Schlüsselreden nicht einmal erwähnten. Müssten sie nicht gerade als Oppositionspartei jede Gelegenheit nutzen, auf die Fehlentwicklungen der Umweltpolitik hinzuweisen und solide Vorschläge für alternative Lösungen auf den Tisch zu legen? Doch die Grünen schweigen zur Ressourcenproblematik. Vergebens wartet man auf entsprechende Äußerungen von Jürgen Trittin, Katrin Göring-Eckardt und anderen. Vergebens sucht man nach entsprechenden Aussagen im grünen Wahlprogramm 2013.

Wer wirklich nach den *Ursachen* für die lebensbedrohende Abnahme von Dienstleistungen und Funktionen der Natur sucht, der wird *nicht* beim Benzinverbrauch, *nicht* bei den Emissionen von Feinstaub, *nicht* bei der unsachgemäßen Nutzung oder Entsorgung von giftigen Metallen und *nicht* bei weggeworfenen Verpackungen oder ungenügenden Isolierungen von Wohnungen fündig werden. Dies alles sind nur Symptome einer systemisch falsch gepolten Wirtschaft. Und selbst die Klimapolitik, die nur auf einen Teil unserer Umweltprobleme gerichtet ist, sollte die tieferen Ursachen des Klimawandels nicht in der Energiepolitik suchen, sondern in der Ressourcenintensität der Gesamtwirtschaft, einschließlich der Energieversorgung. Dort nimmt er seinen Anfang.

Die CO_2-Vermeidungs-Industrie schadet der Umwelt

Schauen wir uns das Elektroauto noch einmal genauer an, machen wir uns ein Bild von seiner Umweltbilanz mithilfe des ökologischen Rucksacks. Eine Studie des Fraunhofer-Instituts errechnete, dass schon heute in jedem Auto, auch ohne Elektroantrieb, 25 Kilogramm Kupfer stecken.[27] Über die Kupfermenge, die im Vergleich dazu ein Elektroauto enthält, gaben verschiedene Hersteller den Verfassern der Studie Auskunft, anschließend stimmten sie jedoch der Veröffentlichung der Zahlen nicht zu. Deshalb wird in der Studie mit einem pauschalen und vermutlich mittleren Wert von 0,9 Kilogramm Kupfer pro Kilowatt Leistung des Elektromotors gerechnet. Ein Motor mit 50 Kilowatt (68 PS) enthält demnach allein 45 Kilogramm Kupfer. In der Studie wird mit diesem 50-kW-Motor gerechnet, obwohl moderne Autos meistens weit mehr Leistung haben, der Prius von Toyota leistet schon heute 73 kW, und selbst der kürzlich auf den Markt gekommene Elektro-Smart, ein Zweisitzer für den Stadtverkehr, wird schon mit einem 55-kW-Motor geliefert. 45 Kilogramm Kupfer pro Elektroauto nur für den Motor sind daher niedrig gerechnet. Dennoch erhöht bereits diese Menge die Materialintensität eines Autos beträchtlich. Nach Zahlen des Wuppertal Instituts von 2011 hat Primärkupfer eine Materialintensität von 348,47 Kilogramm abiotischer Materialien pro Kilogramm Kupfer; für jedes Kilogramm Kupfer, das aus natürlichen Lagerstätten extrahiert wird, werden weitere knapp 350 Kilogramm Natur extrahiert und verändert (andere Quellen sprechen von nahezu 500 Kilogramm pro Kilogramm). Der Wert für Sekundärkupfer, dessen ökologischer Rucksack durch rezyklierte Stoffe wesentlich geringer ausfällt, liegt bei nur 2,38 Kilogramm pro Kilogramm Kupfer.

Legt man den in Deutschland eingesetzten, besonders günstigen Mix aus jeweils 50 Prozent Primär- und Sekundärkupfer zugrunde, so ergibt sich dem Wuppertal Institut zufolge der Verbrauch von 179,07 Kilogramm Natur für ein Kilogramm Kupfer.

Damit trägt der Elektromotor schon bei Minimalannahmen von 45 Kilogramm Kupfer rund acht Tonnen zum ökologischen Rucksack des E-Autos bei, allein wegen des verarbeiteten Kupfers. Dies bedeutet, dass schon das zusätzlich benötigte Kupfer bei einer Gesamtfahrleistung des Fahrzeugs von 200 000 Kilometern etwa die Hälfte der eingesparten Treibstoffmasse neutralisiert. (Die Zahlen- und Mengenangaben sind bei solchen Formulierungen immer relativ, da die einzelnen Faktoren der Rechnung in jedem konkreten Fall unterschiedlich ausfallen. Machen wir eine grob vereinfachte Beispielrechnung auf: Nehmen wir für 200 000 Kilometer einen Verbrauch von 7 l/100 km an, so werden ca. 14 Tonnen Natur an Treibstoff verbraucht – bei der nicht ganz korrekten Umrechnung in Tonnen, da der ökologische Rucksack immer als Gewicht angegeben wird. Wird der Treibstoffverbrauch für das E-Auto auf ein Viertel, also 1,5 bis 2 Liter/100 km reduziert, so würden in diesem Fall um die 10 Tonnen Naturverbrauch eingespart. Wie oben ausgeführt, muss man aber schon bei vorsichtigen Annahmen mit etwa 8 Tonnen zusätzlichem Naturverbrauch für das benötigte Kupfer rechnen – die Einsparung beim Treibstoff würde damit in dieser – fiktiven – Rechnung beinahe neutralisiert.)

Dabei sind die zusätzlich anfallenden Ressourcen für die Batterien, die Ladeanschlüsse und des benötigten Stroms (in Deutschland etwa 600 Gramm Material pro Kilowattstunde) noch nicht berücksichtigt.

Das Elektroauto kann nur dann als umweltfreundlich gelten, wenn man allein auf den beim Fahren verursachten CO_2-Ausstoß schaut. Die bei der Kupfergewinnung entstehenden CO_2-Emissionen tauchen in keiner Rechnung auf, erst recht nicht die Ressourcen, die insgesamt bei der Herstellung des Autos verbraucht werden und nicht nur zum Klimawandel beitragen, sondern zahlreiche weitere Umweltprobleme verursachen. Umgekehrt zeigt eine Betrachtung des ökologischen Rucksacks, wie sich auf der Sollseite der Rechnung die verschwiegenen Umweltkosten des Elektromobils auftürmen; sie lassen die auf der Habenseite stehenden

CO_2-Einsparungen immer nichtiger erscheinen. Solche Zahlen hindern die Wirtschaft jedoch nicht daran, Investitionen ausschließlich anhand von CO_2-Emissionen auf ihre Umweltfreundlichkeit zu prüfen, wie dies zum Beispiel auch der »Dow Jones Sustainability Index« tut.

Für die »CO_2-Vermeidungs-Technik« gibt es weitere Beispiele: So sind fossile Kraftwerke effizienter geworden, seit sie die Brennstoffe besser in Strom umwandeln als noch vor einem halben Jahrhundert. Sie sparen somit Rohstoffe ein. Dieser Effizienzgewinn wird jedoch zu großen Teilen von Maßnahmen aufgefressen, mit denen schädliche Emissionen entschwefelt werden. Die dazu notwendigen Anlagen haben zum Teil die Ausmaße von Fabriken – sie sind also extrem materialintensiv. Auch das sogenannte Carbon Capture and Storage (CCS), bei dem der im Kohlendioxid enthaltene Kohlenstoff aus den Abgasen von Kohlekraftwerken abgeschieden und in unterirdischen Lagerstätten von der Erdatmosphäre ferngehalten werden soll, erhöht die ökologischen Kosten der Energiegewinnung. Ähnlich wie schon die materialintensiven Entschwefelungsanlagen wird das CCS, wenn es realisiert werden sollte, große Mengen Abfälle (Gips, CO_2) erzeugen, die deponiert werden müssen und dadurch wieder zur Degradierung von Umwelt beitragen. Beide Techniken reduzieren den Wirkungsgrad der Kraftwerke drastisch, sodass am Ende zusätzlich Kohle aus der Erde geholt, transportiert und verbrannt werden muss, um diese als Umweltschutz gedachten Maßnahmen energetisch zu unterstützen.

Landwirtschaft und Energie

Die ursprüngliche, naive Euphorie für die Verwendung von Biomasse, von der man sich eine Energiegewinnung mit möglichst geringem CO_2-Verbrauch erhoffte, ist längst einer nüchternen

Systembetrachtung gewichen – vielleicht stellt dies einen der wenigen Ausnahmefälle dar, bei dem für die ökologische Bilanz die ganze Produktionskette berücksichtigt wird. Seit vielen Jahren ist bekannt, dass die materiellen Fußabdrücke von Biomasse häufig sehr hoch sind. Nutzpflanzen erfordern einen erheblichen Einsatz von Material und Wasser für die Produktion des Saatgutes, Bearbeitung der Böden, Aussaat, Bewässerung, Ernte, Transport, Verpackung, Lagerung und schließlich bei der Verarbeitung der Ernte zum gewünschten Produkt. Damit erreicht der ökologische Rucksack für Produkte der Landwirtschaft den technischer Produkte, manchmal übertrifft er diesen sogar, insbesondere dann, wenn die durch Landwirtschaft ausgelöste Erosion mit eingerechnet wird. Auf diese Weise verbraucht die moderne Landwirtschaft bis zu 20-mal mehr Energie, als sie in Form von Nahrungsmitteln produziert. In den meisten Ländern geht zudem der größte Wasserverbrauch auf ihre Rechnung.

Als man hierzulande die Zumischung von landwirtschaftlich gewonnenem Äthylalkohol zum Treibstoff gesetzlich verordnete, wurde damit ein von vornherein erkennbar teurer Flop besiegelt – entweder unter Vorspiegelung falscher Tatsachen oder als Folge von erstaunlicher Unwissenheit. Die massenhafte Gewinnung von Treibstoffen aus angepflanzter Biomasse in Süd- und Mittelamerika ist ökologisch sowie ethisch kaum zu vertreten. Dennoch ließ dieses Projekt die Herzen »grüner« Politiker und Landwirte ob der »mit gutem ökologischem Gewissen« zu erwartenden Gewinne höher schlagen. Es folgte ein nüchternes Erwachen: Bald zeichnete sich ab, dass arme Menschen in den Produktionsländern ihre Nahrungsgrundbedürfnisse nicht mehr erfüllen können, weil die Produktion und der Export von Treibstoffen höhere Erlöse bringen. Mit Fug und Recht kann man sagen, dass diese Entwicklung, anfangs mit dem Gütesiegel ökologischer Vorbildlichkeit ausgezeichnet, in Wirklichkeit genau das Gegenteil bedeutet.

Und noch eine grüne Lüge

Ich habe bereits darauf hingewiesen, dass auch die Kennzeichnungen und Gütesiegel, die manche Produkte als umweltfreundlich ausweisen, nicht die ökologische Wahrheit sagen. Eine besonders fantasievolle Variante, ein ökologisch einst hilfreiches Konzept ad absurdum zu führen, ließ sich das deutsche Bundeswirtschaftsministerium unter FDP-Minister Philipp Rösler Ende 2011 einfallen. Rösler griff bei der Umsetzung einer EU-Richtlinie »über die Bereitstellung von Verbraucherinformationen über den Kraftstoffverbrauch und CO_2-Emissionen beim Marketing für neue Personenkraftwagen« (Richtlinie 1999/94/EG) in deutsches Recht ein Verfahren auf, das bei Haushaltsgeräten wie Kühlschränken, Waschmaschinen oder Lampen seit Langem praktiziert wird: Die Produkte werden farblich von Grün (gut) bis Rot (schlecht) und mit verschiedenen Bewertungsstufen von A++ bis G gekennzeichnet. Das soll dem Verbraucher Auskunft über den Energieverbrauch der Geräte und durch Vergleichsmöglichkeiten Kauforientierung geben. Allerdings erhält der Käufer keine Informationen über den tatsächlichen Material-Input oder den MIPS. Bei Lampen zum Beispiel erfordern die unterschiedlichen Herstellungsverfahren einen deutlich unterschiedlichen Ressourcenaufwand, der aber in die Bewertung nicht einfließt. Doch selbst eine derart unvollständige Bewertung hätte bei der Einstufung von Personenwagen nach Energieverbrauch beziehungsweise Kohlendioxidausstoß zu einem vorhersehbaren Ergebnis geführt: Grüne Labels wären den meisten Klein- und vielleicht dem einen oder anderen Mittelklassewagen vorbehalten geblieben. Ein tonnenschwerer Geländewagen oder eine Luxuslimousine mag mit noch so moderner Technik ausgestattet sein, allein durch ihr Gewicht haben solche Produkte in diesem Wettbewerb kaum eine Chance.

Die deutsche Automobilindustrie bezieht ihren Wettbewerbsvorteil gegenüber der Konkurrenz in anderen Ländern ganz wesentlich aus der Tatsache, dass sie große und schwere Fahrzeuge baut. Sie profitiert gut davon. Da scheint es naheliegend, dass weder die Hersteller noch die ihnen geneigten Politiker das deutsche Auto mit einer roten Umweltlaterne auf die Straße schicken wollen. Um eben dies zu vermeiden, war dem Rösler-Ministerium auch ein Trick nicht zu plump, den Wolfgang Lohbeck von der Umweltorganisation Greenpeace als »eine Perversion der ursprünglichen Absicht« bezeichnet hat, was viele Medien damals genüsslich zitierten (unter anderem *Manager Magazin online*, 3.8.2011). Die findige Lösung, die im Mai 2012 deutsches Recht wurde, nennt sich »Pkw-Energieverbrauchskennzeichnungsverordnung«. Sie besteht darin, dass bei der Ermittlung von Kohlendioxidausstoß und Effizienzstufe auch das Gewicht des Fahrzeuges in die Berechnung einfließt. Infolge dieses Tricks werden die Autos wie Boxer nach Gewichtsklassen verglichen. Ein Schwergewichtler tritt nicht mit einem Leichtgewichtler in den Ring, sondern nur mit seinesgleichen, was dazu führt, dass der Vergleich der schweren Fahrzeuge untereinander auch das Prädikat »grün« erlaubt. Auf diese Weise sorgte Röslers Ministerium dafür, dass auch ein ressourcenintensiver SUV ein grünes Label erhalten kann. In der Gesamtwertung kann eine schwere Limousine sogar besser dastehen als ein Kleinwagen mit deutlich niedrigerem Verbrauch und niedrigerem CO_2-Ausstoß. Philipp Rösler führte damit das Prinzip der Klassengesellschaft in den Ressourcenschutz ein: Wer sich ein Dickschiff in die Garage stellen kann, darf auch seinen Umweltverbrauch pauschal auf einem höheren Niveau beginnen. Genauso muss man vorgehen, wenn man verhindern will, dass die Industrie ressourcenschonende Produkte auf den Markt bringt.

Lernen wir aus Erfahrung?

Solange Umweltpolitik den größten Teil der Wirklichkeit ausblendet, sollte man sich nicht allzu sehr darüber wundern, dass die Empfehlungen, mit denen Ökonomen Regierungen den Weg zu einer Politik der Nachhaltigkeit weisen, bis heute nicht eben hilfreich sind. Auch der Bericht *The Economics of Climate Change* (Die Ökonomie der Klimaveränderung), mit dem der britische Wirtschaftswissenschaftler Nicholas Stern 2006 weltweit Furore machte, ist zwar brillant und eröffnet hilfreiche ökonomische Einsichten. Allein auf den Klimawandel ausgerichtet, stellt jedoch auch dieser Bericht keine verlässliche Basis für eine nachhaltigere Wirtschaft dar.

All die angeführten Beispiele von der Elektromobilität bis zum Biosprit belegen eindrücklich, dass die ausschnitthafte Betrachtung von Problemen nicht einmal genügt, um die Situation wenigstens in Bezug auf den betrachteten Ausschnitt zu verbessern. Stattdessen führt sie, das sollte die Moral all dieser Geschichten sein, zu einer weiter zunehmenden Belastung der Umwelt. Ich habe Schwierigkeiten zu glauben, dass selbst in Umweltdingen beschlagene Kollegen den von ihnen gezeichneten ganzseitigen Aufruf in der ZEIT vom 20. Juni 2013 wirklich ernst gemeint haben. Darin fordern sie, die Bekämpfung des Klimawandels als Pflicht im Grundgesetz der Bundesrepublik Deutschland festzuschreiben. Eine solche Erweiterung des Grundgesetzes würde bedeuten, dass auch in Zukunft nicht auf eine systemorientierte Vorsorge zur Schadensvermeidung zu hoffen wäre, sondern der eingeschlagene unselige Weg der nachsorgenden Bekämpfung einzelner, isolierter Symptome zum nationalen Credo erhoben würde – ein Weg, der nicht zur Stabilisierung der uns tragenden Ökosphäre führen wird.

6 Die zwei Säulen der Ressourcenwende

Die Energiewende, mögen ihre Ziele noch so ehrenwert sein, verschärft die Umweltprobleme und verhindert die Einführung systemisch vernünftiger Bemessungsmethoden für die Umweltfreundlichkeit von Gütern und Dienstleistungen. Dabei haben wir in Deutschland die ökologischen Folgen unseres unsystematischen und oberflächlichen Handelns bisher nur vergleichsweise glimpflich zu spüren bekommen: Wir mussten mit zwei »Jahrhundertfluten« innerhalb von nur elf Jahren fertig werden, wir leiden unter gefühlt extremen Temperaturwerten und -schwankungen, die sich auch auf unsere Gesundheit auswirken sowie die Gefahr von Waldbränden erhöhen und die Nahrungsmittelproduktion beeinträchtigen. Doch anderswo mehren sich die Katastrophen mit dem Attribut »nie dagewesen«, und mit ihnen die Versicherungskosten. Seit November 2013 kämpfen die Philippinen mit schweren Verwüstungen infolge des stärksten Wirbelsturms, der überhaupt je auf Land getroffen ist; im Pazifik versinken die ersten Inseln im Meer. Die Energiewende belastet uns indessen nicht nur ökologisch, sondern auch ökonomisch, und zwar nicht nur wegen entstehender Schäden, sondern auch, weil ihre »Umwelttechnik« ausgesprochen teuer ist. Die Diskussionen um den Strompreis, die wir seit Oktober 2012 verstärkt erleben, geben davon Zeugnis. Die Angst der Wirtschaft, dass jede Verordnung zugunsten der Umwelt teuer wird, ist altbekannt und in vielen Fällen berechtigt.

Anstelle der ökologisch fragwürdigen und ökonomisch teuren Energiewende schlage ich daher eine Ressourcenwende vor, die den Anspruch erhebt, sowohl wirkungsvoll als auch marktkonform und kostengünstig zu sein. Diese Ressourcenwende, die ich mit meinen Mitarbeitern am Wuppertal Institut als Konzept für einen wirksamen Umweltschutz erarbeitet habe, hat zwei tragende Säulen. Die erste Säule wird von einer ehrlichen Umweltbilanz gebildet. Eine solche Bilanz muss die Ursachen und Wirkungen von Umweltproblemen nicht nur durch das Schlüsselloch eines dreifach verengten Fokus auf CO_2-Emissionen als Verursacher des Klimawandels betrachten – wobei sie den größten Teil der Wirklichkeit nicht zu sehen bekommt. Sie muss, soweit das möglich ist, ein vollständiges, realistisches Bild der Probleme zeichnen, und sie muss weltweit auf denselben Prinzipien für alle Produkte und Dienstleistungen basieren. Hierzu dient die Berechnung der ökologischen Rucksäcke und der materiellen Fußabdrücke »von der Wiege bis zur Bahre«, die sich für jedes Produkt und für jede einzelne Dienstleistung ermitteln lassen. Die Summe der einzelnen Rucksäcke und Fußabdrücke ermöglicht auch eine Einschätzung, wie viele Ressourcen eine Person, eine Gemeinde oder eine ganze Volkswirtschaft pro Jahr verbrauchen. Damit können diese Konzepte eine verlässliche Grundlage für die ökologische Bewertung unseres Handelns abgeben. Letzteres wiederum ist unabdingbare Voraussetzung für einen effektiven Umweltschutz – und eine langfristig florierende Industrie.

Die zweite Säule der Ressourcenwende besteht in dem, was ich als Dematerialisierung der Wirtschaft bezeichne. Ziel dieses Prozesses ist eine Verringerung des umweltbelastenden Materialverbrauchs, der in erbrachtem Nutzen steckt. Dies bedeutet, dass der durch Technik gewährleistete Wohlstand effizienter gestaltet werden kann, indem mit weniger Material mehr Nutzen erzeugt wird. Eine solche Dematerialisierung ist technisch möglich, ökologisch sinnvoll und, wie sich im zweiten Teil dieses Buches zeigen wird, ökonomisch günstiger als der teure, nachsorgende »Luxus-Umweltschutz« westlicher Industrienationen. Die Ressourcenwende erhebt damit nicht weniger als den Anspruch, einen

Ausweg aufzuzeigen aus jenem Dilemma, das unsere Gesellschaft dazu verdammt, mit der Ökosphäre ihre eigene Lebensgrundlage zu vernichten.

Dematerialisierung: Faktor 10

Unser Wohlstand ist von Produkten abhängig, die ich als Dienstleistungserfüllungsmaschinen bezeichne. Das wird auch in Zukunft so sein. Schon bei den ersten Überlegungen zum MIPS-Konzept Anfang der 90er-Jahre stellte sich die naheliegende Frage, wo das Ziel der Verschlankung der Wirtschaft liegen könne. Technik ganz ohne Materie ist ein Traum, zumindest bis heute. Aber wie stark muss unsere westliche Wirtschaft materiell abgemagert werden? Genügt es, unter vorhandenen Angeboten auf dem Markt jeweils das mit dem kleinsten materiellen Fußabdruck auszuwählen, oder muss mehr getan werden, um die Ökosphäre zu restabilisieren? Wie weit müssen wir die gesamte Wirtschaft materiell abmagern, wenn Nachhaltigkeit mehr als ein leeres Wort bleiben soll? Manche Verbesserung lässt sich sicherlich durch eine technische Umstellung hier und einen kleinen individuellen Verzicht dort erreichen. Doch große Anpassungen der alltäglichen Praxis verlangen Strukturänderungen, und die erreicht man nicht, indem man, um ein plastisches Beispiel zu nennen, das Handschuhfach im Ferrari oder die Sitzbezüge des Airbus A 380 aus erneuerbaren Materialien herstellt. Stattdessen wird man sich Gedanken darüber machen müssen, ob ein Verkehrssystem überhaupt nachhaltig sein kann, wenn es strukturell, also nicht nur in begründeten Anwendungsfällen, auf die Verwendung von individuellen Autos mit tonnenschwerem ökologischem Rucksack setzt (wobei ich kein Problem mit solchen Fahrzeugen habe, wenn die wahren Kosten vom Fahrzeughalter getragen werden).

Was zu tun ist, hängt also davon ab, wohin man will. Wenn man einen nachhaltigen Umgang mit Ressourcen anstrebt, muss man definieren, was nachhaltige Ressourcennutzung bedeutet und wie weit man davon entfernt ist. Wer zehnmal so viel Geld ausgibt, wie er einnimmt, mag es als Erfolg empfinden, wenn seine Ausgaben auf das Neunfache gesunken sind. Aber am Ziel ist er nicht.

Eine erste Antwort ist, dass es eine nachhaltige Nutzung von nicht nachhaltig erneuerbaren Ressourcen im strengen Sinne nicht gibt. Eine nicht erneuerbare Ressource wie Kohle und Öl, Eisen oder Aluminium kann eine Menschengeneration bestenfalls so nutzen, dass nachfolgende Generationen die Chance haben, sich umzustellen, ihren Gebrauch dieser Ressource anzupassen, mit rezykliertem Material zu arbeiten, sich auf den Gebrauch anderer Ressourcen einzurichten und neue Lösungen für die Schaffung von Nutzen zu entwickeln. Eine dauerhafte Abbuchung von einem Konto mit festem Kontostand gibt es nicht.

Aus den damals zugänglichen Informationen zog ich, als ich das MIPS-Konzept 1992 zum ersten Mal vorstellte, den kühnen Schluss, dass die Weltwirtschaft bereits bis zu etwa zweimal mehr Ressourcen in Anspruch nahm, als für eine stabile Ökosphäre gut sein konnte.[28] Hinzu kam, dass etwa 20 Prozent der Menschen um die 80 Prozent der Ressourcen verbrauchten und vorhergesagt war, dass die Weltbevölkerung wahrscheinlich um weitere 20 Prozent wachsen werde. Daraus ergab sich der Faktor 2 mal 5, also der Faktor 10 als langfristig durchschnittliches Verschlankungsziel für die westlichen Wirtschaften, vorausgesetzt, den ärmeren Ländern sollte – im Rahmen der begrenzten Ressourcen der Erde – ausreichend Umweltraum für ihre Entwicklung zur Verfügung stehen.

Die professionelle Umweltlobby und die Industrie standen Kopf. Ernst Ulrich von Weizsäcker, damals Präsident des Wuppertal Instituts, beeilte sich, die Wogen mit seinem Buch *Faktor 4* zu glätten, was ihm auch gelang. Eine Rücksprache mit mir hatte es nicht gegeben. Mein Faktor 10 war damals eine plausible Abschätzung – mehr nicht, aber auch nicht weniger. Seither deuten wissenschaftlich sehr viel präzisere Abschätzungen im Bereich des Klimawandels darauf hin, dass der Faktor 10 in etwa richtig ist.

Der 1994 gegründete Factor-10-Club[29] hat 2010 meine damalige Schätzung mit einer eigenen Vorgehensweise bekräftigt. Auch er kommt zu der Zahl, die er programmatisch in seinen Namen übernommen hat: Faktor 10. Der Club, ein kleiner Kreis von Wissenschaftlern, Politikern und Industriemanagern aus aller Welt, orientiert sich bei dieser Berechnung an den natürlichen Stoffströmen, also an den Materialbewegungen, die die Natur selbst durch Erosion, Wasser, Wind, Vulkanausbrüche und viele andere natürliche Prozesse vornimmt. Die Menge der auf diese Weise bewegten Materialien schätzt er auf 50 Milliarden Tonnen im Jahr. Da diese 50 Milliarden Tonnen natürlichen Ursprungs sind, wird die Erde es ökologisch sicherlich verkraften, wenn der Mensch zusätzlich einige Milliarden Tonnen bewegt. Erreichen menschlich verursachte Stoffströme aber die Größenordnung der natürlichen, dann – spätestens dann – muss das Handeln des Menschen auch Auswirkungen auf die lebensnotwendigen Dienstleistungen der Natur haben.

Doch derzeit übersteigen die menschengemachten Stoffströme die natürlichen bereits deutlich. Wir bewegen auf dieser Erde weitaus mehr Materie als die natürlichen Prozesse auf den Kontinenten. Die Zahlen dazu veröffentlichen das Wuppertal Institut und das Sustainable Europe Research Institute (SERI) in Wien unter Leitung von Dr. Fritz Hinterberger, ehemals mein Mitarbeiter am Wuppertal Institut, gemeinsam unter der Internetadresse www.materialflows.net. Monika Dittrich und Koautoren von SERI haben 2012 dazu außerdem den Bericht *Green Economies around the World?* herausgegeben. Demnach wurden im Jahr 2008 fast 111 Milliarden Tonnen Ressourcen weltweit aus natürlichen Lagerstätten extrahiert. Wirtschaftlich genutzt wurden davon gut 68 Milliarden Tonnen (Mineralien, Metalle, fossile Energieträger, Biomasse); der Rest war Abraum und anderes Material, das zwar extrahiert wird, aber nicht in Produkte oder Nutzen eingeht. Die

Bundesregierung gibt in ihrem 2012 beschlossenen Ressourceneffizienzprogramm für 2009 ebenfalls die Menge von 68 Milliarden Tonnen an. Auch nach dieser Berechnung erscheint es notwendig, den Zugriff auf natürliche Ressourcen weltweit um mindestens den Faktor 2 zu verringern. Damit setzen wir die Obergrenze für die menschengemachten Stoffströme auf ungefähr die gleiche Menge fest, die von der Natur auf den Kontinenten selbst bewegt wird.

Mit Zahlen des Wuppertal Instituts und des SERI (Dittrich 2012) lässt sich auch belegen, dass der Umfang der Inanspruchnahme natürlicher Ressourcen auf der Welt sehr ungleich verteilt ist und offenkundig viel mit dem Reichtum der verschiedenen Weltregionen zu tun hat. So liegen aus dem Jahr 2008 Zahlen darüber vor, wie viele Ressourcen in einem Land extrahiert und wie viele zusätzlich importiert werden. Die Summe aus Extraktion im Land plus Nettoimport ergibt eine verlässliche Aussage darüber, wie viele Ressourcen in den Produkten und Dienstleistungen eines Landes oder einer Region stecken.

Demnach konsumierte ein Nordamerikaner 2008 rund 75,3 Kilogramm wirtschaftlich genutzte Materialien am Tag (ohne Abraum usw.), ein Einwohner Ozeaniens und Australiens 98 Kilogramm, ein Europäer 40,2 Kilogramm, ein Lateinamerikaner 36,4, ein Asiate 23,8 und ein Afrikaner 14,5 Kilogramm. Der Verbrauch unterscheidet sich in den Regionen der Welt beinahe um den Faktor 7! Der Weltdurchschnitt lag (2008) bei 27,9 Kilogramm pro Kopf am Tag. Der Pro-Kopf-Wert Deutschlands entspricht mit 40,5 Kilogramm fast genau dem europäischen Durchschnittswert.

Teilen wir die veranschlagte Höchstmenge von 50 Milliarden Tonnen unter sieben Milliarden Menschen auf, dann kommen wir auf 7,1 Tonnen Ressourcen, auf die jeder Mensch gerechterweise im Jahr Anspruch erheben kann – in diesem Fall allerdings einschließlich Abraum und anderer Materialien, die nicht wirtschaftlich genutzt werden, sondern auf den verschiedenen Stufen der Extraktion und Verarbeitung anfallen. Fossile Brennstoffe sind in den 7 Jahrestonnen enthalten. Da wir uns hier auf dem Feld von

Abschätzungen befinden, wird der Wert in der Literatur häufig auf acht Tonnen gerundet. Das sind rund 22 Kilo am Tag. Wächst die Erdbevölkerung weiter, was zu erwarten ist, dann muss dieses Budget pro Kopf entsprechend verringert werden.

Wohlgemerkt: Die 75 oder gar 98 Kilogramm pro Tag, die der Nordamerikaner und der Australier in Anspruch nehmen, enthalten noch nicht die ungenutzten, aber dennoch verbrachten und extrahierten Ressourcen (wie etwa den Abraum), die »Rucksäcke«. Für die reichen Staaten in Amerika, Ozeanien und Europa bedeutet das: Die tatsächlich in Anspruch genommenen Rohstoffmengen pro Kopf liegen beträchtlich über den 22 Kilo am Tag oder acht Tonnen im Jahr, die rechnerisch jedem Menschen »zustehen«.

Die Forderung von 6 bis 8 Tonnen pro Jahr schließt zwei Tonnen CO_2 mit ein, in Kohlenstoff gerechnet also etwa 600 kg. Der hier von uns geforderte materielle Abmagerungsfaktor 10 gilt für alle einzelnen fünf Kategorien, die in Kapitel 3 beschrieben wurden: abiotische und biotische Stoffe, Bodenbewegungen, Wasser und Luft. Eine Möglichkeit der Dematerialisierung besteht im Recycling von Rohstoffen: Rezyklierte Metalle weisen meist wesentlich kleinere MI-Faktoren auf als neu gewonnene, da der Abbau von Ressourcen kostenintensiver ist als die Wiedergewinnung der Metalle aus Abfällen. Umfassendes Recycling scheitert jedoch regelmäßig am weitverzweigten Einsatz von Materialien in der Wirtschaft, am Transport und Trennungsaufwand.

MI-Faktoren von Grundmaterialien hängen von der Geologie natürlicher Quellen, Transportbedingungen, den technischen Prozessen und der Verarbeitung der verschiedenen Ausgangsmaterialien ab. Sie unterliegen mehr oder weniger langsamen Veränderungen und müssen regelmäßig überprüft werden. Um nur ein Beispiel zu nennen: Wenn es gelingt, den Ressourceneinsatz für Energie aus Photovoltaikanlagen drastisch zu minimieren, dann verringern sich dadurch auch die ökologischen Rucksäcke von allen Produkten, die anteilig mit Solarenergie erzeugt wurden. Doch nicht nur diese Faktoren, sondern auch zahlreiche andere Daten verändern sich dauernd, und nie können mit Sicherheit alle Faktoren berücksichtigt werden. Daher handelt es sich bei den Angaben der ökologischen Rucksäcke und der materiellen Fußabdrücke immer um Schätzwerte, die allerdings auf soliden Erfahrungen beruhen.

Ebenfalls seit den frühen 90er-Jahren sind wir in Zusammenarbeit mit vielen kleinen Betrieben der Frage nachgegangen, wie man den Verbrauch an Ressourcen praktisch mindern und dennoch die gewohnte Qualität der hergestellten Produkte wahren kann. Schon heute werden der materielle Fußabdruck MIPS und der ökologische Rucksack vielerorts als Indikatoren verwendet, und vergleichbare Formeln wie TMR (Total Material Requirement) und TMC (Total Material Consumption), die mit ähnlichen Mitteln den gesamten Materialbedarf und -verbrauch beschreiben, werden auf der Ebene von Wirtschaftsräumen eingesetzt. Ein anderes Konzept zur Berechnung der Umweltbelastung entwickelte Mathis Wackernagel ebenfalls in den frühen 90er-Jahren. Er ist heute Präsident der Organisation Global Footprint Network, einer internationalen Forschungsgruppe in Oakland (Kalifornien). Im Unterschied zum MIPS-Konzept, das die Materialproduktivität in den Vordergrund stellt, rückt Wackernagel den Flächenverbrauch ins Blickfeld. Sein »ökologischer Fußabdruck« hat als Sinnbild für Umweltbelastungen in kurzer Zeit weite Verbreitung gefunden (www.footprintnetwork.org/de).

Die Berechnungen der ökologischen Rucksäcke und der materiellen Fußabdrücke unserer Produkte haben gezeigt, dass der Material-Input bei den meisten Gütern extrem hoch ist. Bis zu 99 Prozent des verbrauchten Materials werden nach der Fertigung des Produkts gar nicht genutzt. Daher muss die Verschlankung der Produktion keineswegs mit einem Verlust an Qualität einhergehen. Bis heute besteht die Hauptursache für den gigantischen Materialverbrauch in einem mangelnden Interesse der Wirtschaft, an Natur zu sparen. Viele Unternehmer sind über entsprechende Möglichkeiten kaum informiert, und von politischer Seite fehlt es an marktwirtschaftlichen Anreizen, den ungewohnten Weg in die Ressourcenwende zu gehen. Andererseits belegen inzwischen zahlreiche Erfahrungen, die in vielen Projekten mit kleinen und mittleren Betrieben in Deutschland, Österreich, Schweden, der Schweiz und Japan gesammelt wurden, dass das Ziel einer weltweiten Dematerialisierung der Wirtschaft um den Faktor 10 bis zum Jahr 2050 technisch erreichbar ist. Beispiele für Erfahrungen in diesem Bereich liefert etwa die Aachener Stiftung Kathy Beys, die sich in erster Linie durch Öffentlichkeitsarbeit für nachhaltige Effizienz- und Suffizienzstrategien einsetzt (u. a. durch Studien und Parlamentarische Abende), aber auch entsprechende Innovationspreise an Unternehmen vergibt.[30] Die Effizienzagentur NRW in Duisburg, die kleinere und mittlere Unternehmen erfolgreich bei der Einsparung von Material, Wasser und Energie während der Produktion berät, zeigt die finanziellen Vorteile der Einsparung von Ressourcen auf. Leider werden dabei die ökologischen Rucksäcke und MIPS der produzierten Güter und Dienstleistungen nicht ermittelt, sodass die ökologischen Vorteile nicht in vollem Umfang sichtbar werden.

Vorsorge statt Nachsorge

Die Ressourcenwende, basierend auf der Erfassung von ökologischen Rucksäcken und MIPS, setzt den Hebel an einer entscheidenden Stelle an. Anstatt umweltbelastende Technik durch zusätzliche umweltbelastende Technik zu entschärfen, setzt sie auf die Reduktion des umweltbelastenden Materialverbrauchs, der in der Technik steckt. Wie einfach dieses Prinzip sein kann, zeigt ein Vergleich: Ein mittelständischer Betrieb, der bei der Produktion seiner Waren weniger Material einsetzt, spart fast immer Geld. Seine Rechnungen für Wasser, Strom, für eingekaufte Rohmaterialien sinken. Umgekehrt investiert ein Unternehmen wie BMW

Millionen in die Technik für ein neues E-Auto, das, wie wir gesehen haben, neben den Kosten auch Tonnen neuen Materials verschlingt.

Wenn man den Ressourcenverbrauch über die gesamte Produktionskette verfolgt und dann überall gleichermaßen zu sparen beginnt, so wird damit ein sehr großer Teil der durch ein Produkt verursachten Umweltprobleme von vornherein vermieden. Dies geschieht zum Beispiel, indem man bei der Produktion weniger Wasser verwendet, weniger technische Energie einsetzt und weniger Material (Holz, seltene Erden, Metalle ...) verbraucht – natürlich immer im Rahmen dessen, was technisch möglich ist. Darüber hinaus bemüht man sich, das Produkt nicht einmal quer durch Europa oder um die ganze Welt zu transportieren, sondern durch eine effiziente Logistik vor Ort auf den Markt zu bringen. Die Ressourcenwende, die diesen Ansatz propagiert, besteht in einem umfassenden Umweltschutz, der von der Entstehung eines Produkts bis hin zu seiner Entsorgung keine Station auslässt und darauf ausgerichtet ist, überall mit so wenig Materialeinsatz wie möglich auszukommen.

Der große Vorteil dieses Konzepts besteht darin, dass es nicht am Ausgang, sondern am Eingang ansetzt. Anstelle des nachsorgenden Umweltschutzes, der immer erst dann aktiv wird, wenn das Problem bereits entstanden ist, stellt die Dematerialisierung eine Form der Vorsorge dar. Je weniger Ressourcen überhaupt verbraucht werden, desto weniger Probleme entstehen, auf die man dann nachträglich reagieren muss. Würde man Autos nur noch mit der Hälfte ihrer ökologischen Rucksäcke produzieren, würden die schädlichen Auswirkungen auf die Umwelt mit einem Schlag um ein Vielfaches stärker verringert, als dies der Katalysator oder eine Senkung des Treibstoffverbrauchs je zu leisten vermag. Denn jede Dematerialisierung einzelner Güter zieht immer größer werdende Wellen von weiteren Dematerialisierungen nach sich. Eine umfassende materielle Verschlankung von Gütern und Fahrzeugen würde zum Beispiel sowohl den Bedarf an Verkehrswegen als auch die Belastungen (Zerstörung) vorhandener Straßen und den Transportbedarf insgesamt reduzieren, was sich auch auf den Finanzierungs- und den künftigen Flächenbedarf (Straßen, Parkplätze, Tank- und Reparaturstellen) von Verkehrswegen positiv auswirken kann. Vor allem aber führt eine generelle Dematerialisierung in jedem Fall dazu, dass der technische Energiebedarf sinkt – damit sinkt auch unsere Abhängigkeit von fossilen Brennstoffen und anderen Rohstoffen.

Die Konzepte des ökologischen Rucksacks und des materiellen Fußabdrucks MIPS ermöglichen eine umfassende ökologische Bewertung und Steuerung wirtschaftlichen Handelns, und zwar sowohl in der Betrachtung (wie viel Kilogramm Natur steckt in einem Produkt?) als auch in der »Therapie« (wie kann ich den ökologischen Rucksack und MIPS verkleinern?). Sie bilden damit die Voraussetzung für die Ressourcenwende. Im Gegensatz zur herkömmlichen unsystematischen, nachsorgenden und regelmäßig Zusatzkosten verursachenden Umweltpolitik, die sich mit dem Löschen der gefährlichsten Brandherde begnügt, stellt diese einen systemischen Lösungsansatz dar, indem sie alle Eingriffe in die Natur gleichermaßen berücksichtigt: die Bewegung von Sand, die Verwendung von Chemikalien, entstehende Emissionen, Landnutzung, verbrauchtes Wasser usw. Natürlich wird häufig eingewendet, es mangele diesen Rechnungen an wissenschaftlicher Exaktheit. Die starke Verkürzung des Problems auf einen einfachen Wert, der in Kilogramm ausgedrückt wird, werde der Komplexität der Zusammenhänge keineswegs gerecht. Das stimmt. Doch manchmal müssen wir uns, um überhaupt handeln zu können, solcher mentalen Abkürzungen bedienen (die Theorie spricht von Heuristiken), die uns zwar keine Antworten bis in jedes Detail liefern, dafür aber eine sichere Richtung weisen können. Denn der Satz, dass weniger Ressourcenverbrauch die Umwelt schont, gilt immer – egal, wie genau die Zahlen sind. Das sollte in den vorangegangenen Ausführungen deutlich geworden sein. Da fast jede Entnahme, Bewegung und Verwendung von natürlichem Material unter dem

Einsatz von technischer Energie erfolgt, schließt dieser Satz nahezu immer auch die Einsparung von technischer Energie ein. Anders gesagt: Selbst wenn die Rechnungen im Einzelnen unvollständig und mit Ungenauigkeiten behaftet sind, ändert das nichts daran, dass eine Reduzierung des Material-Inputs der Umwelt immer zugutekommt. Aus der Perspektive des Ressourceneinsatzes lässt sich die Frage nach der Umweltfreundlichkeit oder -schädlichkeit von Projekten fast immer relativ klar beantworten. Der materielle Fußabdruck stellt damit einen richtungssicheren Indikator für die ökologische Qualität von Produkten dar, der weltweit und für Produkte und Dienstleistungen jeglicher Art verwendet werden kann.[31]

Dematerialisierung in der Praxis: Beispiel Hochhausbau

Während die Forderung nach einer dematerialisierten Wirtschaft auf politischer Ebene bisher wenig Gehör gefunden hat, gibt es zahlreiche Unternehmen, die ressourcensparende Strategien praktizieren. Der österreichische Bauunternehmer Hubert Rhomberg (www.rhombergbau.at) entschied sich für diesen Weg und begann im September 2011 mit dem Bau seines achtstöckigen Life-Cycle-Towers (LCT), einem Holz-Hybrid-Hochhaus, das nach gut einem Jahr Bauzeit im November 2012 eingeweiht wurde.

Rhomberg besann sich auf einen sehr alten Baustoff, der regional gewonnen werden kann, nachwächst und nach Gebrauch mindestens noch als Wärmequelle weiterverwendet werden kann: Holz. Sein Musterhaus steht in Dornbirn auf dem Firmengelände. Ausgegangen sei er von der Tatsache, dass die Bauwirtschaft für 40 Prozent des Energie- und Ressourcenverbrauchs verantwortlich ist, sagt Rhomberg. Außerdem verursache sie 40 Prozent des Abfallaufkommens und 60 Prozent der weltweiten Transportwege. Auf der Suche nach einer ressourcensparenden Bauweise erwies sich das Bauen mit Holz als vielversprechende Alternative.

Grundsätzlich, so Rhomberg, lasse sich mit seiner Technik eine Höhe von 30 Stockwerken oder hundert Metern erreichen. Dabei sind feuerpolizeiliche Vorschriften inzwischen für das Bauen hoher Gebäude mit Holz kein ernsthaftes Hindernis mehr.

Der LCT One in Dornbirn wurde vom Architekten Hermann Kaufmann zusammen mit der Holzbaufirma Wiehag entworfen; zuvor hatte Rhomberg für Projekte dieser Art eigens seine Firma CREE gegründet (Creative Resource & Energy Efficiency, www.creebyrhomberg.com). Das Gebäude besteht aus Wand- und Bodenelementen, die vor der Montage vollständig vorgefertigt wurden und grundsätzlich in anderen Gebäuden weiterverwendet werden könnten, wenn der LCT One einmal abgerissen werden sollte. Auf jeden Fall müssen die Holzteile nicht auf Bauschuttdeponien landen, sondern können verbrannt werden. Während die Wände ganz aus Holz sind, bestehen die Böden aus einem Verbund aus Holz und Beton, in dem auch alle Versorgungsleitungen laufen.

Treppenhaus und Aufzugsschacht wurden zuerst und als kompakte Säule gebaut; für diesen Bauteil war Holz nicht zugelassen. Die Montage der acht Stockwerke mit den vorbereiteten Elementen dauerte ganze acht Tage. Auch die Fassade durfte aus Sicherheitsgründen bei einem so hohen Gebäude nicht aus Holz sein; sie wurde mit Recyclingmaterial beschichtet.

Im Hinblick auf den Material-Input kann die Holzbauweise mit dem Betonbau gut mithalten. So liegt nach Daten des Wuppertal Instituts von 2011 bei konventionellen Bauten die Materialintensität allein des reinen Betons bei 1,33 Kilogramm pro Kilogramm. Der abiotische Anteil des Material-Inputs von Holz ist deutlich kleiner, bei geschnittenem und getrocknetem Kiefernholz zum Beispiel 0,86 Kilogramm pro Kilogramm, bei Fichten- und Douglasholz sowie bei Spanplatten darunter; nur intensiv verarbeitetes Holz wie Sperrholz und Faserplatten liegen bei rund zwei Kilogramm pro Kilogramm. Dazu kommt der biotische Anteil des Material-Inputs, also das Holz selbst, der bei Spanplatten ebenfalls nur bei 0,65 liegt, bei anderen Holzarten dagegen zwischen 4,4 und 5,5, bei Sperrholz sogar bei mehr als 9 Kilogramm pro Kilogramm. Bei einem Bauwerk wie dem LCT One verbessert sich jedoch die Bilanz dadurch, dass nach Angaben von Rhomberg um rund 30 Prozent leichter gebaut wird als mit Beton. Und wenn das Holz regional gewonnen und nach einem etwaigen Abriss des Gebäudes weiterverwendet wird, sinkt der MIPS, der Material-Input pro Service-Einheit, noch einmal kräftig. (Das »S« in MIPS bezieht sich in diesem Beispiel auf die Wohnfläche pro Person.) Insgesamt ergibt sich für den Rhombergbau ein MIPS-Wert von nahezu 10. Da die Etagen ohne feste Zwischenwände gefertigt wurden, ist eine flexible Nutzung des Gebäudes über viele Jahrzehnte möglich. Zum Beispiel können größere Wohnungen verkleinert werden, wenn erwachsen gewordene Kinder das Haus verlassen.

Projekte zum ressourcenschonenden Bauen gibt es inzwischen an vielen Orten. Ein weiteres Beispiel ist die geplante »Faktor X«-Siedlung in Eschweiler-Dürwiß.[32] Ende August 2012 wurden verschiedene Architektenentwürfe für ein ressourcensparendes Gesamtkonzept der Siedlung vorgestellt. Eine ehrende Anerkennung erhielt eine Gruppe der TU Wien, die in Böheimkirchen bei Wien bereits vor mehr als zehn Jahren Häuser in Faktor-10-Bauweise realisiert hat. Das Geheimnis: kein Bodenaushub und eine Isolierung aus holzverschalten Baustrohballen, die mit Lehm verputzt wurden.

Ich will hier noch ein weiteres Beispiel einfügen, aus dem deutlich wird, dass ein solcher Umbau keineswegs zum Nachteil geraten muss, auch nicht in finanzieller Hinsicht. Die Herford Brauerei beschloss, alle Abläufe und Prozesse im Unternehmen auf ihre ökologische Qualität hin zu überprüfen und womöglich zu verbessern. Das erzeugte zunächst Konflikte, da die verschiedenen Abteilungen, die für das Personal, den Einkauf usw. verantwortlich waren, sich nicht plötzlich den Anweisungen der Umweltabteilung unterordnen wollten. Nachdem diese ihre Ziele im gesamten Unternehmen klar kommunizierte, änderte sich die Haltung der

Mitarbeiter, und so wurden beim Einkauf nicht mehr nur der Anschaffungspreis berücksichtigt, sondern auch der Material-Input einschließlich des bei der Verwendung und für die Entsorgung anfallenden Materials. Zum Beispiel unterschieden sich Maschinen zur Reinigung von Flaschen danach, wie viel Wasser und Lösemittel erforderlich waren, um die alten Flaschenetiketten zu lösen; die Etiketten selbst unterschieden sich in der Sorte der Kleber, was wiederum Folgen für die Reinigung hatte, usw. Zur großen Überraschung aller führte die konsequente Dematerialisierung sämtlicher Prozesse am Ende dazu, dass nicht nur der Umwelt geholfen war, sondern zudem die Kosten insgesamt sanken – obwohl zum Beispiel eine Maschine in der Anschaffung teurer geworden war.[33]

Nachhaltigkeit durch Vorsorge

Die Ressourcenwende mit ihren zwei tragenden Säulen Umweltbilanz und Dematerialisierung muss eine Abkehr vom klassischen Umweltschutz bedeuten, wie er sich in den 70er- und 80er-Jahren herausgebildet hat. Solange dieser Umweltschutz in der nachsorgenden Reparatur von auftretenden Schäden bestand, war es möglich, ihn der Zuständigkeit eines Umweltministeriums anzuvertrauen. Wirtschaftliche Prozesse – in erster Linie der Zuständigkeitsbereich des Wirtschaftsministeriums – waren davon nicht grundsätzlich betroffen. Zwar machte das Umweltbundesamt ordnungspolitische Vorgaben, etwa zum Einbau von Katalysatoren, zur Entschwefelung von Abgasen und Reinigung von Abwässern, die in Flüsse geleitet werden, etc. Diese Maßnahmen reichen jedoch heute nicht mehr aus, um auf die aktuellen Probleme adäquat zu reagieren. Nachhaltigkeit, das heißt eine dauerhafte Stabilität der uns tragenden Ökosphäre, kann durch einen nachsorgenden Umweltschutz nicht erreicht werden. Die Umkehrung des Prinzips, also vorsorgender Umweltschutz, macht es notwendig, das Wirtschaftssystem in mancher Hinsicht grundsätzlich neu zu organisieren. Es ist eine Aufgabe, für die es mehr als einen Lösungsweg gibt, und natürlich vertreten verschiedene Umweltökonomen hierzu unterschiedliche Ansätze. Vor einigen Jahren begann das Umweltbundesamt auf Initiative von Herrn Prof. Dr. Harry Lehmann, Ressourcenfragen im Zusammenhang mit der Schwächung von Funktionen und Leistungen der Ökosphäre systemisch zu hinterfragen. Das erste European Resources Forum fand unter seiner Leitung im Jahre 2012 in Berlin statt und soll alle zwei Jahre durchgeführt werden. Wirksame politische Maßnahmen der Bundesregierung sind bisher jedoch nicht erkennbar und im Koalitionsvertrag auch nicht vorgesehen. Sicher ist jedoch, dass eine wirkliche Wende hin zu einer spürbaren Reduzierung des Ressourcenverbrauchs nicht alleine aus dem Umweltressort heraus organisiert werden kann, da sie nahezu alle gesellschaftlichen Bereiche betrifft und in alle wirtschaftlichen Prozesse integriert werden muss. Die Ressourcenwende kann wohl nur aus dem Kanzleramt gesteuert und koordiniert werden. Sicher ist auch, dass eine solche Wende unabdingbare Voraussetzung für nachhaltiges Wirtschaften ist.

7 Natur ist ökonomisch unsichtbar

Das Kapital Natur

Unsere Umweltprobleme resultieren aus Produkten, in deren Herstellung und Gebrauch eine Überdosis an Ressourcen steckt, Natur, die in ihrer ursprünglichen Form von uns nicht wiederhergestellt werden kann. Hinter den Produkten stehen Akteure, deren Verhalten Umweltschäden verursacht. Das sind einerseits die Unternehmen, die Güter produzieren, und andererseits die Verbraucher, die sie nutzen. Die Natur dient der Wirtschaft als Vorratskammer für Ressourcen und als Abfalleimer. Dadurch destabilisiert sie Ökosphäre und zerstört so unsere Lebensgrundlage.

Die Unternehmen beschäftigen einen großen Teil der Mitglieder einer Gesellschaft als Arbeitskräfte und sorgen so für deren Lebensunterhalt. Ihr Zusammenschluss zu größeren Einheiten bis zum Großkonzern erlaubt es ihnen, mit großen Warenmengen (und Dienstleistungen) international zu handeln. Eine wichtige Voraussetzung hierfür ist die Ausstattung mit genügend Kapital, das den Unternehmen ab einer gewissen Größe von fremden Personen, den Aktionären, zur Verfügung gestellt wird. Damit allerdings verpflichten sich die Unternehmen diesen Anteilseignern, denn die Kapitalgeber gehen die damit verbundenen Risiken nur ein, weil sie sich vom Erfolg des Unternehmens Gewinne versprechen. Geleitet von ihrem Interesse, Gewinne zu machen, verleiten uns die Unternehmen dazu, immer mehr Waren in immer kürzeren Abständen zu kaufen – eine Entwicklung, die zur Herausbildung der Konsumgesellschaft geführt hat.

Karl Marx wies in seiner Analyse des Kapitalismus darauf hin, dass Unternehmer nicht nur mit dem Finanzkapital ihrer Geldgeber agieren, sondern auch mit dem Kapital der menschlichen Arbeitskraft. Heute erscheint diese Erkenntnis trivial. Er folgerte weiter, dass die Arbeiter gleich den Kapitalgebern als Anteilseigner des Unternehmens zu behandeln seien. Arbeiterbewegungen und die neu entwickelte Sozialpolitik sorgten seit dem späten 19. Jahrhundert dafür, dass die Rechte der Arbeitnehmer Schritt für Schritt gestärkt wurden. Aus der Marktwirtschaft erwuchs nach dem Zweiten Weltkrieg in Deutschland Ludwig Erhardts soziale Marktwirtschaft. Arbeit und Kapital werden als die wesentlichen Produktionsmittel gehandelt und haben ihren Preis. Schließlich entsteht seit der Mitte des 20. Jahrhunderts ein wachsendes Bewusstsein dafür, dass es neben Finanzkapital und menschlicher Arbeitskraft eine dritte wesentliche Komponente gibt, ohne die Wohlstand nicht entstehen kann: die natürlichen Ressourcen. Auch diese Erkenntnis scheint trivial. Nur ist sie noch immer nicht in der realen Wirtschaft und im Preisgefüge des Marktes angekommen. Während Kapital- und Arbeitsproduktivität längst feste Bestandteile des wirtschaftlichen Alltags sind, führt die Ressourcenproduktivität noch immer ein klägliches Schattendasein: Was keinen verhandelbaren Preis hat, muss wirtschaftlich auch nicht ernst genommen werden. Es wäre interessant, darüber zu spekulieren, ob Karl Marx heute ein prominenter Verfechter ökologischer Interessen wäre.

Der Preis der Natur

Bei der Herstellung der Produkte, die wir konsumieren, verbrauchen die Unternehmen Natur und schöpfen daraus Gewinne. Der Preis, den wir beim Kauf von Gütern bezahlen, spiegelt die Nutzung von Natur und die Folgen dieser Nutzung jedoch nur ansatzweise – wenn überhaupt – wider. Das täuschte lange Zeit über die Tatsache hinweg, dass durch die Produktion und Nutzung von Dingen gewaltige Folgekosten in unserer Umwelt entstehen, die inzwischen eine immer größere Belastung der Volkswirtschaften darstellen. Allein die Folgekosten des Klimawandels könnten in den nächsten 50 Jahren auf Tausende Milliarden Euro ansteigen.[34] Und für den Versuch, den anfallenden Atommüll zu entsorgen, wurden in Deutschland in den vergangenen 30 Jahren ca. 400 Millionen Euro investiert, bisher jedoch ohne nennenswertes Ergebnis. Die Rechnungen, die uns hier noch blühen, sind also überhaupt noch nicht zu beziffern. Doch das Wiederaufforsten von Wäldern, die Entgiftung von Flüssen, die Entsorgung von Atommüll und erst recht die Beseitigung der Schäden nach Natur- oder Reaktorkatastrophen werden meist aus Steuergeldern bezahlt und selten von den Firmen, die für diese Schäden verantwortlich sind.[35] Solche Schäden werden als »negative Externalitäten« bezeichnet: Es sind negative Auswirkungen wirtschaftlicher Handlungen, die in den Bilanzen der Handelnden nicht auftauchen. Einfacher gesagt: Negative Externalitäten sind Auswirkungen, deren Kosten meist den Betroffenen (zum Beispiel von Naturkatastrophen) und der Gesellschaft als Ganzes aufgebürdet werden, obwohl sie von Unternehmern und einzelnen Verbrauchern verursacht wurden. Das bedeutet, dass die mittels Naturverbrauch erzielten Gewinne in der Regel privatisiert, die anfallenden Kosten der Allgemeinheit aufgebürdet oder »sozialisiert« werden.

Eine von der UN unterstützte globale Studie zur Ökonomie von Ökosystemen und Biodiversität sieht den Grund für dieses Missverhältnis in der »ökonomischen Unsichtbarkeit der Natur«.[36] Solange der Verbrauch von Natur nichts kostet, werden die entstehenden Kosten in wirtschaftlichen Entscheidungen nicht berücksichtigt: Weder sind die Unternehmen dazu angehalten, mit ihrem Naturverbrauch zu haushalten, noch der Verbraucher, bei dessen Kaufentscheidungen ökologische Erwägungen keine Rolle spielen. So sind unsere Umweltprobleme wirtschaftlich gesehen die Folge der Tatsache, dass Natur noch immer als öffentliches Gut zum Nulltarif zur Verfügung steht.

Es ist ein schwerwiegender Fehler im System unserer Wirtschaft, dass das Kapital Natur ökonomisch nicht berücksichtigt und deshalb ohne Hemmung ausgebeutet wird. Ressourcen stellen in wirtschaftlichen Prozessen grundsätzlich keine Größe dar, die in die Berechnungen einfließt. Das Wirtschaftssystem bedarf somit einer ökologischen Korrektur, weshalb seit den 70er-Jahren verschiedene Wissenschaftler und Politiker die Einführung der ökologisch-sozialen Marktwirtschaft fordern. Der Kern dieser Korrektur besteht darin, das bisher meist kostenlose »Gut« Natur ökonomisch sichtbar zu machen, indem man es mit einem Preis versieht. Wer Natur verbraucht, muss zahlen – das führt zwangsläufig dazu, dass es für Unternehmen rentabel ist, die Umwelt weniger stark zu belasten. Bisher ist dies jedoch weitgehend graue Theorie. Initiativen wie das von Ernst Ulrich von Weizsäcker mitbegründete Forum Ökologisch-Soziale Marktwirtschaft (FÖS) fordern den Abbau von umweltschädlichen Subventionen (zum Beispiel der Kohleindustrie), die Stärkung von Ökosteuern und des Handels mit CO_2-Emissionsrechten. (Seit dem Jahr 2000 gibt es sogar einen Tag der Ökologisch-Sozialen Marktwirtschaft, der jährlich am 12. September stattfindet.)

Mit dem Handel von CO_2-Zertifikaten versucht die Europäische Union, die Industrie für externalisierte Kosten zur Verantwortung zu ziehen und die Schäden zumindest teilweise zu internalisieren. Hier treten jedoch dieselben Probleme auf wie schon bei der Bewertung von umweltschädlichem Verhalten. Wegen der Komplexität von Wirkungszusammenhängen sind die Folgen, die durch unser Wirtschaften in der Natur entstehen, nicht in Geld zu bemessen, insbesondere bei der Vielzahl denkbarer Reaktionen einer aggressiven Großemission wie etwa CO_2, SO_2 oder N_2O. Gegen das Instrument des Emissionshandels gibt es also gleich drei Argumente: Erstens hat er bisher in der Praxis nicht funktioniert, weil der Widerstand von Lobbys aus Wirtschaft und Industrie derzeit stärker ist als der Wille der Politik (der Handel funktioniert nur dann, wenn der Preis pro Tonne CO_2 so hoch ist, dass er einen Anreiz zu Einsparungen darstellt; das aber wusste die Industrie bisher zu verhindern). Zweitens setzt der Emissionshandel nur bei einem Ausschnitt der Probleme an, die wir haben, denn CO_2 ist nicht die einzige klimaschädliche Emission, und Emissionen sind nicht unser einziges Umweltproblem. Und drittens ändern CO_2-Zertifikate nichts daran, dass der Verbrauch von Ressourcen kostenlos ist. Der Verbrauch von Ressourcen schadet aber der Natur auch dann, wenn dabei keine Emissionen klimaschädlicher Gase entstehen.

Will man im Sinne einer ökologischen Marktwirtschaft Anreize für umweltgerechtes Verhalten schaffen, so ist es auch hier notwendig, bei den Ressourcen anzusetzen. Denn die Berechnung der ökologischen Rucksäcke und der materiellen Fußabdrücke hat gezeigt, dass Ressourcen über alle Herstellungsstufen der Wertschöpfungskette direkt oder indirekt in jedem Produkt enthalten sind. Wird der Einsatz von Ressourcen reduziert, gehen damit automatisch auch die Emissionen, die Einleitungen in Gewässer und die Schuttberge zurück.

Damit sind wir bei der ökonomischen Dimension der Ressourcenwende angelangt. Wenn nicht die Folgen umweltschädigenden Verhaltens etwas kosten würden (wie bei CO_2-Zertifikaten), sondern die Nutzung von Ressourcen, so würden Unternehmen versuchen, weniger Ressourcen einzusetzen. Auf diese Weise würden sie die von ihnen verursachten Folgeschäden verringern, weil es in ihrem Geschäftsinteresse ist, Kosten dort zu minimieren, wo sie entstehen oder besonders hoch sind. Sie würden durch den Preis, den sie für Natur zahlen, Externalitäten internalisieren, und sie würden diesen Preis so weit wie möglich an den Verbraucher weitergeben. Am Ende würde die Naturnutzung vermittelt über den Preis auch in die Kaufentscheidungen des Verbrauchers einfließen.

Schon heute versucht die Politik, das kostenlose Kapital Natur durch eine Mixtur von Instrumenten wie etwa Subventionen, Steuern und Emissionshandel in den Griff zu bekommen. Noch deutlicher als beim nachsorgenden Umweltschutz durch Technik zeigt sich dabei jedoch, wie wenig effektiv Maßnahmen sind, die nur bei einzelnen Problemen ansetzen. Das zähe Ringen um einen wirksamen Klimaschutz, der sich auf die Verringerung des CO_2-Fußabdrucks konzentriert, wirkt wie eine alberne Inszenierung angesichts der hohen Summen, mit denen Deutschland nach wie vor den Kohlebergbau subventioniert, oder im Hinblick auf die Tatsache, dass die Begrenzung von Emissionen ausgehebelt wird, sobald die heimische Industrie davon betroffen ist. Eine ökologische Marktwirtschaft, die diesen Namen verdient, kann nur gelingen, wenn umweltverträgliches Handeln für jeden Marktteilnehmer und bei jeder wirtschaftlichen Entscheidung eine Rolle – die entscheidende – spielt.

8 Wirtschaftswachstum und Ressourcenwende

Wachsen um jeden Preis

Gemeinhin besteht das Hauptinteresse von Unternehmen darin, eine möglichst große Zahl von Produkten oder Dienstleistungen zu verkaufen. Der Autobauer hofft, dass wir uns eher alle zwei als alle zehn Jahre einen neuen Wagen leisten. Und den Herstellern von Druckern wird schon lange nachgesagt, sie bauten sogenannte Sollbruchstellen in die Geräte ein, die dafür sorgen, dass diese nach einer bestimmten Zahl gedruckter Seiten den Geist aufgeben (was allerdings bisher nicht bewiesen werden konnte). Wirtschaftlich ist es ein unsauberer Trick, um bei gesättigtem Markt weiter Gewinne zu machen. Unter dem Aspekt des Ressourcenverbrauchs ist es jedoch eine katastrophale Strategie, mit nicht absehbaren Folgen für die Natur, die wir alle tragen müssen. Offensichtlich passen die wirtschaftlichen Interessen von Autobauern und Drucker-Herstellern und die ökologisch notwendige Forderung nach weniger materialintensivem Konsum nicht zusammen. Es scheint, als stehe die Forderung nach einer Dematerialisierung der Wirtschaft einem Mechanismus entgegen, der als ihr Strukturprinzip beschrieben werden kann: Einzelne Unternehmen, aber auch Volkswirtschaften als Ganzes sind nur dann erfolgreich, wenn es ihnen gelingt, zu wachsen und dabei ihre Gewinne ständig zu steigern. Dieser Zwang zum Wachstum verdammt uns dazu, die Natur zu zerstören, um erfolgreich zu sein. Schon lange erwarten Ökonomen, dass das wirtschaftliche Wachstum irgendwann an seine

Grenzen stoßen wird, entweder, weil die nötigen Ressourcen verbraucht sein werden oder weil die Märkte gesättigt sind. Doch bisher ist es durch technischen Fortschritt immer wieder gelungen, mit anderen Ressourcen zu produzieren und neue Bedürfnisse auf dem Markt zu schaffen. So schieben wir diese Grenzen vor uns her, manchmal auch mit fragwürdigen Mitteln, zum Beispiel durch politische Maßnahmen, die die Nachfrage künstlich ankurbeln, oder durch Spekulationsblasen auf den Kapitalmärkten, die das Trugbild einer wachsenden Wirtschaft für jeweils ein paar weitere Jahre aufrechterhalten.[37]

Eine Folge des Wachstumsprinzips: die Massenproduktion

Natürlich kann es auch Unternehmen geben, die ihre Gewinne nicht permanent steigern. Der Tante-Emma-Laden und der mittelständische Betrieb sind nicht darauf angelegt, immer größer zu werden. Sie können nur so lange bestehen, wie sie nicht der Konkurrenz großer Konzerne unterliegen, die durch die Möglichkeiten der Massenproduktion vergleichbare Güter zu wesentlich niedrigeren Preisen auf den Markt bringen. Die Giganten einer Branche wie der Buchhändler Amazon oder die Möbelhauskette Ikea machen es kleinen Buchläden und Tischlern schwer, auf dem Markt zu überleben. Würde der Staat nicht an vielen Stellen regulierend eingreifen, blieben am Ende in vielen Bereichen eine Handvoll Superkonzerne übrig, die dann dem Verbraucher ihre Spielregeln aufzwingen könnten – in manchen Bereichen haben wir bereits genau diese Situation. So ist die Zahl von kleinen Lebensmittelläden durch die Konkurrenz der Supermärkte stark zurückgegangen. Der freie Markt beschert uns also keineswegs immer die größte Vielfalt des Angebots, und er ist angesichts von zahlreichen Regulierungen und milliardenschweren Subventionen in Wirklichkeit auch nicht frei. Das gilt besonders für den Energiemarkt, auf dem weder die Atomenergie noch die Braun- und Steinkohleindustrie frei von staatlichen Subventionen sind. Doch immer verweisen Lobbyisten auf die angebliche Freiheit des Marktes, die es zu schützen gelte, wenn die Politik mal wieder versucht, an der einen oder anderen Stellschraube zu drehen.

Ein wesentlicher Grund für die Überlegenheit großer Konzerne gegenüber Einzelhändlern besteht in der Massenproduktion und im »Cashflow«, der ihnen Zugang zu Krediten mit günstigen Bedingungen sichert. Sie ermöglicht Preissenkungen durch die effiziente Nutzung von Maschinen und durch Arbeitsteilung, die eine Vervielfältigung von Prozessen erlauben. Die Wirtschaft kennt dies als den Skaleneffekt: Je größer die Stückzahl eines hergestellten Produkts, desto billiger wird in der Regel seine Herstellung. Um jedoch die Sättigung der Märkte auszuhebeln, müssen die Güter der Massenproduktion nicht nur billig sein, sondern auch kurzlebig und »neuartig«. Massenware ist daher meist Wegwerfware. Bei der Bemessung des MIPS wird S = nahe 1 (»Einmalnutzung«) und der nötige Materialaufwand MI für eine oder wenige Nutzungen vertan. Untersuchungen der amerikanischen National Academy of Engineering zufolge werden in den USA 93 Prozent der abgebauten Ressourcen niemals in verkäufliche Produkte umgewandelt, 80 Prozent aller Produkte nach einmaligem Gebrauch weggeworfen und 99 Prozent der in den Produkten enthaltenen Stoffe innerhalb von sechs Wochen nach dem Verkauf zu Abfall – ein gigantischer Kostenfaktor für die Wirtschaft und die Natur. Das System hat seine eigene Logik, doch wo bleibt in dieser Logik der Käufer? Und wo das Ökosystem? Produkte müssen gekauft werden, sonst hat die ganze Massenproduktion keinen Sinn – also wird, zum Beispiel durch Werbung, dafür gesorgt, dass der Käufer sie haben will. In Ländern mit weitgehend gesättigten Märkten lässt sich der Absatz auch noch dadurch steigern, dass man die Fertigung zentralisiert und die Produkte so weiter verbilligt. Für eine zusätzliche Verbesserung der Massenproduktion ist es daher von Vorteil, wenn auch die Transporte preiswert sind. So wird die Ökosphäre durch einen weiteren Faktor belastet: die weltweite Logistik der Superkonzerne. Der Schrank von Ikea und seine Bauteile sind in der Regel weiter gereist als das hochwertige Möbel vom Schreiner nebenan. Und auch hier greift die Politik zugunsten der Wirtschaft und zum Nachteil der Umwelt ein, denn sie unterstützt diese Logistik, indem sie Transportwege weltweit stark subventioniert.[38] (Schauen Sie sich einmal im Internet den Film *The Story of Stuff* an.)[39]

Die Wirtschaft ist strukturell weder sozial noch ökologisch

Ein Wirtschaftssystem, das zu ständigem Güterwachstum zwingt, steht dem Prinzip der Nachhaltigkeit entgegen, weil die ständig wachsende Zahl produzierter und verbrauchter Güter an den ständig wachsenden Verbrauch von Ressourcen gebunden ist. In seinem 2013 erschienenen Buch *Corporation 2020* zeichnet der Ökonom Pavan Sukhdev die Entwicklung des modernen Unternehmens seit dem ausgehenden 19. Jahrhundert nach. Sukhdev macht dabei deutlich, wie sich um das Jahr 1920 die Profitmaximierung als beinahe einziger Zweck des Unternehmens herauskristallisierte, während andere Zwecke, etwa das Gemeinwohl und der gesamtgesellschaftliche Nutzen, in den Hintergrund gerieten. Sukhdev beschreibt das Unternehmen in seiner gegenwärtigen Form als strukturell unethisch: »Der Wachstumsdrang der Unternehmen verursacht enorme Kollateralschäden in der Gesellschaft, […]. Diese Schäden führen im Allgemeinen zu drei Formen des Ausschlusses: Kleine und mittlere Unternehmen werden aufgrund des mangelnden Zugangs zu Fremdkapital ausgeschlossen; arme Verbraucher werden von öffentlichen Alternativen zu privat hergestellten und vermarkteten Waren ausgeschlossen, und neue Produkte (insbesondere saubere Technologien oder ökologische Alternativen) werden durch die Dominanz der großen Unternehmen in Medien und Vertriebsnetzwerken vom Markt ausgeschlossen.«[40] Ein von Sukhdev in diesem Zusammenhang zitierter Autor geht sogar so weit, das Unternehmen als Psychopathen zu beschreiben, der keinerlei moralische Bedenken kennt. Der Zweck von Unternehmen, so heißt es weiter, sei »die Verfolgung des Eigeninteresses ungeachtet jeglicher gesellschaftlicher Verantwortung«.[41] Aus Sukhdevs Diagnose wird deutlich, dass das Wachstumsprinzip der Wirtschaft nicht nur ökologischen Aspekten entgegensteht, sondern auch sozialen. Wenn ein Unternehmen seine giftige Produktion in andere Länder verlagert, wo es die Umwelt ganz ungehindert von staatlichen Regulierungen verschmutzen darf, schadet dies nicht nur der Natur, sondern kostet wertvolle Arbeitsplätze auf dem heimischen Markt. Dasselbe gilt für Unternehmen, die ihre Textilien in Indien und Bangladesch herstellen lassen, um die hohen Arbeitskosten und Sozialstandards auf dem europäischen Markt zu umgehen. Dieses Problem haben im Übrigen auch die USA, wo Konzerne ihre Produktion gerne nach Mexiko verlagern oder, wie der Computerhersteller Apple, nach China, wo Teile unter menschenunwürdigen Arbeitsbedingungen produziert werden.

Gegenwärtig ist unser Wirtschaftssystem so gebaut, dass ökologische und soziale Interessen immer gegen das Grundprinzip der Profitmaximierung durchgesetzt werden müssen. Unternehmen handeln aus sich heraus weder ökologisch noch sozial, die Politik muss hier dauernd regulierend eingreifen. In jüngster Zeit geschieht dies aber vor allem zum kurzfristigen Schutz von Arbeitsplätzen und zum Schutz »systemrelevanter« Spieler auf dem Markt, also zugunsten von globalen Großunternehmen. Natürlich entstehen unserer Volkswirtschaft durch nationale soziale und ökologische Regulierungen bisweilen Probleme im internationalen Wettbewerb. Davon abgesehen, bedeutet die strukturelle Opposition von Unternehmen gegen soziale und ökologische Standards nicht, dass Unternehmen nie sozial und ökologisch handeln – sie tun dies oft sogar schon heute mit Gewinn. Soziales und ökologisches Handeln ergibt sich jedoch offenbar nicht automatisch aus dem Strukturprinzip des Wachstums.

Man könnte die deutsche Energiewende in diesem Zusammenhang als einen besonders gelungenen Trick auffassen: Sie gilt unter anderem deshalb als Erfolgsmodell, weil sie die Wirtschaft ankurbelt (und hier insbesondere die industriestarke deutsche Wirtschaft). Davon profitieren große Konzerne ebenso wie mittelständische Betriebe und Handwerker. Indem sich die Energiewende als Motor für die Wirtschaft erweise, so werben ihre Befürworter, verwirklichen sie den Traum umweltfreundlichen Wachstums. »Grüne Energie als Wirtschaftsmotor«, werben sogar die Grünen! »Deutschland zeigt, dass Klimaschutz wirtschaftlichen Erfolg bringen kann«, heißt es auf der Homepage in einer Erklärung vom 19.06.2013.[42] Doch genau durch diesen Erfolg, das »grüne Wirtschaftswachstum«, ist die Energiewende in Wahrheit alles andere als grün, weil auch das vermeintlich umweltfreundliche Wachstum den Ressourcenverbrauch erhöht und somit keine Wende zu einer nachhaltigen Wirtschaftsweise erbringt. Das hindert die Grünen nicht daran, vollmundig zu verkünden: »Wir möchten unseren Kindern einen gesunden Planeten hinterlassen.«

Der Zwang zum Erfolg zwingt nicht nur einzelne Unternehmen, sondern auch ganze Volkswirtschaften zu manchmal schwer nachvollziehbaren Entscheidungen. So haben die USA nach der verheerenden Ölkatastrophe im Golf von Mexiko im April 2010 zwar zunächst der eigenen Bevölkerung versichert, weitere Genehmigungen für Offshore-Ölbohrungen würden per Moratorium ausgesetzt; kurze Zeit später wurde diese Entscheidung jedoch gekippt, und heute gibt es in den USA mehr Offshore-Ölplattformen als je zuvor.

Das Bruttoinlandsprodukt als Indikator für Wohlstand

Der kürzeste Ausdruck für das ökonomische Wachstum ist das Bruttoinlandsprodukt (BIP, englisch GDP). Auf der EU-Konferenz »Beyond GDP«[43] verpflichteten sich 2007 etwa 1 000 Teilnehmer, unter ihnen der damalige Präsident des Europäischen Parlaments Hans-Gert Pöttering und EU-Kommissionspräsident José Manuel Barroso, das BIP nicht als Maß für das Wohlergehen der Menschen zu missbrauchen. Der Grund für diese Warnung: Weder soziale noch ökologische Kriterien werden in der Berechnung des BIP berücksichtigt. Diese Kritik hat eine lange Tradition: In einem Dokument der OECD wird der Nobelpreisträger Simon Kuznets zitiert, der das Bruttosozialprodukt 1934 mit entwickelte: »Das Wohlergehen einer Nation kann nur unzureichend aus einem Maß für das Nationaleinkommen abgeleitet werden. [...] Man muss sich der Unterschiede bewusst bleiben zwischen Quantität und Qualität von Wachstum, zwischen Kosten und Einkünften, zwischen kurzfristiger und langfristiger Perspektive. Ziele, die aufgestellt werden, um das Wachstum zu erhöhen, sollten Auskunft darüber geben, was da wachsen soll und wozu es wachsen soll.«[44] Seit Langem zweifeln Kritiker des BIP daran, dass es sich als Indikator für Wohlstand und Gesundheit einer Gesellschaft eignet. Und seit mehr als zwanzig Jahren arbeiten die Vereinten Nationen im Rahmen eines Entwicklungsprogramms an einer vergleichbaren Bemessungsgrundlage, dem Human Development Index (HDI), in dessen Berechnung Indikatoren wie Bildung, Gesundheit und neuerdings auch ökologische Kriterien einfließen. Ungeachtet dieser und vieler anderer warnender Hinweise erwecken führende Politiker, Wirtschaftskapitäne und Massenmedien dennoch unentwegt den Eindruck, eine Aufwärtsbewegung des BIP sei ein positives Wachstumssignal für eine Nation und ihre Zukunft. Aus wissenschaftlicher Sicht erscheint mir dies eine gefährliche Fehlinterpretation zu sein. Wenn eine solcherart »gesunde« Wirtschaft durchgesetzt werden muss und andererseits zwingend an den steigenden Verbrauch von Ressourcen gekoppelt ist – wie können wir da glauben, wir seien auf dem Weg zu einer nachhaltigeren Lebensweise?

Aktuell offenbaren die Medien durch ständig neue Enthüllungen, dass die Banken die Kapitalmärkte offenbar ungehindert von Politik und Finanzaufsicht manipulieren können. Muss es denn so sein, dass es der Politik immer weniger gelingt, Ziele und Hoffnungen der Menschen gegenüber der Wirtschaft durchzusetzen? Ist es angesichts dieser Entwicklungen nicht völlig abwegig, darauf zu hoffen, es könne im Bereich der Ökologie genau das Gegenteil geschehen? Welche Chancen haben heute die »Green Economy« und die »Blue Economy«? (Der Begriff »Blue Economy« stammt von Gunter Pauli und konzentriert sich nicht nur auf Energiequellen und Emissionen, sondern hat die ganze Ökosphäre im Blick.)

Fortschritt ohne Güterwachstum

Lange Zeit, insbesondere in den Jahren des Aufschwungs nach dem Zweiten Weltkrieg, galt in den westlichen Industrienationen die Devise: Einem Land geht es gut, wenn es seiner Wirtschaft gut geht. Dieser fest in unserer Gesellschaft verankerte Glaubenssatz ermöglicht es der Wirtschaft in Zeiten der Krise, vermeintlich luxuriöse Sozialstandards und andere »wirtschaftsfeindliche« Interessen zurückzudrängen. Doch allmählich wird deutlich, dass sich die Formel damit irgendwann selbst aufhebt: Je mehr die Wirtschaft sich ausschließlich auf die Maximierung von Profiten konzentriert, um so die schwächelnde Wachstumsschraube jeweils noch ein kleines Stückchen weiter zu drehen, desto mehr droht ein Ungleichgewicht zwischen wenigen Gewinnern und einer großen Zahl von Verlierern. Die Behauptung, es gehe einem Land dabei gut, lässt sich so irgendwann nicht mehr aufrechterhalten. Das allein wäre schon Grund genug, bestimmte Mechanismen unseres

Wirtschaftssystems grundsätzlich zu überdenken. Noch drängender aber ist dies nicht nur im Angesicht der sozialen, sondern vor allem der ökologischen Probleme. Vermittelt über die Wirtschaft, die Wohlstand »produziert«, ist es vor allem die Natur, die dem Menschen großen Nutzen bringt. Viele Dienstleistungen und Funktionen der Ökosphäre sind unabdingbare und unersetzbare Voraussetzung dafür, dass wir überhaupt leben und wirtschaftlich handeln können. Wer kann da ernsthaft glauben, es sei möglich, Wohlstand zu erhalten, wenn wir die Natur zerstören, die mit ihren Rohstoffen, Materialien, Flächen, mit Wasser und Luft diesen Wohlstand gewährleistet?

Das Dilemma, dass wir uns selbstzerstörerisch verhalten müssen, um Wachstum zu generieren, lässt sich nur durch einen Umweltschutz auflösen, der beim System der Wirtschaft selbst ansetzt. Anders als Naturgesetze stellen ökonomische Gesetze ein Set von Regeln dar, das die Menschen sich selbst gegeben haben, um den Handel von Gütern und Dienstleistungen zu steuern. Wenn das ökonomische Handeln darauf hinausläuft, dass die Menschheit die Stabilität der Ökosphäre und damit ihre eigene Existenz gefährdet, dann müssen diese Regeln geändert werden. Anstelle einer flickschusternden Umweltpolitik, die immer nur da repariert, wo es gerade am meisten drängt, besteht die Ressourcenwende in einem solchen systematischen Ansatz. Sie stellt das Kernprinzip des bisherigen wirtschaftlichen Handelns infrage, dessen Wachstum sich in einer ständigen Zunahme von ressourcenintensiven Produkten ausdrückt. Die Ressourcenwende erfordert es erstens, die Ressourcenproduktivität aller durch den Wirtschaftskreislauf hindurchfließenden Güter durch technische Lösungen zu verbessern. Sie erfordert zweitens marktwirtschaftliche Instrumente, um die Ressourcen ökonomisch sichtbar zu machen und damit Anreize für eine materielle Verschlankung der Wirtschaft zu schaffen, und sie erfordert drittens ein verändertes Verhalten von Unternehmern und Verbrauchern, verbunden mit einem veränderten wirtschaftlichen Wertesystem, das

Produkte nach ihrem Nutzen und ihrer ökologischen Qualität bemisst.

Das Ergebnis dieser Ressourcenwende wäre eine ökologisch bestimmte Wirtschaft, die Wohlstand durch technischen Fortschritt erhält und vermehrt, und das obwohl oder gerade weil sie die Zahl produzierter Güter reduziert. Es wäre eine Wirtschaft, die die derzeitigen Belastungen der Natur auf ein Maß zurückfährt, das auf Dauer vielleicht sogar eine nachhaltige Stabilisierung der bedrohten Ökosphäre erlaubt.

9 Die Ressourcenwende in Technik und Forschung

Das Motorradschloss

Sie wohnen in Paris oder in einer anderen Stadt und fahren ein Motorrad. Um Ihr Zweirad vor Diebstahl zu schützen, schließen Sie es beim Parken mit einer Spezialkette ab. Sie ist fast zwei Meter lang, aus gehärtetem Stahl, hat etwa 6 Millimeter dicke Glieder und steckt in einem Plastikschlauch. Mit ihr lässt sich das Motorrad sicher an Laternen, Metalltoren oder -geländern anschließen. Die Kette ist mehr als zehn Kilogramm schwer, fast immer dreckig und unbequem. Das ärgert Sie. Sie denken sich eine intelligente Lösung für dieses Problem aus, doch die Firma RID Jouvin ist Ihnen zuvorgekommen. Sie bietet etwa zum gleichen Preis wie die lange Kette eine u-förmige enge Klemme mit eingebautem Schloss und einem Stahlstift an, der durch eines der Löcher an der Scheibenbremse des Zweirads passt. Dieses Schloss, das Sie beispielsweise in Paris am Rathaus kaufen können, leistet die gleichen Dienste wie die Kette und bietet mehr Komfort. Sie können es in die Tasche stecken, denn es wiegt weniger als ein Kilogramm. Die Firma Jouvin verdient gutes Geld und hat der Ökosphäre einen Gefallen getan (worüber die Erfinder des Schlosses wahrscheinlich gar nicht nachgedacht hatten). Da sie dasselbe Material – gehärteten Stahl – verwenden, verhalten sich auch die ökologischen Rucksäcke der beiden Schlösser in etwa zehn zu eins. Somit wurde die Dienstleistungserfüllungsmaschine Motorradschloss nicht nur bequemer gestaltet, sondern dabei auch ihr ökologischer Rucksack um den Faktor 10 verkleinert.

Die Kaffeebohne – verschiedene Geschäftsmodelle

Ein wichtiger Baustein der Ressourcenwende besteht darin, den Ressourcenverbrauch während der Herstellung von Produkten zu minimieren. Die Dematerialisierung kann dabei ganz einfach durch Technik erreicht werden. Ein materialaufwendiges Produkt kann durch ein weniger »schweres« Produkt ersetzt werden, das dieselben Dienste leistet – vielleicht sogar noch besser. Doch auch der umgekehrte Fall ist denkbar: Anstatt 99 Prozent der verwendeten Ressourcen zu Abfall werden zu lassen, können diese zur Schaffung von neuem Nutzen eingesetzt werden.

So wie bei der Kaffeebohne.[45] Nur etwa 0,2 Prozent von den Samen und Früchten einer Kaffeepflanze werden von der Bohne bis zur guten Tasse Kaffee verwertet, 99,8 Prozent müssen entsorgt werden. Dabei haben geröstete Kaffeebohnen von ihrer Entstehung an bereits einen großen ökologischen Rucksack gefüllt.

Neben anderen erkannte die Firma Nestlé, dass die zu entsorgende Masse aus ihrer Instantkaffeeproduktion zur wirtschaftlich günstigen Gewinnung von Energie geeignet ist. Es taten sich jedoch eine Reihe von anderen Optionen auf, wie etwa die Nutzung als Futter für Tiere (wegen des relativ hohen Gehalts der Pflanze an Aminosäuren) oder die Nutzung als Substrat zur Gewinnung von Edelpilzen, die Vermehrung von Regenwürmern als Tierfutter im pilzabgeernteten Substrat und schlussendlich der Verkauf der restlichen Würmer als Zusatz zu Gartenerde. Die Produktion von Pilzen mit Hilfe von Kaffeesatz wurde von Gunter Pauli zusammen mit Chido Govero entwickelt, das Modell wird in Berlin (www.chidos.org), Amsterdam, Madrid, San Francisco und Sydney bereits in Konkurrenz mit Pilzen aus China betrieben. Dennoch wurden diese Möglichkeiten der ökologischen Nutzung des »Abfalls« von der Firma Nestlé aus wirtschaftlichen Gründen nicht verfolgt. Mit anderen Worten: Sie entzieht den Kreisläufen der Biosphäre 99,8 Prozent der für den Kaffeegenuss genutzten Bohnen-Biomasse durch Verbrennung (und Umwandlung in Energie). Mit dem von ihr gewählten Geschäftsmodell ließ die Firma Nestlé die Möglichkeit einer ökologisch hundertfach besseren Wertschöpfung bewusst aus. Unter anderem wurde damit auch eine Chance vergeben, neue Arbeitsplätze zu schaffen. Sollte man das Nestlé-Modell nun als »grün« oder vielleicht nur als »grünlich« bezeichnen?

So viel zur ökologischen Seite der Geschichte. Das Beispiel Kaffee ist jedoch auch in ökonomischer Hinsicht anschaulich: Die Firma Starbucks verdient an einer Tasse Kaffee 3 000-mal mehr als der Produzent der Kaffeebohnen. Kombiniert man die technisch mögliche, aber aus wirtschaftlichen Gründen hundertfach geringere ökologische Wertschöpfung mit der 3 000-fachen Differenz in der finanziellen Wertschöpfung, dann wird die Fehlsteuerung der Weltwirtschaft peinlich offenbar. Für die ökologisch und sozial gewinnbringende Wiederverwertung der Kaffeeabfälle gibt es offenbar keinen finanziellen Anreiz. Solange das so ist, wird Nachhaltigkeit weder im sozialen noch im ökologischen Sinne erreichbar sein.

Im Fall der Kaffeebohne hat das übliche Geschäftsmodell noch eine zusätzlich peinliche Dimension. Während der privatwirtschaftlich erarbeitete Gewinn von Starbucks unangetastet bleibt – zwischen 2002 und 2011 zahlte Starbucks trotz kräftiger Gewinne in Deutschland keine Ertragssteuern[46] –, sorgen private Spenden und milliardenschwere Wirtschaftshilfen aus Steuermitteln für einen gewissen Einkommensausgleich in den Entwicklungsländern, also dort, wo die Kaffeebohnen für den Starbucks-Kaffee produziert werden und der Verdienst 3 000-mal unter dem von Starbucks liegt. Man könnte das Geschäftsmodell der US-amerikanischen Kette demnach als eine Pumpe betrachten, welche die Bereicherung weniger zuungunsten der Allgemeinheit mit sehr beschränkter Haftung ermöglicht. Bedenkt man nun noch, dass jeder Deutsche rechnerisch im Durchschnitt in warmen Ländern mehr als 100 Quadratmeter Fläche für die Produktion von Kaffeebohnen belegt – zusammen sind das für alle Deutschen um die 8 000 Quadratkilometer – dann könnte man sagen: Indem wir Entwicklungshilfe leisten, subventionieren wir einerseits die privaten Gewinne von Starbucks und andererseits unseren täglichen Kaffeegenuss.

Neue Produkte? Neuer Nutzen!

Es sollte die Aufgabe von Designern und Konstrukteuren sein, systematisch neue technische Möglichkeiten zu entwickeln, um einen bestimmten Nutzen mit weniger Material-, Wasser- und Flächeneinsatz (möglichst kostengünstig) zu erfüllen. Bei der Suche nach alternativen Möglichkeiten, Dienstleistungen bereitzustellen, kann man allerdings den entscheidenden Fehler schon beim ersten Schritt machen. Es wäre falsch, an den Anfang die Frage zu stellen, wie ein vorhandenes Produkt ein ökologischeres Image oder Antriebssystem bekommen, wie sein Funktionieren »ökologisiert« werden könnte. Damit wären bereits die entscheidenden Chancen verschenkt. Wichtig ist, sich zunächst zumindest gedanklich von vorhandenen Produkten zu lösen und beim Design von Dienstleistungserfüllungsmaschinen mit dem Nutzen zu beginnen. Es gilt also, einen Weg zu finden, einen bestimmten Bedarf oder eine bestimmte Funktion ökonomisch und ökologisch optimal zu erfüllen. Wenn man so denkt, erhält man anstatt eines dematerialisierten Produktes vielleicht ein ganz anderes Produkt. Man sehe sich nur einmal die verschiedenen Möglichkeiten an, Kaffee zu kochen: Von der materialintensiven Espressomaschine, die für ihre Wegwerfpads zusätzliches Material benötigt, über die alte Filterkaffeemaschine bis hin zum Aufbrühen in der Tasse finden sich hier alle möglichen Lösungen mit ganz unterschiedlichen Materialintensitäten.

Die Möglichkeit, Nutzen nicht nur mit weniger Material, sondern auf grundsätzlich neue Weise – durch andere, weniger oder gar keine Produkte – zu erzeugen, ist umweltpolitisch von entscheidender Bedeutung, weil sie aus der simplen und fruchtlosen Alternative »Kaufen oder Verzichten« herausführt und zur Suche nach Möglichkeiten anregt, vergleichbare Dienstleistungen (Funktionserfüllungen) mit wesentlich weniger Ressourcenaufwand bereitzustellen. Die EU hat eine Definition von Öko-Innovationen veröffentlicht, die diesem Ansatz Rechnung trägt:

»**Öko-Innovation** ist die Einführung neuer oder signifikant verbesserter Produkte (Güter oder Dienstleistungen), Prozesse, organisatorischer Änderungen oder Vermarktungslösungen, die den Verbrauch der natürlichen Ressourcen (einschließlich Material, technische Energie, Wasser und Land) und die Emission gefährlicher Stoffe über den ganzen Lebenszyklus hinweg vermindern.« (EU Eco Innovation Observatory, EIO, 2010)

Ressourcenproduktivität als Richtschnur für technischen Fortschritt

Die Beispiele des Motorradschlosses und der Wiederverwertung von Biomasse aus der Kaffeeproduktion zeigen, dass eine verbesserte Ressourcennutzung nicht nur ökologisch sinnvoll sein, sondern auch ökonomische Gewinne erbringen kann. Wer weniger Ressourcen einsetzt, spart Geld, wer Abfälle weiterverwendet, verdient zusätzlich. Im Falle des Motorradschlosses war die Dematerialisierung ein zufälliges Ergebnis technischer Entwicklung, das lange und schwere Vorgängermodell war schlicht unhandlich. Eigentlich sollte man davon ausgehen, dass die sich ergebenden Gewinne als Anreiz für die Wirtschaft interessant genug wären, vor allem für kleine und mittlere Betriebe, die nach Innovationsmöglichkeiten suchen. Tatsächlich gibt es bereits zahlreiche Unternehmer, die ihre Produktion aus ökologischen Gründen materiell verschlanken.

Dieses ökologische Engagement einzelner Firmen ist ehrenwert und wichtig, weil es zeigt, dass eine deutliche Dematerialisierung der Produktion technisch und ökonomisch praktikabel ist. Es reicht jedoch nicht aus, um eine spürbare ökologische Wirkung zu entfalten, solange der weitaus größere Teil der Wirtschaft an alten Wachstums- und Wegwerfprinzipien festhält.

Eine gesamtgesellschaftliche Ressourcenwende erfordert es, den technischen Fortschritt flächendeckend auf eine verbesserte Ressourcenproduktivität auszurichten. Die technische Dematerialisierung muss sich finanziell deutlich mehr lohnen als ausbeuterische Geschäftsmodelle alten Stils, und es muss gesetzliche Bestimmungen geben, die technischen Innovationen zur Dematerialisierung den Weg ebnen. Vor allem aber brauchen wir einen gesellschaftlichen Konsens darüber, dass überall dort, wo technische Innovationen entwickelt werden, der Aspekt des Ressourcenverbrauchs im Vordergrund steht. Die Verbesserung der Ressourcenproduktivität muss in allen Institutionen, die für Forschung verantwortlich sind, als Zielvorgabe verankert werden, bei Ministerien, Universitäten und privatwirtschaftlichen Instituten ebenso wie in den Forschungsabteilungen von Unternehmen. Diese Richtschnur muss für die Grundlagenforschung (besonders in den sogenannten Schlüsseltechnologien, der Nano-, Informations- und Kommunikationstechnik) ebenso wie für das Design von Industrieprodukten, deren Vertrieb und Gebrauch gelten: All dies muss unter dem Aspekt der Ressourcennutzung neu erfunden werden. Anders als bei der nachsorgenden Umwelttechnik, die meist mit einer Erhöhung des Ressourcenverbrauchs einhergeht, spricht überhaupt nichts gegen neue Technik, solange sie vorhandenen oder auch neuen Nutzen und mehr Wohlstand schafft, indem sie Ressourcen sparsamer und produktiver einsetzt. Und jedes Produkt, jede Dienstleistungserfüllungsmaschine sollte ein möglichst langes Leben haben, »Sollbruchstellen« geahndet werden. Meine Großmutter sagte zuweilen: »Nur mit Qualität kannste Geld sparen.«

Dabei müssen Innovationen, und das ist vielleicht die größte Erneuerung im Rahmen der Ressourcenwende, keineswegs fixiert auf bestimmte Techniken sein, weil es ja nicht um bessere Produkte, sondern um größeren Nutzen geht. Es kommt also nicht darauf an, die Mausefalle mit weniger Ressourcen herzustellen, sondern die Maus mit oder ohne die Hilfe eines Produkts zu fangen – Hauptsache, es ist weniger ressourcenintensiv als die herkömmliche Falle. Wenn Sie das mit der bloßen Hand schaffen oder Ihre Katze machen lassen, haben Sie den Nutzen so erst recht erfolgreich dematerialisiert. Was in dieser Hinsicht möglich ist, können wir nicht einmal erahnen, da die Materialintensität von Produkten bisher bei der Entwicklung technischer Innovationen nur in besonderen Fällen (zum Beispiel beim Flugzeugbau) und ohne die Kenntnis von ökologischen Rucksäcken berücksichtigt wurde und technische Innovation sich bisher auf Produkte und nicht auf den durch sie erbrachten Nutzen konzentriert hat.

Bis zur Fertigung von vermarktbaren Produkten haben Innovationen oft einen weiten Weg, der zudem meist mit hohen finanziellen Investitionen verbunden ist. Für Skeptiker sind solche Hürden Anlass, jede Forderung nach Veränderung im Keim zu ersticken. Doch wer hätte gedacht, dass die Menschen einmal fliegen oder gar von Australien nach Berlin live und in Echtzeit kommunizieren würden? Noch vor 30 Jahren galten heute gängige Techniken zur Gewinnung von Energie aus Wind- und Sonnenkraft als träumerische Utopien. Warum also sollte es nicht möglich sein, immer mehr Nutzen – und damit Wohlstand – aus Produkten zu generieren, die immer weniger Material einsetzen? Man möchte fast sagen: Es gibt eigentlich nichts, was Technik nicht schafft. Entscheidend ist nur, was wir wollen, welche Ziele die Forschung sich setzt und welche Innovationen finanziert werden, egal ob privat oder von der öffentlichen Hand.

10 Die neue Dienstleistungsgesellschaft

Das Fairphone

Die Dematerialisierung von Produkten kann auf ganz verschiedene Weisen erreicht werden. Zum Beispiel wäre es denkbar, Kleidung und andere Dinge mit Oberflächen herzustellen, die Schmutz abweisen und deshalb nicht gewaschen werden müssen. Das klingt verrückt, würde aber eine enorme Einsparung von Wasser und Waschmitteln nach sich ziehen.

Eine einfache Form der Dematerialisierung betreiben die Erfinder des »Fairphone« (www.fairphone.com). Das 2013 auf den Markt gekommene Smartphone ist so gebaut, dass einzelne Teile nach Verschleiß ersetzt werden können. Unter anderem wird es mit einem Ladekabel geladen, das auf dem Markt besonders verbreitet ist und überhaupt nur mitgeliefert wird, wenn der Käufer nicht bereits ein solches Ladekabel besitzt. Auch alte Akkus lassen sich austauschen. Die Erfinder dieses Telefons, ein junges Unternehmen in Holland, hatten zunächst die sozialen Aspekte der Produktion im Blick. Sie wollten gewährleisten, dass das Gerät an allen Stationen der Produktionskette unter fairen und menschenwürdigen Bedingungen produziert wird. Das ist, wie die Unternehmer zugeben, nicht zu hundert Prozent gelungen, da die für Mobiltelefone verwendeten Rohstoffe zum Teil nur in Ländern abgebaut werden, in denen es keine Sozialstandards gibt. Dennoch wird das Fairphone von den meisten beteiligten Zulieferern unter wesentlich verbesserten Bedingungen hergestellt. Glücklicherweise haben die Unternehmer dabei in Ansätzen auch ökologische Aspekte bedacht. Beides ist aufgrund des Geschäftsmodells des Fairphones möglich: Es finanziert sich durch Crowdfunding, das heißt erst nach Eingang von genügend Bestellungen wird überhaupt produziert, und das Unternehmen ist nicht verpflichtet, seine Gewinne zu maximieren, sondern muss lediglich wirtschaftlich arbeiten. Dieses Modell ermöglicht einen faireren Preis auf dem Markt und die faire Entlohnung der Zulieferer. Und trotz all dieser Zugeständnisse an soziale und ökologische Anforderungen erhält der Nutzer am Ende ein vollwertiges Smartphone, womit die Macher des Fairphones der Welt eindrucksvoll vor Augen führen, was in Bezug auf soziale und ökologische Standards möglich ist.

Die Dienstleistungsgesellschaft

Um die grundsätzliche Disharmonie zwischen der heutigen Wirtschaftsgestaltung und den Gesetzen der Natur aufzulösen, reicht es nicht, die Herstellung von Produkten zu dematerialisieren. Gerade im Bereich der Informations- und Kommunikationstechnik wird dies deutlich, denn die ökologischen Rucksäcke sind hier meist um etwa ein Zehnfaches höher als bei anderen Produkten. Man stelle sich vor, wir würden Telefone und Computer nicht alle zwei bis vier, sondern alle fünf bis zehn Jahre oder noch seltener erneuern oder aufrüsten können – der positive Effekt auf die Umwelt wäre enorm hoch, gerade weil die Geräte der Informations- und Kommunikationstechnik so verbreitet sind und hier gigantische Mengen an Ressourcen verbraucht werden. Dabei wäre es ein Leichtes, Computer, Drucker, Scanner und Mobiltelefone länger zu nutzen. Meist ist es die Geschwindigkeit der Entwicklung im Bereich der Software, die die Hardware schnell veralten lässt. Das müsste jedoch nicht so sein, und zudem wäre es möglich, nach einer gewissen Zeit zu kleine Speicher durch größere und zu langsame Prozessoren durch schnellere auszutauschen, ohne deshalb gleich den ganzen Laptop oder PC zu entsorgen. Bei Druckern ist es oft nur eine einzige Walze, die den Geist aufgibt, auch hier wäre es ökologisch um vieles besser, diese auszutauschen, anstatt jedes Mal einen neuen Drucker zu kaufen. Doch die meisten Geräte sind so gebaut, dass ein Austausch von einzelnen Teilen nicht möglich ist.

Die Berechnung des MIPS, bei der nicht nur der Material-Input der Herstellung, sondern auch die Nutzung und Entsorgung von Gütern berücksichtigt werden, hat deutlich gemacht, dass die eigentlich interessante Größe nicht im Produkt, sondern in der Dienstleistung besteht. Wenn wir mit jedem Produkt Ressourcen verbrauchen und unser Verbrauch derzeit das ökologisch vertretbare Maß um ein Vielfaches übersteigt – was uns eine Menge Probleme verursacht –, dann wird es nicht helfen, die Produkte materiell zu verschlanken, gleichzeitig aber immer mehr davon herzustellen. Deshalb muss eine wirklich effektive Dematerialisierung der Wirtschaft auch die längere Nutzung von insgesamt weniger Produkten beinhalten. Um es noch einmal zu sagen: Der PKW, der lange gefahren wird und möglichst viele Personen befördert, ist ökologisch um ein Vielfaches sinnvoller als jedes Ökoauto, bei dem der Treibstoffverbrauch reduziert oder gar durch andere Energieformen wie elektrischen Strom ersetzt wird.

Aus technischer Sicht gibt es keinen Grund dafür, dass Autos bei einem Tachostand von knapp über 250 000 Kilometern unbrauchbar oder zu reparaturanfällig werden, während Flugzeuge 250 Millionen Kilometer schaffen. Aus wirtschaftlicher Sicht aber liegen die Gründe für die Kurzlebigkeit von Produkten auf der Hand. Während das dematerialisierte Motorradschloss und die Kaffeebohne eine verbesserte Ressourcennutzung mit ökonomischen Gewinnen verbinden konnten, widerspricht das Geschäftsmodell des Fairphones dem Prinzip der größtmöglichen Profitmaximierung. Lange Zeit stattete der Computerhersteller Apple völlig unnötig jede neue Gerätegeneration mit anderen Anschlüssen für Ladekabel und Videoeingänge aus. Das zwang den Verbraucher dazu, bei jedem Gerätewechsel neue, teure Zusatzkabel zu kaufen, an denen sich allein das Unternehmen eine goldene Nase verdiente. Und auch die Reparatur von Apple-Geräten ist extrem teuer, was den Kauf eines neuen Produkts gegenüber der Reparatur schnell attraktiver macht. Apple folgt mit solchen Tricks der Logik der Gewinnmaximierung um jeden Preis, die es mit sich bringt, dass Hersteller in gesättigten Märkten eher an kurzen Verfallszeiten (an eingebauten Sollbruchstellen) ihrer Produkte Interesse haben. Die aus ökologischer Sicht besonders wichtige Langlebigkeit von Gütern widerspricht einfach dem Wachstumsprinzip der Wirtschaft, an dem wir bis heute das Wohlergehen der Gesellschaft messen.

Die Forderung nach einer verlängerten Nutzung der Produkte hat Folgen für unser Wirtschaftssystem. Sie muss in der Konsequenz zu einer Dienstleistungsgesellschaft führen. Dabei ändert sich der wirtschaftliche Wertbegriff: Während in der industriellen Ökonomie die Frage lautet: »Was ist der Geldwert eines Produkts zum Zeitpunkt seines Verkaufs?«, heißen die Fragen in einer zukunftsfähigen Dienstleistungswirtschaft: »Welches ist der Nutzwert eines Produkts? Welche Dienste zur Erfüllung bestimmter Funktionen leistet es mit welcher Qualität für wie lange und zu welchen Gesamtkosten während seines gesamten Lebenszyklus?« Die Bezugsebene für die Messung des ökonomischen Werts ist also nicht länger das Produkt zum Zeitpunkt des Verkaufs, sondern seine Nutzungsmöglichkeiten und seine Qualität während der gesamten Produktlebensdauer.

In der gegenwärtigen Weltwirtschaft liegt die höchste Priorität auf der Entwicklung von Produktions- und Transportsystemen, die immer mehr leisten und die Verfügbarkeit ständig größerer Warenmengen auf immer billigere Weise möglich machen. Auch die Dienstleistungswirtschaft, wie wir sie hier entwerfen, strebt Wohlstand und mehr Lebensqualität an, aber sie tut es mit anderen Prioritäten. Sie setzt auf die Verbesserung der Produktivität,

Leistungsfähigkeit und Qualität von Dienstleistungsfunktionen und auf die Maximierung und Optimierung des Gebrauchswerts aller beitragenden Komponenten während ihrer gesamten Lebensdauer, unter Berücksichtigung der Gesamtkosten.

Während in der Produktionsgesellschaft der Fokus auf dem Produkt liegt, wird in der Dienstleistungsgesellschaft der vom Produkt geleistete Nutzen im Mittelpunkt der Betrachtung stehen. Denn Produkte, Prozesse und Infrastrukturen versorgen Menschen mit Funktionsmöglichkeiten und Dienstleistungen. Ökonomisch gesehen ist es also nicht der Materialwert, die physikalische Objekthaftigkeit, die den wirtschaftlichen Wert ausmacht, sondern der Nutzungs- oder Servicewert. Produkte, Fahrzeuge, Anlagen, Gebäude, Maschinen und Infrastrukturen sind Träger objektiver Eigenschaften beziehungsweise abrufbarer Dienstleistungen, deren ökologische Qualität mithilfe des materiellen Fußabdrucks MIPS abgeschätzt werden kann. Je kleiner sie sind, desto »grüner« ist die jeweilige Dienstleistungserfüllungsmaschine.

Leihen, Nutzen, Warten

Es kann, unter veränderten Rahmenbedingungen für die Wirtschaft, für Unternehmen sehr wohl profitabel werden, nicht primär das Sachgut selbst zu verkaufen, sondern durch seine Nutzung finanziellen Gewinn zu erzielen. Die Langlebigkeit von Gütern hängt unter anderem davon ab, ob sie verlässlich, aufrüstbar und reparierbar sind, und auch davon, ob Teile ausgetauscht werden können und Ersatzteile langfristig verfügbar sind. Im digitalen Bereich, bei Fahrzeugen sowie bei nur gelegentlich genutzten Geräten wäre die wahrscheinlich effektivste Verbesserung der Ressourcenproduktivität dadurch zu erreichen, dass man den Verkauf der Geräte durch Leasing ersetzt. Dann hätte der Hersteller selbst ein Interesse daran, seine Produkte möglichst lange leben zu lassen und gleichzeitig wettbewerbsfähig zu erhalten. Nicht mehr der schnittige Sportwagen wird verkauft, sondern die Dienstleistung, mit ihm fahren und vielleicht imponieren zu können. Der finanzielle Nutzen wird durch stunden-, tage- oder monatsweise Vermietung erzielt. Dies setzt voraus, dass der Nutzer eine mehr am Ergebnis als am Besitz orientierte Beziehung zu Sachgütern entwickelt. Geschäftsmodelle, die nach diesem Prinzip funktionieren, gibt es bereits, etwa das Carsharing in großen Städten, das Ausleihen von Chemikalien für chemische Reinigung und die Vermietung von Fahrrädern durch die Deutsche Bahn.

Nicht neu produzieren, sondern erhalten

Die Dematerialisierung der Wirtschaft erfolgt auf zwei verschiedene Weisen, die miteinander Hand in Hand gehen: zum einen durch die technisch verbesserte Nutzung von Material bei der Herstellung von Produkten, einschließlich der Wiedergewinnung von Stoffen aus Abfall. Zum anderen durch eine längere Nutzung der Produkte. Die häufig beklagte Wegwerfgesellschaft muss sich in eine Wirtschaft der Erhaltung und Wiederverwendung von Gütern verwandeln.

Diese Verwandlung des Wirtschaftssystems von einer Produktionswirtschaft zu einer Systemerhaltungswirtschaft würde das Gewinn- und Wachstumsstreben von Unternehmen vom Güterwachstum und der damit verbundenen Naturzerstörung entkoppeln. Damit ließe sich das Dilemma auflösen, dass unsere Wirtschaft nur auf der Grundlage eines immer größeren Ressourcenverbrauchs funktioniert und wir damit gezwungen sind, die Ökosphäre zu zerstören. Nachhaltigkeit kann mit einer Dienstleistungsgesellschaft erreicht werden, deren Maxime lautet: Aus allen der Natur entnommenen Ressourcen muss ein Maximum an Wohlstandsleistungen für die maximal mögliche Dauer erzielt werden. In dieser

Systemerhaltungswirtschaft würde technischer Fortschritt in besseren Produkten, einer längeren Nutzung durch bessere Wartung und einer besseren Entsorgung bestehen.

Mit dem Wirtschaftssystem verändert sich dabei ein weiterer Wertebegriff. Im Rasenmäherbeispiel habe ich darauf hingewiesen: Die »Nulloption« unterscheidet sich von den anderen dadurch, dass sich das Verhalten des Verbrauchers grundlegend ändert. Diesem veränderten Verhalten liegt eine veränderte Sichtweise zugrunde: Die Blumenwiese ist mir mehr »wert« als ein Rasenteppich. Ästhetische Werte wie dieser haben sich in der Kulturgeschichte immer wieder geändert. Dabei können die Folgen für die Ökologie drastischer sein als jede Änderung technischer Art, allerdings sowohl positiv wie negativ.

11 Die Steuerreform der Ressourcenwende

Ökologie muss sich finanziell lohnen

Die Tendenzen, die wir seit geraumer Zeit auf dem Arbeitsmarkt erleben, sind eine Folge der Entstehung globaler Märkte. Je schärfer der Wettbewerb mit Ländern wird, die sich keine teuren Sozialstandards westlicher Prägung leisten, desto größer wird der Druck auf dem heimischen Markt. Die Politik reagiert mit Deregulierung – zum Wohl der Wirtschaft –, Zeitarbeit und Lohndumping sind die Folge. Zugleich gelingt es Unternehmen wie Amazon, Starbucks, Google und Microsoft durch die Ausnutzung von Gesetzeslücken mühelos, den größten Teil ihrer Steuerpflicht zu umgehen. Damit erfüllen jedoch gerade die erfolgreichen Großkonzerne zwei wichtige gesellschaftliche Aufgaben zunehmend weniger: Zum einen beschäftigen sie weniger Angestellte auf einem sozial- und rentensicheren Niveau – die Zahl der Jobs, bei denen der Staat den Lohn durch zusätzliche Hilfe aufstocken muss, steigt. Zum anderen schrumpft der Beitrag solcher Unternehmen, den sie in Form von Steuern zahlen. Doch auch der Verbraucher trägt zu dieser Entwicklung bei. Er kauft die billig in Bangladesch produzierte Ware, und er zieht den One-Click-Einkauf bei Amazon dem Weg zum lokalen Buchhändler vor.

Angesichts des steigenden Wettbewerbsdrucks auf dem Weltmarkt, der es immer schwieriger macht, soziale Standards entweder zu erhalten oder überhaupt erst durchzusetzen, scheint der Misserfolg von ökologischen Maßnahmen vorprogrammiert, sofern sie die Unternehmen durch zusätzliche Kosten belasten. Das Scheitern des Handels mit CO_2-Zertifikaten ist hierfür ein Paradebeispiel.

Die Ökologisierung der Gesellschaft kann nur gelingen, wenn es sich finanziell lohnt, Ressourcen zu sparen. Nachhaltigkeit wird auf dem Markt erreicht – oder gar nicht. Wir brauchen deshalb einen Markt, der die Ressourcenwende unterstützt. Dazu bedarf es einer umfassenden Steuerreform, die mit einer ganzen Reihe von Strukturveränderungen verknüpft sein muss. Es braucht eine neue Preisarchitektur auf dem Markt, die die ökologische Bedeutung von natürlichen Ressourcen widerspiegelt. Zudem muss die Eigenhaftung von Entscheidungsträgern verbessert und verbrauchsfördernde Subventionen müssen abgeschafft werden. Die Festlegung von Indikatoren mit Bezug zur Umwelt muss Normalität, die kurzfristige Profitmaximierung darf nicht mehr gefördert werden. Wenn diese notwendigen Strukturveränderungen wirksam sind, besteht Aussicht, dass man notwendige Entwicklungen hin zur Stabilität der Ökosphäre dem Markt überlassen kann.

Die Ressourcensteuer

Ein Problem der klassischen Umweltpolitik besteht darin, dass sie meist zu ordnungspolitischen Maßnahmen greift, also Verordnungen, die zum Beispiel die Automobilindustrie zwingen, ihre Auspuffgase mit Katalysatoren zu »entgiften«. Dass diese Maßnahme dazu führt, jedem Auto zusätzlich über zwei Tonnen in den ökologischen Rucksack zu laden, und damit der ökologischen Nachhaltigkeit entgegensteht, wird wissentlich in Kauf genommen. Herstellern entstehen zusätzliche Kosten, den Besitzern natürlich auch. (Auch wenn die gesundheitsschützende Wirkung des Katalysators unbestritten ist.)

Das Problem des steigenden Ressourcenverbrauchs lässt sich durch solche Formen nachsorgenden Umweltschutzes nicht lösen. Ein Vorschlag, der deshalb von einigen Umweltökonomen seit geraumer Zeit favorisiert wird, besteht darin, den Verbrauch von natürlichen Ressourcen zu besteuern. Sehen wir uns zunächst genauer an, was das bedeutet: Ein Unternehmen, sagen wir ein Braunkohlebergwerk, zahlt für die Entnahme von Kohle Steuern.[47] Zunächst verteuert sich infolge dieser Steuern die Stromerzeugung aus Braunkohle. Der Strompreis wird dann in anderen Unternehmen die Produktionskosten je nach Anteil des Stroms an den Gesamtkosten erhöhen und schließlich bei einer Vielzahl von Gütern zu Preissteigerungen führen. Die Preissteigerungen beim Strom und den verschiedenen Gütern erreichen schließlich auch die privaten Haushalte. Sie und alle Unternehmen werden auf die Preissteigerungen mit ihrer Nachfrage reagieren, die schließlich auf die Braunkohleförderung zurückschlägt und hier zu einer entsprechenden Minderung der Förderung führt – dadurch, dass produzierende Unternehmen sich nach billigerem Strom und Verbraucher sich nach billigeren Produkten umsehen werden. Ein unwillkommener Nebeneffekt ist in vielen Fällen der Verlust von Arbeitsplätzen. Darauf komme ich noch zurück.

Wo immer ein Unternehmen Steuern auf die Nutzung von Natur – die Verwendung von Ressourcen – zahlt, wird es direkt dazu veranlasst, nach Lösungen zu suchen, seine Nachteile gegenüber Konkurrenten (auch in anderen Ländern) auszugleichen. Das könnte in unserem Falle eine Erhöhung der Effizienz in der Verstromung von Kohle sein oder der Umstieg auf eine andere Technik, zum Beispiel die Nutzung von Windenergie. In beiden Fällen wäre die Umwelt die Gewinnerin – es sei denn, der Absatz von Strom würde durch seine Verbilligung steigen (»Bumerangeffekt«). Dabei muss die Besteuerung von Ressourcen im Ansatz flächendeckend angelegt sein, um zu vermeiden, dass Produzenten auf nicht-besteuerte Ressourcen mit größerem ökologischen Rucksack ausweichen.

Natürlich gibt es neben Steuern auch andere Instrumente, um Anreize für das Einsparen von Ressourcen zu schaffen. Eines dieser Modelle stellt der Zertifikatehandel dar: Hier wird angestrebt, die gesamte Emission, zum Beispiel von CO_2, zu begrenzen, indem die Politik (in diesem Fall die EU) durch eine Gesamtmenge mit der Ausgabe (Verkauf, Versteigerung oder freie Abgabe) von »CO_2-Zertifikaten« eine Obergrenze festsetzt. Auch die CO_2-Zertifikate sollen – so die Theorie – dazu führen, dass der Unternehmer versucht, seine Emissionen bei der Produktion zu reduzieren. Einige Argumente gegen dieses Modell habe ich bereits angeführt. Zum Beispiel sind Zertifikatslösungen grundsätzlich nachsorgende Instrumente und können nur wenige Gefahrstoffströme erfassen, einige wenige von weit über 200 000 chemisch verschiedenen Emissionen. Wobei gar nichts dagegen spricht, zusätzlich zu Steuern auf Ressourcen auch andere marktregulierende Instrumente anzuwenden – nur halte ich Steuern für unumgänglich, wenn man das Problem wirklich umfassend angehen will.

Es ist meines Erachtens dringend geboten, erhebliche Forschungsmittel in die Simulation und Entwicklung marktgerechter Anreize, aber auch von anderen zielführenden Instrumenten wie etwa Geboten und Verboten speziell für die Durchführung der Ressourcenwende zu investieren.

Vorteile der Ressourcensteuer

Wenn der Staat die Nutzung natürlicher Ressourcen auf dem Markt durch Steuern mit einem erhöhten Preis versieht, so vergrößert er damit seine Einnahmen. Er kann und muss dies kostenneutral gestalten. Das heißt, er hat die Möglichkeit, zum Beispiel Abgaben und Steuern auf Arbeit zu ermäßigen oder abzuschaffen. Das käme dem Arbeitsmarkt zugute, weil es die Arbeitskosten senkt.

Eine Senkung der Arbeitskosten würde es den Unternehmen erlauben, mehr Arbeitskräfte einzustellen, was wiederum dazu führen würde, dass sie auch international konkurrenzfähiger produzieren könnten. Damit hätte die Ressourcensteuer wesentliche Vorteile für die Gesellschaft. Und auch die problematische Entwicklung, dass menschliche Arbeitskraft durch Technik ersetzt wird, könnte so deutlich eingeschränkt werden. Denn da in Technik »von der Wiege bis zu Bahre« Ressourcen stecken, wird sie durch die Ressourcensteuer tendenziell teurer, während Arbeitskraft durch die Senkung der Lohnnebenkosten billiger wird.

Gerade macht die Firma Daimler erste Versuche, den Verkauf ihrer Fahrzeuge auf Onlinehandel umzustellen und so auf lange Sicht seine Verkaufseinrichtungen zu reduzieren. Während also gegenwärtig immer mehr menschliche Arbeitskraft der Maschine weichen muss, würden in einem System der Erhaltungswirtschaft, bei deutlich gesunkenen Arbeitskosten, die Pflege, Reparatur und Aufrüstung von Produkten wieder attraktiv.

Unternehmer, die ihre Abhängigkeit von natürlichen Ressourcen verringern, können tendenziell mit einer Reihe von Vorteilen rechnen:

1. Sie haben die Chance, ihre Herstellungskosten zu reduzieren, indem sie den Einsatz der durch Steuern teuer gewordenen Ressourcen mittels Ökoinnovationen überkompensieren.
2. Unternehmen werden langfristig zukunftsfähiger, da der nachhaltige Einsatz von Ressourcen zum Kern der Unternehmensstrategie avanciert. Damit ist das Unternehmen weniger stark von weltweiten Rohstoffknappheiten und Preisschwankungen betroffen.
3. Die Betriebsstrukturen verschieben sich weg von hohem Kapitalbedarf und der damit verbundenen Unbeweglichkeit hin zur Beweglichkeit des Dienstleistungsanbieters.
4. Neue Märkte werden durch ökointelligente Produkte und Dienstleistungen geschaffen.

5. Trendsetter werden die größten und nachhaltigsten Vorteile haben, nicht nur in Gestalt von Marktanteilen, sondern auch in Form von Respekt, Ansehen und Einflussmöglichkeiten.

Wenn Steuern und Abgaben weg von der Arbeit in Richtung Ressourcen verschoben werden, ergibt sich für alle Akteure am Markt die Chance, durch die kluge Auswahl von Rohstoffen, Zwischen- und Endprodukten ihre steuerliche Belastung bis zu einem gewissen Grad selbst zu bestimmen.

Ein Steuersystem, das Ressourcen be- und Arbeit entlastet, würde ökonomisch der Verwandlung der produktorientierten Wachstumswirtschaft in eine dienstleistungsorientierte Systemerhaltungswirtschaft am besten entsprechen. Dabei würde sich auch die Logik der Massenproduktion umkehren. Wenn nämlich die Nachfrage schrumpft, weil anstelle von kurzlebigen möglichst langlebige Produkte gekauft werden, dann geht damit auch das Fertigungsvolumen zurück. Anstelle von weltweit operierenden Superkonzernen wird sich eine wirtschaftliche und flexible Produktion von kleineren Fertigungsvolumen herausbilden. Eine zukunftsfähige Wirtschaft fördert also gewissermaßen automatisch kleine Produktionseinheiten, die nur den Bedarf einer relativ begrenzten Region decken.

Im Gegensatz zur heutigen industriellen »Durchflusswirtschaft« fällt zudem in einer zukunftsfähigen Wirtschaft die Güternachfrage mit der geografischen Verteilung von Sekundärrohstoffen aus Altgeräten und Recycling in erheblichem Umfang zusammen. Denn einerseits werden die fertigen Produkte vor Ort vom Konsumenten gebraucht, andererseits fallen Ressourcen aus bereits gebrauchten Gütern, Komponenten und Wertstoffen da an, wo sie genutzt wurden: weit verstreut in einer Vielzahl von Städten und Kommunen. Um diese Ressourcen in neue Güter auf- und umarbeiten zu können, muss eine erfolgreiche Kreislaufwirtschaft deshalb im Wesentlichen dezentral beziehungsweise regional funktionieren. Damit entstehen nicht zuletzt auch da Arbeitsplätze, wo die

Arbeitslosigkeit heute beträchtlich ist. Und es ergäbe sich zugleich ein weiterer Vorteil von Steuern auf Ressourcen: Da die Wiederverwertung von Stoffen oft produktiver ist als die Neugewinnung, würden Abfälle zu Wertstoffen avancieren. Das würde die Abfalllawine verkleinern und auf Dauer die Wegwerfgesellschaft beenden.

Diese Tendenz zur Regionalisierung trifft neben der Fertigung vor allem auf Erhaltung und Aufarbeitung von Technik zu. Bestimmte andere Unternehmens- und Dienstleistungsbereiche, etwa das Finanzwesen und die Buchhaltung, könnten insbesondere mithilfe neuer Informationstechniken durchaus an einem Ort konzentriert sein, auch im Ausland, oder in Heimarbeitsbereiche umgewandelt werden.

Interessant ist es, die Finanzmärkte unter dem Aspekt ökologischer Risiken zu betrachten. Würden Investoren Erträge regelmäßig in Verbindung mit nachhaltiger Wirtschaftsführung beobachten, ergäben sich sicherlich andere Portfolio-Risikoattribute, als dies heute der Fall ist. Auch hier gilt: Wer nur den CO_2-Fußabdruck zur Entscheidungsfindung nutzt, der übersieht eine ganze Reihe von Gefahren, die auf uns zukommen. Eine Aufgabe des Finanzmarkts besteht darin, zukünftige Risiken zu antizipieren und in Investitionsentscheidungen einfließen zu lassen. Entsprechend lautet eine der Kernfragen: *Was ist der faire Preis für eine Investitionsanlage unter Berücksichtigung ökologischer Risiken?* Aus der Sicht der Ressourcenwende ist die Antwort klar: Je höher die Ressourcenproduktivität, je kleiner der materielle Fußabdruck MIPS im Vergleich zu funktionell ähnlichen Produkten ist, desto zukunftsfähiger ist der Hersteller.

Einwände gegen die Ressourcensteuer

Ungerechtigkeit

Natürlich werden bei einer Steuerreform Probleme auftreten. Beispielsweise würden zwar Gutverdienende, die einen hohen Aufwand an Gütern und Dienstleistungen betreiben, aufgrund der Steuerverschiebungen wesentlich zu Einnahmen des Staates beitragen. Geringverdienende aber, die heute keine Einkommensteuer bezahlen, würden benachteiligt, weil sie nicht von der Verbilligung des Faktors Arbeit profitieren, aber weiterhin auf die teurer gewordenen Güter und Dienstleistungen angewiesen sind. Solche Schwierigkeiten treten jedoch immer auf, wenn Regeln geändert werden. Das macht die Umstellung kompliziert, aber nicht unmöglich, und es ist Aufgabe der verantwortlichen Ökonomen und Finanzbeamten, die Details einer Reform zu erarbeiten und solche Probleme durch zusätzliche Regeln auszugleichen. Diesen Vorgang erleben wir schon heute permanent.

Wettbewerbsverzerrung

Ein unschönes Beispiel für eine zusätzliche Regulierung ist die Befreiung sogenannter »energieintensiver« Unternehmen von der Bezahlung der Ökostromumlage, die dem Argument folgt, die Wettbewerbsfähigkeit deutscher Unternehmen würde durch den teuren Ökostrom gefährdet. Hätte der Staat in ähnlicher Weise auf die Erfindung von Benz reagiert, dann wären wir wahrscheinlich noch heute mit der Pferdekutsche unterwegs. Natürlich nur die Reichen unter uns.

Prinzipiell sind solche Subventionen, Anpassungen, Ausnahmen und Sonderregeln gängige Praxis, wenn neue Gesetze entstehen. Deshalb sprechen Schwierigkeiten nicht grundsätzlich gegen eine Reform. Wie bereits erwähnt: Es ist an der Zeit, klar definierte

Forschungs- und Entwicklungsprojekte an junge, unabhängig denkende Forscher zu vergeben und besonders hilfreiche Lösungen zu prämieren. Die wesentlichen Ziele sind, Wege zur Verbesserung der Ressourcenproduktivität unserer Industriegesellschaft zu finden, ohne die langfristige Leistungsfähigkeit der Wirtschaft zu gefährden.

Die Befreiung der »Energiegroßverbraucher« von der Ökostromumlage zeigt einmal mehr, dass es Maßnahmen im Zeichen der Ökologie gegenüber der Wirtschaft besonders schwer haben: Die Ausnahmeregelung befreit ausgerechnet die Hauptverbraucher von ihrem Beitrag zu mehr Ökologie, und unter ihnen ausgerechnet diejenigen, die die Mittel, Erfahrung, und Innovationskraft haben, um eine Ressourcenwende voranzubringen. Das Argument, die Befreiten seien im internationalen Wettbewerb gefährdet, mutet fadenscheinig an, da viele von den 3 000 dieser Unternehmen ihr Geld gar nicht im internationalen Geschäft verdienen. Zumal in der Bundesrepublik Deutschland schon seit Jahrzehnten finanzielle Ausgleichsmechanismen existieren, um Wettbewerbsnachteile bei Exporten aufzufangen.

Die von der Ökostromumlage befreiten Firmen werden vom Steuerzahler also kräftig subventioniert, und man darf gespannt sein, wie Wirtschafts- und Energieminister Gabriel in der neuen Koalition mit diesem Problem umgehen wird. Im Dezember 2013 verlautete aus Brüssel, die EU-Kommission halte diese Finanzierung der deutschen Energiewende für gesetzeswidrig und erwäge die Eröffnung eines gerichtlichen Verfahrens.[48]

Kostensteigerungen

Die am meisten verbreitete Kritik an einer umfassenden Ressourcenwende lautet, sie führe zu erheblichen Kostensteigerungen. Manche umweltpolitisch sinnvollen Maßnahmen scheiterten tatsächlich in der Vergangenheit daran, dass die hierdurch verursachten steigenden Kosten von Konsumenten nicht mitgetragen wurden.

Das ist völlig richtig. Bei einer mit Vernunft eingeführten Ressourcenwende geht es aber um vorsorgende Maßnahmen zur Kostenvermeidung und nicht um den nachsorgenden Zwang, bereits eingespielte profitable Verfahren, Prozesse und Produkte durch Umstellungen zu verändern, die unweigerlich kostenintensiv ausfallen. Die Ressourcenwende zielt auf eine Verschiebung der Preisarchitektur auf dem Markt ab, um schrittweise Güter und Dienstleistungen mit geringstmöglichem materiellen Fußabdruck zu begünstigen. Nur so können künftig richtungssicher und in vorsorgender Weise teuer zu korrigierende Reaktionen der Ökosphäre so weit wie möglich vermieden werden.

Eine gezielte Verteuerung natürlicher Ressourcen befindet sich im Einklang mit der von der neoklassischen Wirtschaftstheorie geprägten Auffassung, dass das Marktwirtschaftssystem im Wesentlichen den Impulsen sich ändernder relativer Preise folgt: Bei höheren Ressourcenkosten werden Ökoinnovationen dafür sorgen, dass besonders ressourcensparende Marktangebote Preisvorteile bringen. Damit erhielten, im Gegensatz zu heute, ökologisch bessere Lösungen den Vorzug. Mit der Zeit würde der Wegwerfgesellschaft ihre Daseinsberechtigung entzogen.

Regulierung und Subventionen

Indessen sollte man die selbstregulierenden Kräfte des Marktes nicht überschätzen. Die Steuer allein wird als Antriebskraft für den gewaltigen Transformationsprozess einer Ressourcenwende nicht ausreichen. Die neoklassische Wirtschaftstheorie und -praxis geht davon aus, dass die handelnden Personen auf dem Markt alle notwendigen Informationen zur Verfügung haben, die sie brauchen, um vernünftig zu entscheiden. Mangelnde ökologische Informationen sind aber mitverantwortlich dafür, dass die Akteure in ökologischen Fragen meist besonders unsicher in ihren Entscheidungen sind. Das ist heute insbesondere auch der verwirrenden Fülle von Kennzeichnungen zu danken, die meist nur einen

Teil der Wahrheit verraten (zum Beispiel, indem sie sagen, wie viel Strom ein Kühlschrank während des Betriebs verbraucht, jedoch nichts über die bei der Herstellung entstandenen Umweltkosten verraten). Im Rahmen der Ressourcenwende ist deshalb besonders auf die Verbreitung von Informationen und die Einführung einer einheitlichen, sinnvollen und verständlichen Kennzeichnung zu achten.

Der Markt, den wir heute haben, wurde im Verlauf vieler Jahre durch machtvolle ökonomische Interessenstrukturen geprägt – in einem gesellschaftlichen Umfeld, in dem es ökonomisch sinnvoll war, billige Rohstoffe auszubeuten, einschließlich Wasser, Land und Luft, um die Industrialisierung voranzutreiben. Das Ausbeuten von Rohstoffen – insbesondere von fossilen Brennstoffen – galt als »Wachstumsmotor«. Zu dieser Situation haben zahllose direkte und indirekte Subventionen beigetragen. Vieles, was sich heute ökonomisch lohnt, lohnt sich nur deshalb, weil es durch staatliche Politik lohnend gemacht wurde – durch Subventionen, gewachsene Privilegien und andere Eingriffe in den Markt, der sich schon darum viel weniger auf »natürliche Weise« selbst regulieren kann, als oft behauptet wird.[49] Dass es solche Verzerrungen gibt und dass sie von vielen Seiten als mehr oder weniger normale Elemente des Wirtschaftsgeschehens empfunden werden, zeigt, dass sich die Praxis erheblich von der gängigen Wirtschaftstheorie unterscheidet.

Um nur ein Beispiel zu nennen: Heute wird gegen die teuren Energien aus erneuerbaren Quellen gerne die billige Atomenergie ins Feld geführt. Die subventionierten Erneuerbaren gefährdeten den freien Energiemarkt, heißt es. Doch als man sich in den 1960er-Jahren für den Umstieg auf Kernkraft entschied, setzten sich die etablierten Energiekonzerne ebenso heftig zur Wehr wie heute gegen die Ökostromförderung. Der Grund: Der Branche ging es gut, sie verdiente an ihren Kohlekraftwerken, und es gab aus ihrer Sicht wenig Anlass zu Veränderungen. Also machte man den Unternehmen die Kernkraft durch enorme finanzielle Hilfen schmackhaft: unter anderem, indem die Politik die Verantwortung für die Entsorgung des Atommülls und die Kosten bei Betriebsunfällen über das Werk hinaus weitgehend übernahm. Während die Atommeiler den Energiekonzernen bald gigantische Gewinne einbrachten, sitzen wir Steuerzahler bis heute auf den Kosten der Endlagersuche. Heute ist klar, dass ohne staatliche Hilfen kein einziges AKW gebaut worden wäre, und das gilt weltweit!

Technische Hürden

Skepsis und Kritik gegenüber einer Ressourcenwende werden auch in Hinblick auf die Möglichkeiten technischer Innovationen laut, die für eine verbesserte Ressourcenproduktivität wesentlich sein werden, sofern dabei der gewohnte Wohlstand erhalten bleiben soll. Wir haben hingegen in den vergangenen 20 Jahren in Zusammenarbeit mit kleinen Betrieben hundertfach erlebt, dass erste Verbesserungen der Ressourcenproduktivität um den Faktor 2 bis 4 (200 bis 400 %!) von bereits existierenden Produkten schon dadurch ohne Qualitätsnachteile erreicht werden, dass herkömmliche Materialien gegen solche mit kleineren ökologischen Rucksäcken ausgetauscht werden.[50] Hubert Weiger, Vorsitzender des Bundes für Umwelt und Naturschutz Deutschland (BUND), spricht in einem Interview mit der *Frankfurter Rundschau* vom September 2013 von 48 Milliarden Euro, die jährlich an ökologisch schädlichen Subventionen fließen. Würde man solche Subventionen für ökologische Projekte umleiten, stünde für die Entwicklung technischer und sozialer Innovationen zur Verbesserung der Ressourcenproduktivität eine Menge Geld zur Verfügung.

Lobbyisten machen gerne Panik, indem sie vor dem Kollaps des Wirtschaftssystems warnen, vor dem Verlust von Arbeitsplätzen und dem Ausverkauf des Wirtschaftsstandorts Deutschland. Diese Angstmache ist ein kampferprobtes Mittel, mit dem sich insbesondere die mächtigen Akteure der Wirtschaft regelmäßig und geradezu reflexartig gegen Reformvorschläge zur Wehr setzen, die in Wahrheit nicht die Gesellschaft, sondern lediglich ihren eigenen Besitzstand bedrohen. Ich kenne das aus der Zeit, als das Chemikaliengesetz und das Benzinbleigesetz entstanden. Wenn sie könnten, würden sie sich genauso heftig gegen technische Neuerungen einsetzen. Denn diese erzeugen meist genau den Anpassungsdruck, der vonseiten politischer Neuerungen befürchtet wird – die Schwierigkeiten von Mobilfunkanbietern wie Nokia und Blackberry, die den Trend zum multifunktionalen Smartphone mit Touchscreen verpasst haben, sind bekannte Beispiele. Und obwohl gerade das Argument des drohenden Verlusts von Arbeitsplätzen im Hinblick auf die vorgeschlagene Ressourcensteuer nicht einleuchtet, werden Skepsis und Kritik auch vonseiten der Gewerkschaften laut. Denn natürlich: Die IG Metall und noch mehr die IG Bergbau, Chemie, Energie müssen damit rechnen, dass Arbeitsplätze insbesondere in der ressourcenintensiven Industrie, oft an wenigen Standorten konzentriert, abgebaut und neuen Arbeitsformen weichen werden. Damit würden automatisch auch alte Gewerkschaftsstrukturen an Macht und Bedeutung verlieren.

Gerade die Erfahrungen im Ruhrgebiet, wo es aus regionaler Sicht immer gute Argumente für Subventionen im Montanbereich gab, machen deutlich, dass sich langfristige Subventionen letztlich allenfalls für die Aktionäre lohnen, nicht aber für die Beschäftigten und die regionale Wirtschaft. Denn trotz jahrzehntelanger Geldspritzen vom Staat kämpft die Region mit genau den Problemen, die sich schon vor Jahrzehnten abgezeichnet haben. Die Politik wäre besser beraten gewesen, wenn sie ihre Subventionen für Bergbau und Stahl in mehr als zweistelliger Milliardenhöhe direkt für die Schaffung von Ersatzarbeitsplätzen und entsprechende Umschulungen eingesetzt hätte. Anstelle den Bergbau künstlich am Leben zu erhalten, hätte man den Unternehmen bei der Entwicklung neuer Geschäftsfelder für eine ressourcenärmere Zukunft und für neue Märkte helfen können. Schon damals hätte man zum Beispiel Thyssen beim Bau des Transrapids als ein bodengebundenes, leistungsfähiges Transportsystem auf einer attraktiven Strecke unterstützen können – etwa von Alexandria nach Kapstadt. Die DB und das Forschungsministerium hielten das für Spinnerei. Damit hätte man jedoch ein Verkehrssystem geschaffen, das zwar von vielen Umweltschützern abgelehnt wird, im ökologischen Vergleich mit dem ICE 1 aber einen vierfach geringeren materiellen Fußabdruck hatte, wie wir damals berechnet und veröffentlicht haben.

Wettbewerbsfähigkeit

Ein klassisches Argument, das gerne gegen Reformen angeführt wird, ist die Behauptung, dass im Rahmen der globalen Wirtschaft unsere Wettbewerbsfähigkeit beschädigt würde. »Bloß nicht im Alleingang«, heißt es immer – bei aller Liebe zu sozialen und ökologischen Idealen. Doch dieser Einwand gilt überhaupt nur dann, wenn durch ökologische oder soziale Reformen die Produktion für die Wirtschaft insgesamt teurer wird. Eine Ressourcensteuerreform muss aber keineswegs zu insgesamt höheren Steuern führen, sondern kann im Gegenteil sogar zu einer Senkung Anlass geben. Zum Beispiel ließen sich die Verwaltungskosten für Steuern deutlich reduzieren. Auch könnte der Staat nachweislich mit weniger Mitteln für seine Aufgaben auskommen, etwa, indem Subventionen in zwei- oder gar dreistelliger Milliardenhöhe abgebaut oder umverteilt werden (und Vorhaben wie der Berliner Großflughafen von kompetenteren Leuten begleitet werden als dem Regierenden Bürgermeister von Berlin).

Das stärkste Argument gegen Veränderungen ist meist die Angst vor Veränderungen, und die größte Herausforderung einer Ressourcensteuerreform besteht wohl in der Aufgabe, die Angst vor der vermeintlichen Gefahr zu überwinden, in die eine Gesellschaft sich mit dem kühnen Wagnis bringen könnte, sich vom Dogma wirtschaftlichen Wachstums zu verabschieden. Das Prinzip der Steuerverschiebung ist richtig. Es wird aber nicht das einzige Instrument sein, um den Verbrauch von natürlichen Ressourcen einzuschränken. Prinzipiell geht es darum, Anreize zu einem neuen Lebensstil zu schaffen, und dazu werden manchmal auch Verbote und Gebote nötig sein.

Ein konkreter Vorschlag

Der internationale Factor-10-Club veröffentlichte im Frühjahr 1999 eine Studie seines Mitglieds Yannis Paleocrassas, ehemals Wirtschafts- und Finanzminister von Griechenland und unter Jacques Delors als Umweltkommissar in Brüssel tätig. Aus seinen Untersuchungen wird deutlich, dass eine umfassende Fiskalreform schon aus wirtschaftlichen und finanzpolitischen Gründen dringend geboten ist.

Nach dieser Studie, deren Erkenntnisse auch heute grundsätzlich noch gültig sind, stammten zum Zeitpunkt ihrer Veröffentlichung über achtzig Prozent der staatlichen Einnahmen in der Europäischen Union aus der Besteuerung der Arbeit und der wirtschaftlichen Produktion. Die Belastung von Arbeit machte fast 50 Prozent der Steuern aus. Kapitaleinkünfte trugen dagegen lediglich etwas über ein Prozent der Steuern bei. Energie und Ressourcen sowie Grundstücke (Boden) machten etwas über 15 Prozent aus. Im Klartext bedeutet dies: In einer Zeit anhaltend hoher Arbeitslosigkeit in Europa verteuert der Staat die Arbeit durch Steuern ganz massiv, während die Ressourcen, die ringsherum verschwendet werden, kaum mit Abgaben belastet sind. Noch viel weniger werden Kapitalerträge belastet, insbesondere die Gewinne aus Finanztransaktionen, auf die auch heute noch nur minimale Steuern erhoben werden.

An diesem Steuersystem gibt es berechtigte Zweifel. Es ist, auf den Punkt gebracht, ein System, das die Schaffung von Arbeitsplätzen erschwert, die Umweltzerstörung fördert und Finanzspekulationen statt Investitionen in die Zukunft unserer Kinder prämiert. Vor diesem Hintergrund ist es absurd, dass in Deutschland ausgerechnet die Grünen, deren politisches Kernziel angeblich der Schutz der Umwelt ist, eine Steuerreform fordern, die rein gar nichts mit der Stabilität der Umwelt zu tun hat. Wenn den europäischen Regierungen wirklich daran gelegen wäre, die Zahl der Arbeitslosen zu reduzieren und die Banken stärker in die Pflicht zu nehmen, würde allein dies schon bedeuten, dass man das Steuersystem gewaltig umbauen müsste.

Yannis Paleocrassas macht in seiner Studie den konkreten Vorschlag, den Anteil der Arbeit und der Wertschöpfung am gesamten Steueraufkommen in der Europäischen Union von gegenwärtig rund 84 Prozent auf knapp 50 Prozent zu senken und dabei den Anteil der Arbeit allein von fast 50 Prozent auf unter 25 Prozent zu verringern. Die Steuern auf Energie, natürliche Ressourcen und Land sollten dagegen von knapp 15 Prozent auf nahezu 50 Prozent steigen. Arbeit und Wertschöpfung einerseits und Ressourcen andererseits sollen also gleich besteuert werden. Der Anteil des Kapitals an den Steuern sollte von gut einem Prozent auf 2 Prozent fast verdoppelt werden, was anteilmäßig immer noch sehr bescheiden ist.

Dieser Vorschlag ist keineswegs radikal. Es wäre im Hinblick auf die Beschäftigung und die Eindämmung der offenbar unkontrollierbaren Finanzmärkte sicher wünschenswert, wenn die Belastung der Arbeit und der wirtschaftlichen Produktion noch stärker gesenkt und dafür das Finanzkapital stärker belastet würde. Auch dürfte die Höhe der vorgeschlagenen Ressourcensteuer nicht ausreichen, um alle von der Wirtschaft verursachten Umweltkosten voll abzudecken, wie das ordnungspolitisch richtig wäre. Aus der Sicht von Paleocrassas wären drastischere Veränderungen jedoch politisch kaum durchsetzbar – sein Vorschlag versucht, das Wünschenswerte mit dem Machbaren zu vereinen.

Selbstverständlich wird eine Steuerreform, wie sie Paleocrassas vorschlägt, die Unternehmen und Wirtschaftszweige mit einem hohen Ressourcenverbrauch sehr viel härter treffen als diejenigen mit einem geringeren. Dies ist angesichts der notwendigen Strukturveränderung der Wirtschaft unvermeidlich und ökologisch – und damit langfristig auch wirtschaftlich – richtig. Diese Belastung kann jedoch abgefedert werden, indem man die Steuern für einen Anpassungszeitraum von zehn bis 15 Jahren »deckelt« und die Besteuerung an praktisch erbrachte Erfolge zur Minderung des materiellen Fußabdrucks anlehnt. Wie bei allen Besteuerungen müssen auch im Falle der hier dargestellten Umorientierung von der Erhebung von Abgaben auf Arbeit hin zu natürlichen Ressourcen die Auswirkungen auf schuldlos Bedürftige berücksichtigt und Ausgleiche geschaffen werden. Kein Unternehmen würde dann in dieser Übergangszeit durch das neue System stärker belastet als durch das alte, während ökointelligent produzierende Unternehmen steuerlich entlastet würden.

Einer der »Verlierer« wäre in diesem Fall der Staat, weil er möglicherweise zunächst weniger Steuereinnahmen hätte. Außerdem verlöre er weiter in dem Maße, in dem die Steuerreform die gewünschten ökologischen Wirkungen zeigt. Die Verluste wären jedoch wahrscheinlich nicht dramatisch, weil eine Ressourcensteuer viel weniger Schlupflöcher bietet als die Steuern auf Einkommen, Erträge und Gewinne. Darüber hinaus könnte man Steuerverluste zunächst durch einen konsequenten Subventionsabbau kompensieren, was wirtschaftlich und ökologisch vernünftig und dringlich geboten wäre. Ebenso könnte man daran arbeiten, die Produktivität staatlichen Handelns beträchtlich zu erhöhen, sodass der Staat seine wirklichen Aufgaben mit weniger Kosten erfüllen könnte. Kurz, auch der Staat kann es sich zur Aufgabe machen, seine Ressourcenproduktivität entscheidend zu verbessern – wobei in diesem Fall unter Ressourcen auch die finanziellen Mittel zu verstehen sind.

Die beschäftigungspolitischen und ökologischen Vorteile einer Steuerreform, wie ich sie hier skizziert habe, scheinen mir auf der Hand zu liegen. Eine drastische Senkung der Arbeitskosten wird die gegenwärtig dominierenden Rationalisierungsstrategien in weiten Teilen der europäischen Industrie stoppen, weil diese ja vor allem kostenbezogen und nicht technikbedingt sind. Neue Arbeitsplätze werden finanzierbarer, zugleich wird die Innovationskraft auf die Zukunft ausgerichtet. Die ebenso drastische Erhöhung der Preise für natürliche Ressourcen wird den Verbrauch von Material reduzieren und so der Umwelt zugutekommen.

Es ist mir nicht möglich, alle Spielarten, Vorteile und Schwierigkeiten einer Finanzreform auszuloten oder auch nur anzudeuten. Ich verstehe davon einfach nicht genug. Mit gutem Gewissen aber kann ich immer und immer wiederholen: Arbeit ist zu teuer, die »ökonomische Unsichtbarkeit« der Ressourcen fördert die Wegwerfgesellschaft, und die Stabilität der Ökosphäre und damit unsere Zukunft sind in Gefahr.

12 Der Arbeitsmarkt nach der Ressourcenwende

Gefährdet die Ressourcenwende Arbeitsplätze?

Wird die Ressourcenwende Arbeitsplätze schaffen oder vernichten? Werden nach dem unvermeidlichen materiellen Abschmelzen der Wirtschaft mehr Menschen bezahlte Arbeit finden, oder wird die Arbeitslosigkeit zunehmen? Dies ist sicher eine der brennenden Fragen in der Diskussion um die Ressourcenwende. Sie lässt sich im Voraus nicht eindeutig und mit Sicherheit beantworten. Was nach einem Paradigmenwechsel geschieht, können selbst die umfassendsten Simulationen von Prozessen nicht vorhersagen. Allerdings haben wir Erfahrungen, aus denen sich bestimmte Vorhersagen ableiten lassen.

Auf den ersten Blick scheint die Annahme durchaus naheliegend, dass die Erhöhung der Ressourcenproduktivität und die zu erwartende Abnahme der Massenproduktion von Gütern zum Verlust von Arbeitsplätzen führen werden. Eine materielle Verschlankung um den Faktor 10 erfordert völlig neue Techniken, die in vielen Fällen darauf abzielt, die Langlebigkeit von Produkten wesentlich zu erhöhen, da dies ein bedeutsamer Weg zur Verkleinerung des MIPS von Gütern und Dienstleistungen ist. Ganz ohne Zweifel wird diese Verlängerung der Lebensdauer von Industrieprodukten in gesättigten Märkten zu einer Abnahme neu produzierter Geräte, Maschinen, Gebäude und anderer Produkte führen. Damit wird die Beschäftigung im Produktionssektor zurückgehen. Die Wiederaufarbeitung und Aufrüstung von gebrauchten Gütern verkleinert den Markt für neue Güter nochmals und macht zudem zahlreiche Transporte überflüssig, weil sie regional erfolgt. Es ist klar: Wenn die Produktionswirtschaft zu einer Erhaltungswirtschaft umgebaut werden soll, dann wird die Zahl der Arbeitsplätze im Bereich der Produktion und Herstellung von Gütern abnehmen. Das Ausmaß dieser Schrumpfung wird der mögliche Gewinn neuer Arbeitsplätze durch die oft aufwendigere Produktion langlebig-robuster Güter wahrscheinlich nicht ausgleichen können.

Der rückläufigen Entwicklung im Bereich der Produktion steht jedoch das Wachstum im Bereich der Dienstleistungen gegenüber. Denn in der Tatsache, dass die komplizierte Welt der Technik gepflegt und instand gehalten werden muss, liegen große Potenziale für neue Arbeitsplätze. Dies kann man schon heute beobachten, wenn man den Blick über die Grenzen lenkt: Bereits heute werden – meist in ärmeren Ländern – gebrauchte Komponenten, Produkte und Systeme repariert und wiederaufgearbeitet, die man bei uns wegwirft und durch neue Produkte ersetzt. In Ländern wie Vietnam und Myanmar (Burma) werden für die erste Welle der Motorisierung gebrauchte Dieselmotoren aus Japan in großen Stückzahlen überholt und eingesetzt.

Arbeit am dematerialisierten Auto

In Deutschland fallen schon heute weniger als 20 Prozent der gesamten Arbeit im Produktionssektor an. Arbeitsplatzverluste in diesem Bereich treffen also schon heute nur eine Minderheit der arbeitenden Menschen. Wenn wir von der extremen Annahme ausgehen, dass eine fünffache Steigerung der Ressourcenproduktivität durch die längere Nutzung von Produkten zu einer Abnahme der Arbeitsplätze in der Produktion um den Faktor 5 führt, dann würden im Produktionssektor etwa 80 Prozent der Menschen ihren Arbeitsplatz verlieren. Da der Produktionssektor insgesamt weniger als 20 Prozent der Arbeitsplätze bereithält, wären das etwa 16 Prozent der deutschen Arbeitsplätze insgesamt. Wie viele Arbeitsplätze würden dafür entstehen? Die Erhöhung der Ressourcenproduktivität wird notwendigerweise mit einem zusätzlichen Bedarf an Dienstleistungen einhergehen, für die aufwendige Pflege, Wartung, Reparatur und Aufrüstung von Gütern. Doch wie groß wird dieser Bedarf sein? Vermutungen und Schätzungen – mehr ist im Hinblick auf einen so umfassenden Transformationsprozess nicht möglich – deuten darauf hin, dass der Bedarf im Dienstleistungssektor den Verlust im Produktionssektor übertreffen kann, unter Umständen sogar erheblich. Schauen wir uns am Beispiel des Automobils an, wo zusätzliche Arbeitsplätze entstehen können und welche Arbeitsplätze das sein werden.

Ein typischer Personenwagen wird heute in weniger als zwanzig Stunden montiert. Nehmen wir diese zwanzig Stunden als die Produktionszeit des Autos in Deutschland. Bei einer Betankungszeit (einschließlich Scheiben- und Scheinwerfersäubern und Bezahlen) von rund 15 Minuten vergehen allein 125 Stunden mit dem Tanken, wenn man annimmt, dass das Auto insgesamt 200 000 Kilometer fährt und alle 400 Kilometer betankt wird. Allein das Tanken dauert also über fünfmal so lang wie die Montage! Dazu kommen Wartung und Inspektion, Reparaturen, Reifenwechsel, TÜV, Waschen etc. Insgesamt liege ich sicher nicht falsch, wenn ich ansetze, dass innerhalb der zehn Jahre, die das Auto benutzt wird, etwa 300 Stunden Dienstleistungen anfallen. Nehmen wir an, dass 80 Prozent davon in Eigenarbeit erbracht werden. Dann bleiben immerhin noch 60 Stunden von Dritten erbrachte Dienstleistung übrig. Diese grobe Abschätzung ergibt demnach, dass die Erhaltung der Dienstleistungserfüllungsmaschine Auto um einen Faktor 3 mehr Arbeit bedarf als seine Endmontage.

Wenn nun die Lebenszeit des Fahrzeugs um den Faktor 5 erhöht wird, dann wären unserer groben Schätzung nach 300 Stunden Dienstleistungen Dritter nötig. Verloren gegangen sind 80 Stunden Zeit für Endmontage durch die Verlängerung der Lebenszeit, denn unser langlebigeres Auto macht die Produktion von vier Autos überflüssig. Dabei habe ich angenommen, dass die Endmontage des langlebigen Autos genauso lange dauert wie die des heutigen. Insgesamt hat die Dematerialisierung den Bedarf an Arbeitszeit, der rund um das Auto entsteht, um das mehr als 3-Fache erhöht.

Nutzen durch mehr Dienstleistungen

Dieser Faktor kann in verschiedenen Bereichen noch beträchtlich steigen. Unternehmen sparen da, wo Kosten entstehen. Heute enden betriebswirtschaftliche Beratungen eines Unternehmens oft mit der Erkenntnis, dass das größte Sparpotenzial im Bereich der Arbeitskosten liegt. Wo immer ein Unternehmen »wettbewerbsfähig« gemacht werden soll, geht dies mit der Kündigung von Mitarbeitern einher. Daher sind viele Unternehmen der Verteuerung der Arbeitskraft in den vergangenen Jahrzehnten begegnet, indem sie Dienstleistungen auf den Konsumenten übertragen haben.

Wer im Supermarkt einkauft und dort gezwungenermaßen seine Lebensmittel selbst sucht und aus den Regalen nimmt, verzichtet auf die Beratung und Bedienung durch eine Fachkraft und verrichtet damit eine beim Einkaufen notwendige Dienstleistung selbst. Im Bereich des Straßenverkehrs wurde der Tankwart so gut wie abgeschafft. Stattdessen tanken die Kunden selbst. Der finanzielle Gewinn für den Kunden ist dabei minimal. Möbelhäuser und Baumärkte haben die Dienstleistung der Zustellung und oft sogar des Zusammenbaus der Möbel auf die Kunden verlagert. Der daraus entstehende finanzielle Nutzen für den Kunden kann nur veranschlagt werden, sofern dieser seine Arbeitszeit nicht berechnet, die er für die Dienstleistung nun selbst erbringen muss. Eine Besteuerung der Ressourcen und die damit verbundene Entlastung der Arbeit von hohen Abgaben ermöglicht es Unternehmen, ihre Dienstleistungen wieder stärker auszubauen. Wer einmal selbst einen IKEA-Schrank mit drei Schiebetüren zusammengebaut hat, weiß, dass das durchaus eine Verbesserung von Wohlstand bedeuten kann. So deutet vieles darauf hin, dass die Ressourcenwende den Bedarf an Arbeitskraft insgesamt erhöhen wird.

Großes Potenzial für zusätzliche Arbeitsplätze liegt im Bereich der Wartung und Aufrechterhaltung technischer (und nichttechnischer) Systeme. Diese Arbeitsplätze in der Systemerhaltung werden geografisch weit verteilt anfallen, bis tief in solche Regionen hinein, die heute als »wirtschaftlich benachteiligt« gelten, weil Arbeitsplätze in einer hoch zentralisierten Produktion nur an wenigen Orten entstehen.

Die neuen Arbeitsplätze werden in vielen Fällen zudem hochwertige Arbeitsplätze sein. Arbeiten zur Systemerhaltung setzen einen hohen Wissensstand und unterschiedliche Fertigkeiten voraus. Dies bedeutet, dass die Menschen auf diesen Arbeitsplätzen ihr ganzes Leben lang aus- und weitergebildet werden müssen, und dazu werden weitere Arbeitskräfte gebraucht, nämlich qualifizierte Ausbilder.

Wenn Arbeitsplätze in der Produktion überflüssig werden, kann dies mitunter das Ende von produzierenden Unternehmen bedeuten. Doch das muss nicht sein. Es spricht nichts dagegen, dass die Produzenten von heute auch Dienstleistungsanbieter von morgen sein werden. So könnte ein Autohersteller seine eigenen Produkte zum Leihen, Mieten oder Leasing anbieten und allein in diesem Bereich einen erheblichen Teil der im Produktionsbereich verloren gegangenen Arbeitsplätze auffangen.

Natürlich geschehen Strukturveränderungen auch in Betrieben nicht von heute auf morgen. Ich spreche von Entwicklungen, die sich in Jahrzehnten vollziehen. Schon vor 20 Jahren gestand mir das Vorstandsmitglied eines großen Autobauers, seine Firma rechne damit, in wenigen Jahrzehnten im Wesentlichen mit der Verleihung ihrer Fahrzeuge Geld zu verdienen.

Neue berufliche Qualifikationen

Eine dienstleistungsbasierte Systemerhaltungswirtschaft erfordert zahlreiche neue berufliche Qualifikationen. In allen Bereichen, in denen Ressourcen gespart werden können, werden Spezialisten für die Beratung der Unternehmen oder Unternehmensbereiche gebraucht, sei es auf den Gebieten der Energieversorgung, der Nutzung von Wasser, dem Einsatz oder der Produktion von Chemikalien und Zubereitungen, der Abfallentsorgung oder Wiederverwertung und natürlich auch in der ökologischen Landwirtschaft und der Produktion und Verarbeitung von gesunden Lebensmitteln. Hier entstehen in allen Bereichen völlig neue Berufe, oder es werden Zusatzausbildungen notwendig. Der Schulungs- und Weiterbildungsbedarf innerhalb dieser Berufsgruppen ist wohl unbegrenzt.

Neben dieser Vielfalt an neuen technischen Berufen wird es eine nicht weniger große Vielfalt von neuen Zusatzqualifikationen bei den traditionellen Tätigkeiten geben. Orientiert man sich an den verschiedenen Phasen des Lebenszyklus eines Produkts, kann man diese neuen Anforderungen wie folgt grob skizzieren:

- Die in der Verbringung, Extraktion und Verarbeitung von Material (einschließlich Energieträger) und Wasser Beschäftigten brauchen zusätzliche Qualifikationen, um die unmittelbar auf die Natur einwirkenden Eingriffe zu minimieren oder bei Rückbauvorhaben optimal zu gestalten.
- Die in der Produktherstellung Beschäftigten brauchen zusätzliche Qualifikationen, um sogenannte gemischte Montagelinien zu entwickeln, in denen sowohl neue als auch aufgearbeitete Komponenten verwendet werden.
- Die im Handel Beschäftigten werden vor die neue Aufgabe gestellt sein, die Beratung von Kunden wesentlich zu verbessern, die Rücknahme gebrauchter Waren und Reparaturen/Wartungen zu organisieren und die Kunden mit Informationen

über Warenkennzeichnungen zu versorgen. Von entscheidender Bedeutung ist dabei die Bereitschaft zur bestmöglichen Erfüllung der Kundenwünsche. In Europa und vor allem in Deutschland besteht hier ein großer Nachholbedarf. Entsprechend groß ist der Schulungsbedarf der Dienstleistenden. Nicht ganz zu Unrecht wird der Handel in bestimmten Bereichen in Deutschland als Dienstleistungswüste bezeichnet.

- Die in der Wartung und Instandhaltung Beschäftigten müssen sich auf die neuen, ökointelligenten Produkte, Geräte und Maschinen einstellen, die anders konstruiert und optimiert sind als herkömmliche. Eine Erweiterung der Produktkenntnisse ist für sie unabdingbar. Auch der Erfolg dieser Dienstleister steht und fällt mit der Einsatzbereitschaft für den Kunden. Um bestmögliche Serviceleistungen rund um die Uhr zu erbringen, ist eine entsprechende Schulung erforderlich, wie sie auch heute schon für Servicetechniker, zum Beispiel in Hotels, üblich und notwendig ist.
- In den Bereichen Verpackung, Transport und Sammlung gebrauchter Produkte und Abfälle für die Wiederaufarbeitung werden zusätzlich Logistikspezialisten gebraucht. Sie werden wiederverwendbare Systeme zur Verpackung von Waren, insbesondere Transportverpackungen, aber auch Systeme für das Einsammeln von gebrauchten Produkten für die Wiederaufarbeitung aufbauen und fortwährend optimieren.
- In der Demontage, Wiederaufarbeitung und in der Aufrüstung von gebrauchten Gütern werden Fachkräfte gebraucht, die es zurzeit noch kaum gibt. Die Wiederaufarbeitung leistet heute entweder der – oft weit entfernte – Hersteller des Produkts, oder er vergibt Lizenzen dafür an darauf spezialisierte Firmen.
- Dienstleister im Planungsbereich, wie etwa Architekten, Banken, Investoren und Ingenieurbüros müssen in der Lage sein, bei oft riesigen Anlagen den langfristigen Verbrauch an Ressourcen (Material, Wasser, Landverbrauch) für alternative Lösungsansätze abschätzen zu können.

- Landwirte müssen in die Lage versetzt werden, Produktionsplanungen sowie die Nutzung von Böden, Abfällen und Maschinen aus Sicht der Ressourcenproduktivität zu optimieren.
- Selbst für Richter gilt, dass sie einschätzen können müssen, ob eine Entscheidung der Einsparung von Ressourcen entgegenkommt.
- Bei der Vergabe von Forschungs- und Entwicklungsvorhaben müssen solche Vorhaben Vorrang haben, die sich auf die Erhöhung der Ressourcenproduktivität konzentrieren. Die Auswahlverfahren setzen entsprechende Kenntnisse und Fachkräfte voraus.
- In allen medizinischen Bereichen müssen die Beschäftigten in die Lage versetzt werden, die Ressourcenproduktivität der ihnen anvertrauten Materialien – vom Verbandsmaterial bis zum teuersten Gerät – durch Auswahl und Pflege zu optimieren und Abfälle zu minimieren.
- Haushaltsexperten im politischen Bereich müssen in der Lage sein, geplante Ausgaben im Hinblick auf den resultierenden Ressourcenbedarf abzuschätzen.

All diese Zusatzqualifikationen von Beschäftigten erfordern den Aufbau eines umfassenden Ausbildungs- und Weiterbildungssystems, in dem allein schon eine große Zahl neuer Arbeitsplätze entstehen können.

Schöne neue Arbeitswelt

Die Arbeitswelt wird sich mit der Ressourcenwende offenbar stark verändern. Allerdings spricht vieles dafür, dass sie sich zum Vorteil der Gesellschaft wandeln wird:

Designer und Konstrukteure von Dienstleistungserfüllungsmaschinen müssen von neuen Bedingungen und Ansprüchen ausgehen. Nicht mehr das Image einer noch schöneren Kaffeemaschine mit neuen Farben wird entscheidend sein, sondern die technisch eleganteste Erfüllung von Bedürfnissen mit dem geringsten materiellen Fußabdruck – ein ganzes Produktleben lang. Es könnten Arbeitsplätze durch anspruchsvolle und aufwendige Fertigungsprozesse entstehen. Vielfach wird die Massenproduktion der Anfertigung bedarfsangepasster Lösungen weichen. Ich ärgere mich jeden Tag über die Komplexität, Instabilität und völlig absurde Funktionsvielfalt meines extrem teuren Laptops, wo ich doch lediglich eine intelligente Schreibmaschine mit Speicher brauche. Multifunktionsgeräte wie etwa das Schweizer Messer oder gewisse Küchengeräte können den Ressourcenverbrauch verringern. Jeder Designer und Konstrukteur aber weiß, dass die Unterbringung von zu vielen Funktionen – insbesondere die nur wenige Menschen nutzen – zu technischen Schwierigkeiten führt. Ich wünschte, Softwarespezialisten würden das endlich kapieren und zuhören, wenn ihnen jemand erklärt, dass die Materialintensität von Informations- und Kommunikationstechnik im Schnitt zehnmal größer ist als die der S-Klasse von Mercedes. Dematerialisierungen in diesem Bereich können viel effektiver als selbst im Baubereich zu entscheidenden Ressourceneinsparungen führen. Wäre das möglicherweise ein lohnendes Innovationsfeld bei uns in Europa?

Die Qualitätssicherung ist bei langlebigen Produkten besonders sinnvoll, und sie ist wesentlich. Entsprechend größer kann teilweise der Arbeitsaufwand in der Produktentwicklung und in der Fertigung sein. Auch dadurch fällt mehr Arbeit für hoch qualifizierte Entwicklungsingenieure an, denn die Tätigkeit der Produktentwicklung wird nur bis zu einem bestimmten Grad automatisiert werden können. Obwohl sich das Produktionsvolumen verringert, kann sich also bei manchen Herstellern der Arbeitsaufwand erhöhen.

Dasselbe gilt für Arbeit in der Systemerhaltung: Strategien zur Verlängerung der Nutzungsdauer von Gütern bewirken eine Verschiebung des Arbeitsaufwands von der Fertigung zur Instandhaltung. Dadurch wächst zugleich die Anzahl von Arbeitsplätzen, die eine hohe Qualifikation erfordern. Damit Güter wirklich lange genutzt und erhalten werden können, müssen dort, wo sie genutzt werden, rund um die Uhr und das ganze Jahr über Wartungs- und Reparaturdienste angeboten werden. Entsprechende Werkstätten und Betriebe müssen also regional in Kundennähe angesiedelt sein. Während Produkte auf Vorrat gefertigt werden können, ist das bei Dienstleistungen und Bedarfsgütern für Dienstleistungen nur in gewissem Umfang möglich. (Auf Vorrat produzieren kann man zum Beispiel Software, die das Reparaturteam benötigt.) Dieses Arbeiten vor Ort erhöht den Arbeitsaufwand und verlangt von den Dienstleistern höhere Qualifikationen.

Es könnten mehr Teilzeitarbeitsplätze und mehr selbstbestimmte Arbeitsplätze entstehen: Um Güter instand zu halten und ihren Wert zu erhalten, bedarf es einer hohen Flexibilität in der Arbeitswelt. Es setzt außerdem Selbstverantwortlichkeit und eine hohe Qualifikation bei den Beschäftigten voraus. Mit dem Bereitstellen von Dienstleistungen rund um die Uhr werden sich flexible Formen der Arbeits- und Arbeitszeitgestaltung allgemein durchsetzen. Bisher gibt es sie nur in wenigen Dienstleistungssektoren (Hotel- und Gaststättengewerbe, Krankenhaus- und Pflegewesen, Brandschutz, Transportwesen, öffentliche Sicherheitsdienste). Aus diesen Gründen wird auch die Zahl der selbstständigen Unternehmer (einschließlich der Handwerker) in allen Dienstleistungsbereichen zunehmen.

13 Kommunikation der Ressourcenwende

KOPS – Was kostet ein Produkt im Verhältnis zu seinem Nutzen?

Jedes Produkt hat einen ökonomischen und einen ökologischen Preis. Allerdings ist Letzterer, der wahre Wert natürlicher Ressourcen, bisher nicht in den Preisen von Gütern und Dienstleistungen enthalten. Um den ökologischen Preis sichtbar zu machen, habe ich daher den ökologischen Rucksack erfunden. Er entspricht dem ökonomischen Preis eines Produkts, das beim Hersteller zum Verkauf angeboten wird. Man könnte also neben das Preisschild im Autosalon ein Schild anbringen, das den ökologischen Rucksack des Fahrzeugs angibt. Dann wüsste der Käufer, wie viel Natur bei der Produktion (zusätzlich zum Eigengewicht des Wagens) verbraucht wurde. Setzen wir diese Analogie fort: Dem ökologischen Rucksack hatten wir den materiellen Fußabdruck MIPS gegenübergestellt – einen Wert, der den Naturverbrauch des Produkts von der Wiege bis zur Bahre im Verhältnis zu seinem Nutzen angibt. Ähnlich ist es auf der finanziellen Seite: Wir kennen den Verkaufspreis eines Produkts, wissen aber nicht, was uns ein Kilometer Fahrt mit dem Auto kosten wird. Dazu müssten wir wissen, wie lange wir es fahren und wie viele Kilometer. Diese Kosten können zwar im Vorhinein nicht exakt angegeben, aber durchaus abgeschätzt werden. Analog zum MIPS könnte man ökonomisch gesehen nicht nur den Ladenpreis wissen wollen, sondern auch die KOPS – die Kosten per Serviceeinheit, also die Kosten im Verhältnis zum Nutzen. KOPS ist damit die ökonomische Schwester von MIPS.

Die Formel KOPS kommt bei der Berechnung vieler Dienstleistungen zur Anwendung. Wer beispielsweise mit dem Taxi fährt, hat diesen Wert während der Fahrt ständig vor Augen. Der Preis für die Taxifahrt enthält sämtliche Kosten der Dienstleistung: die Versicherung, den Stundenlohn des Fahrers, die Kosten für den Betrieb der Taxizentrale, eventuelle Zahlungen an den eigentlichen Besitzer des Taxis (zum Beispiel die Bank) und den Preis des Autos, errechnet aus der Laufzeit, den Anschaffungs-, Wartungs- und Treibstoffkosten etc. Ein Taxameter ist also ein Gerät zur Messung von KOPS, den Kosten pro Dienstleistung.

Oft wird gegenüber den Berechnungen der ökologischen Rucksäcke und des MIPS der Einwand erhoben, sie seien aus wissenschaftlicher Sicht keine befriedigenden Maßstäbe. Das ist zweifellos richtig. Aber warum erwarten wir eigentlich, dass solche Maßstäbe wissenschaftlich befriedigender sind als zum Beispiel Marktpreise? Auch Preise sind keine wissenschaftlich exakten Messgrößen für den Wert von Produkten und Dienstleistungen. Und das täglich zitierte und als trendentscheidend geltende Bruttoinlandsprodukt BIP ist nicht nur aus ökologischen Gründen als unvollständig, sondern aus vielen Gründen als irreführend bekannt. Ebenso wie man die Börsenkurse getrost als unwissenschaftliche Indikatoren bezeichnen kann. Trotzdem bestimmen Preise, BIP und Börsenkurse den Gang der Welt.

Preise entscheiden maßgeblich über unser Konsumverhalten. Bis heute gibt es jedoch so gut wie kein Handelsgut, dessen Preis sein Umweltschädigungspotenzial widerspiegelt. Wenn aber die Preise von Prozeduren, Produkten, Prozessen, Infrastrukturen und Dienstleistungen weltweit die Basis für Entscheidungen in der Produktion und beim Konsum sind, dann können diese nicht nachhaltig sein, solange die Preise nicht die Kosten der verändernden Eingriffe in die Natur widerspiegeln. Wäre auf jedem Preisschild nicht nur eine Summe, sondern auch ein Indikator angegeben, der Auskunft über das Verhältnis zwischen angestrebtem Ziel und dem dazu nötigen Ressourcenaufwand gäbe, würden wahrscheinlich viele Entscheidungen anders ausfallen, als sie es heute tun. Auf jeden Fall würden sie dann anders ausfallen, wenn sich der Indikator auch noch im Preis selbst niederschlagen würde. Das Ziel von ökologischen marktregulierenden Instrumenten muss es daher sein, eine Balance herzustellen zwischen ökonomischen Prioritäten und deren Antriebskräften einerseits – den Preisen und Gewinnmargen –, und andererseits einem wirkungsvollen Maßstab, der den Umweltpreis der Dinge in Zahlen fasst. Wenn Preise Verbraucher und Produzenten gleichermaßen zu umweltfreundlichem Verhalten bewegen sollen, müssen sie zwei Bedingungen erfüllen: Sie sollten die wahren Umweltkosten widerspiegeln und – anstelle des Verkaufspreises von Produkten oder daneben – KOPS angeben. Nur so würden Preise die bestmögliche Markttransparenz gewährleisten. Auf der Mikroebene der Wirtschaft, für einzelne Dienstleistungen und Produkte, wäre ein Indikator KOPS/MIPS vorstellbar. Auch technisch wäre es nicht schwierig, dynamische KOPS- und MIPS-Meter für die Nutzungsphase von »Bedürfnisbefriedigungsmaschinen« zu konstruieren und in jedes Gerät einzubauen. Und die Berechnung von KOPS wird in einer wissensbasierten Dienstleistungsgesellschaft ohnehin eine größere Rolle spielen. Man könnte sich also zum Beispiel eine Art Taxameter vorstellen, der anzeigt: Je länger ich ein Auto fahre, um so mehr sinken MIPS und KOPS.

Es ist durchaus wahrscheinlich, dass Kraftfahrzeughalter sich bei einer solchen Transparenz der Preise häufiger für die Nutzung von Leihwagen oder Taxis entschließen würden. Das käme dann der Ökosphäre zugute, weil die Naturinvestitionen pro Personenkilometer deutlich sinken würden. In der Folge hätte es zudem vermutlich den Effekt, dass die Wegwerfhaltung von Konsumenten gebremst würde und im Bereich der Wartung und Reparatur von Produkten tatsächlich neue Arbeitsplätze entstünden, insbesondere dann, wenn Arbeit billiger und Ressourcen teurer wären als heute.

Die ökologische Bewertung und Kennzeichnung von Produkten

Die Berechnung des MIPS eignet sich auf der Mikroebene der Wirtschaft dazu, einzelne Infrastrukturen, Produkte und Dienstleistungen oder einen definierten »Korb« davon zu kennzeichnen. Der MIPS erlaubt es, funktionell vergleichbaren Nutzen auch ökologisch zu vergleichen – zum Beispiel einen Personenkilometer per Bahn, Bus, PKW oder Fahrrad. Mit MI und MIPS wird eine durchgängige, weltweite ökologische Kennzeichnung aller industriellen Warenangebote und Dienstleistungen möglich. MIPS-Berechnungen zeigen auf, ob Recycling oder welche Techniken für die Nutzung solarer Energie ökologisch sinnvoll sind. Der MIPS kann herangezogen werden als Portfolio-Risikoattribut sowie zur Gewährung von Lizenzen und Zertifikaten, für die Festlegung von Versicherungsprämien, für Steuern und Tarife, und um Darlehen zu gewähren. Das MIPS-Konzept kann zur Überprüfung der ökologischen Qualität von Preisen, Standards, Normen, Gebührenordnungen und Subventionen eingesetzt werden. Es erlaubt auch Entscheidungen darüber, ob Forschungs- und Entwicklungsvorhaben im technischen (und zum Teil auch im sozialen) Bereich Beiträge zur Annäherung an die Nachhaltigkeit liefern können. Der MIPS kann als Entscheidungshilfe bei der Auswahl von Entwicklungsvorhaben für Schwellenländer herangezogen werden. Und schließlich kann er zur Anpassung von gesetzlichen Regelungen und internationalen Vereinbarungen (wie etwa den Verträgen der Welthandelsorganisation WTO) an Erfordernisse der Nachhaltigkeit beitragen.

Für die Beobachtung der Makroebene eines Wirtschaftsraums wird heute von Eurostat (der europäischen Statistikbehörde in Luxemburg) das ursprünglich im Rahmen des Faktor-10-/MIPS-Konzepts ausgearbeitete Total-Material-Requirement-Konzept (TMR) verwendet. Das TMR gibt die durch eine Wirtschaft fließende Materialmenge in Jahrestonnen wieder, einschließlich der ökologischen Rucksäcke.[51] Um den nationalen Ressourcenverbrauch zu berücksichtigen, könnte BIP in Beziehung zum nationalen Materialverbrauch gesetzt werden, z. B. in Form von BIP/TMR. So würde bei fallenden Werten von TMR (wenn also der gesamte Material-Input durch Dematerialisierung weniger wird) der Wert BIP/TMR ansteigen. Allerdings würde dieser Wert auch dann ansteigen, wenn nur das BIP jährlich steigt und der Material-Input TMR gleich bleibt – also keine Dematerialisierung stattfindet. Dies könnte dann als erfolgreiche Dematerialisierung missverstanden werden. Es wäre deshalb sinnvoll, auch prognostizierte TMR-Werte (Dematerialisierungsziele) bei solchen Angaben zu berücksichtigen. Aus solchen Darstellungen würden sich auch Hinweise auf nationale Bumerangeffekte ergeben (das heißt, auf Einsparmaßnahmen, die aufgrund von steigender Nachfrage oder aus anderen Gründen anders als gewünscht zu einem insgesamt höheren Material-Input führen).

Neben MI, MIPS und TMR sollte aus ökologischer Sicht auch FIPS berücksichtigt werden: die für die Erbringung einer Dienstleistungseinheit von der Wiege bis zur Bahre beanspruchte Fläche. Beim FIPS (dem Flächen-Input per Serviceeinheit) sollte darauf geachtet werden, dass von der naturbelassenen Fläche über ihre landwirtschaftliche Nutzung bis hin zur kompletten Versiegelung von Böden eine weite Spanne von steigender Denaturierung berücksichtigt wird. Auch der FIPS sollte einem Minimum zustreben. Ein ökologisches Ziel könnte es sein, das TAR (Total Area Requirement) Deutschlands auf die bebaute Fläche des Jahres 2000 einzufrieren bzw. zurückzuführen.

Ressourcen? Nie gehört!

Das Wissen um das Ressourcenproblem ist in der Öffentlichkeit auch nach mehr als 20 Jahren Forschung über Ressourcen, ökologische Rucksäcke, den materiellen und den ökologischen Fußabdruck erschreckend gering. Mitarbeiter in Betrieben, Verkäufer, Handwerker haben kaum ein Bewusstsein für die ökologischen Folgen ihres Tuns. Man frage einmal einen Monteur, ob er weiß, dass jedes Kilogramm Kupfer mit der Verarbeitung einer halben Tonne Natur bezahlt wird, PVC hingegen mit nur acht Kilogramm? Man frage einen Schrotthändler, ob er weiß, dass er mit jedem Auto 50 Tonnen und mehr Natur zerstört? Wer weiß schon, dass eine Banküberweisung per Internet dem Materialverbrauch von bis zu vier Bierdosen aus Aluminium entspricht, dass aber Klarsichtfolie zum Einwickeln von Nahrungsmitteln mehr als 200 Mal ressourcensparender ist als Aluminium? Der Markt, auf dem Hersteller und Verbraucher agieren, bietet kaum solche Informationen. Und selbst bei den bestehenden, zum Teil fragwürdigen Ökokennzeichnungen herrscht Chaos, als würde man die Preise in 30 verschiedenen Währungen auszeichnen. So kommt es, dass selbst ein Oberbürgermeister, der in seiner Stadt die Emission von CO_2 mit allen technisch verfügbaren und bezahlbaren Mitteln zu minimieren sucht, in Wahrheit das Gegenteil von Nachhaltigkeit fördert – weil er nicht weiß, dass seine Maßnahmen durch den vielfach höheren Ressourceneinsatz der Umwelt mehr schaden als nutzen. Dasselbe gilt für die meisten Designer und Konstrukteure. Sie können keine ökologisch sinnvollen Dienstleistungserfüllungsmaschinen konstruieren, da sie nicht über die Bedeutung der Ressourcen Bescheid wissen, die sie einsetzen. Deshalb gibt es bis heute so gut wie keine wirklich »grünen« Industrieprodukte auf dem Markt (streng genommen können auch die Grünen nur dann »grün« sein, wenn sie in ihrem Wahlprogramm die Entwicklung einer wirklich ökologischen Wirtschaft als zentrales strategisches Anliegen aufnehmen). Besonders dramatisch ist das mangelnde Verständnis dieser Zusammenhänge bei Wirtschaftsexperten. Vielen von ihnen ist noch immer nicht bewusst, dass die Wirtschaft selbst eine Externalität zu der uns tragenden Natur ist, und eben nicht die Schäden, die wir ihr durch unsere falsch gepolte Wirtschaft zufügen. Kurz, die Diagnose in Bezug auf den Informationsbedarf lautet: In keinem Bereich der Zivilgesellschaft, einschließlich der Universitäten, existieren ausreichende Kenntnisse über den Zusammenhang zwischen der Ressourcenproduktivität unserer Wirtschaft und der gegenwärtigen Umweltkrise.

Aufklärung

Technische Innovationen, die produktivere Nutzung von Ressourcen, eine verbesserte Logistik mit weniger Transportwegen und marktwirtschaftliche Instrumente sind wichtige Bestandteile der Ressourcenwende. Damit Hersteller und Verbraucher Produkte jedoch effizienter gestalten und nutzen können, brauchen sie ein größtmögliches Maß an verlässlichen Informationen. Teil der Ressourcenwende muss daher eine Informations- und Aufklärungspolitik sein, die sich sowohl an Unternehmen als auch an Verbraucher richtet.

Auch wenn das öffentliche Bewusstsein nach wie vor gering ist, hat sich in Bezug auf die Ressourcenthematik in den letzten Jahrzehnten einiges getan. Als ich vor fast zwanzig Jahren erstmals eine Dematerialisierung der Wirtschaft um den Faktor 10 einforderte, wies mich ein Kollege bei einer Diskussion in einem ehrwürdigen Hörsaal in Hohenheim darauf hin, dass er bedauerlicherweise nicht in der Lage sei, eine zehnfach kleinere Kuh zu kreieren, die vergleichbar viel Milch und Fleisch geben könne. Damals fanden die anwesenden Studenten diese Feststellung sehr erheiternd. Heute werden zum Thema Ressourcenproduktivität große internationale Kongresse veranstaltet.[52] Auf meine Veranlassung hin hat es die Empa[53] in St. Gallen unternommen, im September 2009 das erste Welt-Ressourcen-Forum einzuberufen,[54] das nun alle zwei Jahre in Davos stattfindet. Das Umweltbundesamt veranstaltete im August und September 2009 internationale Tagungen in Berlin unter dem Motto »Faktor X«. Das Umweltbundesamt stellt einen kurzen Film zur Verfügung, der in anschaulicher Weise die Situation der Ressourcenverschwendung darstellt und auf Lösungen des Problems hinweist.[55] Das Wuppertal Institut erarbeitete auf der Basis der 12-bändigen Buchreihe *Mut zur Nachhaltigkeit* des »Forums für Verantwortung«[56] von Klaus Wiegandt sechs detaillierte Lernmodule für Unterrichtszwecke.[57]

Datenbanken

Eine wesentliche Voraussetzung für den Erfolg der Ressourcenwende besteht in der Schaffung einer öffentlich zugänglichen Einrichtung, die umfassend verlässliche Daten und Informationen zu Ressourcenfragen bereitstellt. Neben Herstellern und Dienstleistern müssen Informationen über Ressourcen dem Handel, der Regierung, Behörden, Konsumenten sowie der Wissenschaft und Lehre zur Verfügung stehen. Es obliegt meines Erachtens der Bundesregierung und der Europäischen Kommission, öffentlich zugängliche Einrichtungen mit *umfassenden* Daten und Informationen (auch aus der Praxis) zu natürlichen Ressourcen zu schaffen. Der Wirtschaftswissenschaftler Paul Ekins vertritt die Auffassung, dass die Bedeutung einer solchen Informationszentrale eines Tages der der Nationalbank entsprechen werde. Denn je mehr die mit der Ressourcenwende formulierten Ansätze umgesetzt werden, desto wichtiger werden Informationen über Stoffströme und Materialverbrauch. In Wuppertal haben wir manchmal laut darüber nachgedacht, ob der Wert von Gütern und Dienstleistungen eines Tages in Kilogramm Natur bemessen werden wird – und nicht mehr in Geld.

Das International Factor 10 Innovation Network hat auf Einladung der deutschen und österreichischen Forschungsministerien eine Studie zur staatlichen Organisation der Pflege und Erneuerung vorhandener Daten sowie der Erarbeitung neuer Rucksackfaktoren vorgelegt, den sogenannten PROREGIS-Bericht.[58] Mehr ist in dieser Angelegenheit bisher leider noch nicht geschehen. Doch es gibt zahlreiche Institute, die ökologische Rucksäcke und MIPS berechnen. Viele Rucksackfaktoren sind im Internet und in Büchern verfügbar,[59] auch im Anhang dieses Buches finden sich Informationen über die Rucksäcke und eine Liste von Produkteigenschaften, die beim Design ökogerechter Produkte berücksichtigt werden müssen (vgl. S. 263 ff. und 260 ff.). Eine detaillierte Beschreibung des Designs ressourcenschonender Produkte veröffentlichte das Wuppertal Institut 2010.[60]

Ausbildung und Weiterbildung

Es ist zu erwarten, dass der internationale Druck auf die deutsche Industrie und die gesamte Wirtschaft wachsen wird, wettbewerbsfähige Güter, Prozesse, Systeme, Dienstleistungen und Handlungsweisen im Sinne der EU-Definition von Öko-Innovation (vgl. Kapitel 9, S. 133) anzubieten. Daher muss im Rahmen der Ressourcenwende auch die Aus- und Fortbildung in Deutschland systematisch angepasst werden. Politische Maßnahmen müssen durch Bildungsinitiativen unterstützt werden, die dazu beitragen, Verhaltensänderungen zu bewirken. Dazu gehören Informationskampagnen sowie die gezielte Bildung und Förderung im Bereich der technischen Innovationen. Es bedarf jedoch vor allem einer intensiven Öffentlichkeitsarbeit, die sich in erster Linie an den Verbraucher richtet.

Ein eigenes Thema stellt in diesem Zusammenhang die Werbung dar. Diese besondere Form der Kommunikation (bisweilen auch der gezielten Desinformation) ist ein Kernelement der

Wachstumswirtschaft, da Werbung bei gesättigten Märkten und einem Überangebot an Produkten für weiteren Konsum sorgen soll. Heute wird das Verhalten schon von Kindern und Jugendlichen wesentlich dadurch geprägt, dass sie über die verschiedenen Kommunikationsmedien einem Dauerstrom von Werbespots ausgeliefert sind. Für Eltern und Schulen wird es immer schwerer, dieser Manipulation entgegenzuwirken. Werbung zielt auf das Gegenteil eines informierten, nachhaltig wirtschaftenden Verbrauchers ab. Deshalb schlage ich unter anderem vor, verbrauchsfördernde Werbemaßnahmen mit Steuern zu belasten. Die Einnahmen hieraus könnten zur Finanzierung des oben beschriebenen Informationszentrums und für Ausbildungsmaßnahmen dienen. Der Einwand, durch eine Werbesteuer werde die Finanzierung von Massenmedien, insbesondere das Erscheinen von Printmedien behindert, wäre im Einzelnen von unabhängigen Fachleuten zu überprüfen.

Die entscheidende Rolle kommt den Medien zu. Sie haben die Mittel, öffentliche Debatten anzustoßen und im Bewusstsein der Öffentlichkeit zu halten, und es erstaunt mich, dass selbst engagierte Journalisten in den Umweltredaktionen von Tageszeitungen, Fernseh- und Radioanstalten das Thema Ressourcen praktisch kaum auf dem Programm haben. Täglich werden wir ausführlich über das Geschehen an der Börse informiert. Dabei gibt es vergleichsweise nur wenige Zuschauer und -hörer, die sich für den Börsenhandel interessieren und diese Berichte wirklich verstehen. Im Gegenteil: Der weit größere Teil der Bevölkerung ist zwar vom Geschehen auf den Finanzmärkten betroffen – zum Beispiel von den durch unverhältnismäßige Spekulationen ausgelösten Krisen –, versteht jedoch die Zusammenhänge nicht und hat keine Möglichkeit, selbst einzugreifen. Die täglichen Börsenberichte ändern daran absolut nichts. Ich halte es daher für eine vielversprechende und ausgesprochen zielführende Idee, das am Anfang dieses Buches zitierte Gedankenexperiment aufzugreifen: Der tägliche Börsenbericht sollte – zumindest weitgehend – durch erklärende Wetterberichte *vor* den Nachrichten ersetzt werden. In diesen Berichten sollte ausführlich erläutert werden, inwiefern das Wetter auch – und wie und wann – durch den Klimawandel beeinflusst wird. Mit welcher Wahrscheinlichkeit, wann und wo küstennahe Städte der Erhöhung des Meeresspiegels zum Opfer fallen könnten, welche Teile der Bevölkerung davon betroffen sein würden. Die Zusammenhänge zwischen Wetter und Ernten, Waldbränden, Erosion, Versalzung von Mutterböden und der Ausbreitung der Wüste in Südspanien würden so zu Allgemeinwissen avancieren: warum etwa Korallenbänke zugrunde gehen, warum, wie und wo vermehrt extreme Winde auftreten; dass entscheidende Umweltveränderungen nicht nur von CO_2-Emissionen verursacht werden und welche anderen Emissionen auch dazu beitragen; dass die meisten Probleme jedoch ursächlich aus dem massiven Missbrauch natürlicher Ressourcen entstehen. Tägliche TMC- und MIPS-Werte für Warenkörbe, deren Langzeittrends für Deutschland, die EU, OECD-Länder und die Welt sowie voraussichtliche Entwicklungen wären ebenfalls hilfreich. Beim Übergang zu den Wirtschaftsnachrichten könnte der Sachstand zur Ressourcenwende mithilfe des Beziehungsindikators BIP/TMR dargelegt und erklärt werden.

Auf diese Weise würden die Konsumenten stets und aktuell darüber unterrichtet, welche Umweltgefahren akut drohen und wie stark die vorhandenen natürlichen Ressourcen aktuell genutzt und verbraucht werden.

Wir müssen das Thema Ressourcen zu einer Leitdebatte machen, ressourcensparendes Verhalten muss zu einem Trend, einer Mode werden. So wie es in den 80er-Jahren zumindest in Teilen der Gesellschaft angesagt war, über Atomkraftwerke zu diskutieren und sich gegen sie zu richten. Wenn das gelingt, besteht Hoffnung, dass der – medial erzeugte und begleitete – gesellschaftliche Druck auch die Verantwortlichen in Politik und Wirtschaft erreicht. Wir brauchen eine Ressourcenaufklärung: Sie muss der Ausgang der Gesellschaft aus der selbst verschuldeten, *übermäßigen und maßlosen* Naturzerstörung und ihrer immer teurer werdenden Konsequenzen sein.

14 Die Ressourcenwende und die Politik

Die aktuelle »Umweltpolitik«

Es besteht kein Zweifel, dass die Politik um das Thema Ressourcen weiß. Schon 1998 forderte Angela Merkel, damals Umweltministerin, eine materielle Entschlackung der Bundesrepublik Deutschland um den Faktor 2 bis zum Jahr 2020. Extrapoliert auf das Ende des 21. Jahrhunderts, entspricht das beinahe dem Faktor 10. Peter Altmaier, bis Ende 2013 Bundesumweltminister, äußerte sich auf Fachtagungen sehr informiert über das Ressourcenproblem.[61] Doch wo sind die Politiker, die öffentlich dem unsinnigen Ressourcenverbrauch den Kampf ansagen? Wo sind die Politiker, die sich diesen Kampf zur Aufgabe machen? Selbst die Grünen engagieren sich bei Fernsehauftritten oder bei Wahlkampfveranstaltungen lieber für soziale Probleme. In ihrem Wahlprogramm für 2013 spielte die Frage der Ressourcen kaum eine Rolle. Ich sollte allerdings der Gerechtigkeit halber erwähnen, dass zwei Grünen-Politiker mit Spitzenpositionen in ihrer Zeit viel für die Ressourcenwende getan haben: Bärbel Höhn und Reinhard Loske.

Soweit es in den politischen und wirtschaftlichen Arenen um Umwelt geht, geht es um die Energiewende. Und wann immer es um den Strom von morgen geht, wird über Geld gestritten, die Verteilung von Subventionen und um das Fehlen von Stromspeichern, ohne die die von allen gefürchteten Versorgungsengpässe drohen. Können Sie sich an eine ernsthafte öffentliche Diskussion über Einsparpotenziale von technischer Energie erinnern? Findet irgendwo ein öffentlicher Diskurs um den Zusammenhang von Energieverbrauch und die notwendige Einsparung von natürlichen Ressourcen statt?

An der Frage »Wie können wir unsere Umwelt stabil erhalten?« gehen diese Debatten gewollt oder ungewollt vorbei. Die Politik hat mit dem Großprojekt Energiewende die Möglichkeit geschaffen, das *umweltschädliche, technik- und industrieintensive* Wirtschaftswachstum unter dem Deckmantel der Verfolgung vorgeblich nachhaltiger Ziele weiterhin zu befördern. Die Photovoltaik, der Hybridmotor und die Isolierung von Gebäuden sind ressourcenintensiv, und die Politik wird nicht müde, zu betonen, wie viele neue Arbeitsplätze der Industrie hier entstehen. Ein genialer Coup aus Sicht der Wirtschaft, der jede Form von Sparen ein Graus ist, und ein immenser Schaden in Form von zusätzlicher Umweltzerstörung. Denn materielles Wirtschaftswachstum kann schlicht nicht umweltverträglich sein; allein die Umstellung auf ein *dienstleistungsbasiertes* Wirtschaftswachstum wird aus diesem Dilemma herausführen. Die Energiewende ist ein in Teilen sinnvolles Projekt: Wir müssen weg von der Braunkohle und der Atomkraft als Energieträger. Beide sind viel zu ressourcenintensiv. Doch es ist ein schwerwiegender Fehler, dass die gezielte Einsparung natürlicher Ressourcen (Material, Wasser und Fläche) für die Produktion technischer Energie – also ihre Ressourcenproduktivität – bei der Energiewende keine Rolle spielt.

Auch die nahezu ausschließliche Aufmerksamkeit der deutschen Umweltpolitik in Richtung Klimawandel hat Folgen. So fließt das Geld zur Finanzierung von Umweltforschung und Entwicklung hauptsächlich in diesen Bereich. Für die Förderung einer Verbesserung der Ressourcenproduktivität bleibt da nicht viel übrig. Zudem führt die Energiewende zu kuriosen Einschätzungen von Produkten, Prozessen und Dienstleistungen hinsichtlich ihrer Umweltfreundlichkeit. Der »CO_2-Fußabdruck« wird generell als Indikator verwendet, obgleich er wissenschaftlich abwegig ist und zu enormen Fehlinvestitionen einlädt. Doch die Energiewende ist nicht nur wegen der Vernachlässigung anderer Umweltprobleme unsinnig, sondern auch, weil der enge Zusammenhang des Klimawandels mit der schlechten Ressourcenproduktivität der Wirtschaft insgesamt überhaupt nicht in Betracht gezogen wird. Eine Kopplung der Bemühungen um die *Energiewende* mit der ohnehin dringend erforderlichen *Ressourcenwende* würde nicht nur zu erheblichen Gewinnen bei der ökologischen Qualität von Strom führen, sondern darüber hinaus auch zu einer entscheidenden Minderung des Bedarfes an technisch produzierter Energie insgesamt.

Die Energiewende in ihrer jetzigen Form kann nicht zu nachhaltigen Verhältnissen führen. Das hindert die neue Bundesregierung nicht daran, in den Koalitionsvertrag zu schreiben: »Die Energiewende ist ein richtiger und notwendiger Schritt auf dem Weg in eine Industriegesellschaft, die dem Gedanken der Nachhaltigkeit und der Bewahrung der Schöpfung verpflichtet ist. Sie schützt Umwelt und Klima, macht uns unabhängiger von Importen, sichert Arbeitsplätze und Wertschöpfung in Deutschland. Eine der Hauptaufgaben der Großen Koalition ist es deshalb, engagierten Klimaschutz zum Fortschrittsmotor zu entwickeln und dabei Wohlstand und Wettbewerbsfähigkeit zu stärken.«[62] Das ist falsch: Die Energiewende schützt die Umwelt nicht und das Klima bestenfalls teilweise, und es wird so nicht gelingen, die Schöpfung zu bewahren. Sie macht uns nicht einmal wirklich unabhängiger von Importen, wenn man etwa an die seltenen Rohstoffe denkt, die für die »grüne« Elektromobilität gebraucht werden. Und es ist unpräzise, denn die Industriegesellschaft, die hier beschworen wird, kann allenfalls dann Zukunft haben, wenn ihr mithilfe technischen Fortschritts eine zumindest zehnfach verbesserte Nutzung von Ressourcen gelingt.

Sind die Ziele der Energiewende in Teilen fragwürdig und nicht ausreichend, so sieht es in der politischen Praxis erst recht düster aus: »Grüne« Ziele sind der Politik recht und billig, solange Teile von Wirtschaft und Industrie davon profitieren, etwa weil der Bau von Windkraft-, Solaranlagen und intelligenten Stromnetzen Wachstum generiert. Doch die Möglichkeiten des angeblich nachhaltigen Wachstums reichen derzeit noch nicht aus, mit dem Tempo des Marktes mitzuhalten. So kommt es, dass, wenn die deutsche Automobilindustrie ihre Gewinne einmal nicht stark genug steigern kann, die Regierung eine Abwrackprämie erfindet: die absolut unnötige und durch nichts anderes als die schwachen Umsätze der Autobauer begründete Verschrottung von Autos, die noch voll funktionsfähig sind. Das straft alle Bekenntnisse zu Ökologie und Nachhaltigkeit Lügen. Und auch die Braunkohle lässt sich selbst mit viel propagandistischem Geschick nicht grün reden. So verwundert es nicht, dass die *Welt* am 13.12.2013 verkündet: »Braunkohle-Lobby schrieb am Koalitionsvertrag mit. Im Koalitionsvertrag von Union und SPD steht, dass man nicht nur auf Wind- und Solarkraft setzt, sondern auch auf Braunkohle. Für die Branche ist das Gold wert. Ihr Lobbyist hat die Passage lanciert.«[63] Damit vollzieht die Bundesregierung eine energiepolitische Rolle rückwärts: Der Ökostromausbau wird gebremst und Braunkohle weiter gefördert. Das ist absolut kontraproduktiv, sollten wir ernsthaft an sauberer Luft und weniger Umweltschäden interessiert sein. Doch wenn Vattenfall sich die in der Lausitz liegenden Gewinne nicht entgehen lassen will und in Nordrhein-Westfalen Angst vor dem Wähler herrscht, bleiben auch die Ziele der Energiewende auf der Strecke.

Solange die Politik sich derart von einigen Industriezweigen in Geiselhaft nehmen lässt, werden wir uns immer wieder fragen müssen, wieso wir wider jegliche menschliche Vernunft immer mehr Natur zerstören. So vertraten die deutschen Minister Philipp Rösler und Peter Altmaier 2013 die Meinung, Deutschland müsse die wirtschaftliche Notwendigkeit des Fracking und ihre möglichen Auswirkungen auf die Umwelt »sorgfältig prüfen«. Damit signalisierten sie ein grundsätzliches Interesse an der Anwendung dieser Technik, bei der aus tiefen Gesteinsschichten Gas gewonnen wird. Die ökologische Rechnung des Frackings spottet jeder Beschreibung: Es erfordert einen extrem hohen Wasserverbrauch, den Einsatz von 600 Chemikalien (deren Herstellung allein eine Fülle von eigenen ökologischen Rucksäcken mit sich bringt!), eine aufwendige Bohrtechnik (wieder schwere Rucksäcke), und es birgt große, unabschätzbare Gefahren wie die Verseuchung von Trinkwasser, Erdbeben und die Freisetzung von Methan. Mit dem Ziel, die Ursachen des Klimawandels schnellstmöglich zu reduzieren, lässt sich das Fracking absolut nicht vereinbaren. Doch natürlich haben sich längst Gutachter mit wissenschaftlichen Untersuchungen zu Wort gemeldet, die alle Gefahren ausschließen – so, wie man ausschloss, dass Wasser in den Salzstock Asse eindringen würde, bevor es dann doch eindrang, und wie man ein Erdbeben der Stärke ausschloss, wie es dann zu der verheerenden Reaktorkatastrophe in Fukushima geführt hat.

Ich möchte an dieser Stelle noch einmal ausdrücklich festhalten, dass intelligente Technik eine Schlüsselrolle für die Annäherung an nachhaltige Verhältnisse spielen wird. Sigmar Gabriel und andere sprechen zu Recht von der Notwendigkeit einer neuen industriellen Revolution. Technik kann die Menschheit jedoch nur dann wirksam in eine Zukunft mit Zukunft geleiten, wenn sie sich an *wirklichen* Bedürfnissen der Menschen orientiert und sich auf die Mehrung von Dienstleistungen mit wachsender Ressourcenproduktivität konzentriert. Hingegen muss es gelingen, die Anwendung solcher Techniken international zu vermeiden, die die Grundrechte von Bürgern einzuschränken vermögen und demokratisch nicht kontrollierbare Aktivitäten ermöglichen.

Gute Absichten

Wer ein wenig recherchiert, wird – vielleicht überrascht – feststellen, dass sich in Bezug auf die Ressourcenproblematik einiges bewegt. So wird man auf der Homepage der Bundesregierung informiert: »Die Umsetzung der Nachhaltigkeitsstrategie und ihre inhaltliche Weiterentwicklung kontrolliert der Staatssekretärsausschuss für nachhaltige Entwicklung.«[64] In diesem Ausschuss sind Staatssekretäre aller Ressorts vertreten, und die hier formulierten Themen scheinen vielversprechend. Unter anderem geht es um natürliche Ressourcen, die Steigerung der Ressourceneffizienz, Kreislaufwirtschaft, Bildung für nachhaltige Entwicklung (BNE), nachhaltige Unternehmensführung und die Zusammenarbeit mit Ländern und Kommunen zur Reduzierung der Flächeninanspruchnahme (Flächenverbrauch). Zusätzlich zu diesem Ausschuss berief die Bundesregierung 2001 den Rat für Nachhaltige Entwicklung ein, der sich unter anderem die Aufgabe gestellt hat, Nachhaltigkeit zu einem wichtigen öffentlichen Anliegen zu machen.[65] Ich bin nicht sicher, inwieweit dies dem Gremium in den letzten zwölf Jahren gelungen ist. Dennoch: Die politischen Bekenntnisse und Absichtserklärungen zu einer Verbesserung der Ressourcenproduktivität häufen sich. Im Jahr 2001 und erneut 2010 wurde im Rahmen der »Lissabon-Strategie« der EU[66] verlautet, der effiziente Umgang mit natürlichen Ressourcen sei »unabdingbare Voraussetzung für die nachhaltige Entwicklung der Wirtschaft, für die Schaffung von Arbeit und die Wettbewerbsfähigkeit Europas«. Am 20. September 2011 veröffentlichte die Kommission in Brüssel eine »Roadmap to a Resource Efficient Europe« (Fahrplan zu einem ressourceneffizienten Europa, EC 2011)[67], die in vielen Einzelheiten den geplanten Weg zur Ressourceneffizienz aufzeigt. In diesen Verlautbarungen finden sich mittel- und langfristige Material-Abmagerungsziele bis zu einem Faktor 10.

All diese Gremien und die von ihnen veröffentlichten Statements weisen auf ein wachsendes Bewusstsein für die Ressourcenproblematik hin. Doch leider schlägt sich dieses Bewusstsein bisher kaum im politischen Tagesgeschehen nieder. Man ist versucht, das klassische Missverhältnis zwischen Anspruch und Wirklichkeit zu sehen, einen gewissen Abstand zwischen hehren Zielen, die sich für Ansprachen an die Öffentlichkeit eignen, und der realen Politik, die sich nicht an diesen Zielen messen lassen will. Doch nicht einmal dieses Bild stimmt, denn dazu sind die Absichtserklärungen über eine Verbesserung der Ressourceneffizienz zu wenig öffentlichkeitswirksam. Weder die Politik noch die Medien machen den katastrophalen Ressourcenverbrauch unserer Gesellschaft zum Thema. Erst recht hüten sie sich davor, mit klaren Bildern wie dem ökologischen Rucksack zu operieren. Warum? Weil eine solche Aufklärung des Verbrauchers durchaus dazu führen könnte, dass Politik und Unternehmen sich zum Umdenken gezwungen sehen? Der deutsche Ausstieg aus der Atomenergie verdankt sich allein dem Druck vonseiten der Wähler und dem Zufall einer Monsterwelle an der japanischer Küste. Ich halte es in diesem Zusammenhang übrigens für bemerkenswert, dass auch die Kirchen das Thema der schutzbedürftigen Ökosphäre nicht für sich reklamieren – obwohl jedes Kind weiß, dass die Wahrung der Schöpfung zu den gottgegebenen Aufgaben des Menschen gehört. Für die moderne Kirche ist das offenbar kein Grund, sich über die umweltschädlichen Folgen des eigenen Verhaltens Gedanken zu machen (man sehe sich nur die Luxuslimousinen an, die mancher Bischof fährt, und die neue Residenz des Bischofs von Limburg) oder gar eine entsprechende Aufklärungsarbeit zu betreiben.

Auch der im Dezember 2013 festgeschriebene, in der Öffentlichkeit viel diskutierte Koalitionsvertrag lässt kaum auf mehr echte Umweltpolitik hoffen. Das Thema Ressourcen wird dort weder definiert noch differenziert. Das Thema Umweltschutz nimmt im Vergleich zu sozialen Fragen in diesem Papier eine Nebenrolle ein. Kein Wort davon, dass Wirtschaft nur im Rahmen ökologischer Richtlinien zukunftsfähig gestaltet werden kann. Kein Wort davon, dass Wachstum nur noch dann möglich ist, wenn es sich auf Dienstleistungen bezieht und eben nicht auf das wachsende Angebot von ressourcenstrotzenden materiellen Dingen, die zu allem Überfluss dann noch scheinheilig als »grün« deklariert werden. Eine Unterscheidung zwischen nachsorgenden und vorsorgenden Maßnahmen – für die Wirksamkeit der Umweltpolitik in Richtung Nachhaltigkeit ein entscheidender Unterschied – sucht man vergeblich, eine Benennung von verlässlichen Umweltindikatoren ebenfalls. Der weitere Abbau von Kohle wird im Koalitionsvertrag als unverzichtbar erklärt! Immerhin wird das Ziel formuliert, die Ressourcenproduktivität bis 2020 im Vergleich zu 1994 zu verdoppeln. Damit würde der Faktor 10 etwa um das Jahr 2100 erreicht – sofern diese Planung überhaupt umgesetzt und über 80 Jahre hinweg weiter verfolgt wird. Wer das Schicksal von Koalitionsverträgen und Wahlversprechen beobachtet, hat da wahrscheinlich einige Zweifel.

Dicke Bretter

Wer, wie ich, mehr oder weniger radikale Neuerungen des bestehenden Systems fordert, dem weht ein starker Wind angeblich pragmatischer und realistischer Bedenken entgegen, die heute jede noch so bescheidene Vision als naiven Idealismus diskreditieren. Ein deutscher Neumilliardär beschimpfte mich bei einer öffentlichen Veranstaltung einmal als Kommunist alter DDR-Prägung! Wer so denkt, vergisst, dass es häufig die »realitätsblinden« Idealisten waren, die die Welt verändert haben. Es ist schwer einzusehen, warum Dieter Schnaas zum Beispiel, Chefreporter bei der *Wirtschaftswoche*, in seinem Artikel »Teilen ist nicht das neue Haben« die Share-Economy als eine wenig ernst zu nehmende Erfindung von »netzromantisch bewegten Redakteuren«[68] abtut. Dass es ökologisch zur geteilten und gemeinsamen Nutzung von weniger Produkten bald keine Alternative geben wird, kommt ihm nicht in den Sinn. Schließlich machen sich auch »Nachhaltigkeitsideologen« verdächtig. Sind es solche Vorwürfe, die die Grünen heute so zahm gemacht haben, dass sie selbst in Bezug auf die

Braunkohle in Nordrhein-Westfalen inzwischen klein beigeben? Sind sie der Grund, warum man in den Medien gar nicht erst den Versuch unternimmt, von Ressourcen zu sprechen? Haben wir alle Angst, uns als »Ideologen der Nachhaltigkeit« verdächtig zu machen? Ich halte die leichtfertig ausgesprochenen Vorwürfe des »Idealismus« und der »Träumerei« vonseiten der Journalisten für fatal, weil sie gerade jenen Akteuren in der Wirtschaft in die Hände spielen, die ausschließlich ihre kurzfristigen Gewinne im Blick haben. Auch sie wehren sich mit den immer gleichen Drohungen: Wenn wir die Wirtschaft umbauen, so heißt es, dann verliert Deutschland seine Wettbewerbsfähigkeit, damit gehen die Arbeitsplätze verloren und mit der Energieversorgung nicht nur im übertragenen Sinne die Lichter aus. Als Abteilungsleiter bei der OECD habe ich zu Anfang der 80er-Jahre einmal die Frage untersuchen lassen, ob Firmen aufgrund der Umweltpolitik in Mitgliedsländern wirklich ihre Produktionsstätten in Länder mit weniger Umweltrecht verlegen. Die Antwort war »kaum«. Bei Unterschieden in den Arbeitskosten hingegen ist dieser Trend sehr wohl dokumentiert.

In allererster Linie stehen hinter solchen Androhungen von Gefahren, die aus der Anpassung der Wirtschaft entstehen, jene, die vom Status quo am meisten profitieren. Denn Veränderungen verlangen immer ein vorausschauendes, risikobereites Handeln, und oft bleiben die Unbeweglichen zurück. Dies zu vermeiden, sammeln sich die Lobbyisten in den Vorzimmern der Politik. In Berlin rechnet man mit über 5 000, fast 10-mal mehr als Abgeordnete im Bundestag. Leider hat Natur, haben Ressourcen keine Lobby. Man kann mit einigem Recht Max Weber zustimmen, der konstatierte: »Politik ist das Bohren dicker Bretter«, und Bundestagspräsident Lammert sagte einmal, Politik sei der Ausgleich von Interessen, nicht die Umsetzung von Wahrheiten. Mit anderen Worten: Es braucht viele Anläufe und dauert Jahre, bis sich neue Ideen in der Gesellschaft gegen all die widerständigen Kräfte durchsetzen.

Peer Steinbrück, der ehemalige Finanzminister und SPD-Kanzlerkandidat 2013, fand als Finanzminister im Spätherbst 2008 die eindrucksvollen Worte: »Wenn es auf dem Finanzmarkt brennt, dann muss gelöscht werden, auch wenn Brandstifter am Werk waren!« In nie da gewesener Eile wurde in Deutschland ein 500 Milliarden Euro schweres Bankenrettungspaket geschnürt. Das war der damals veranschlagte (Un-)Wert für die Verluste eines wichtigen Wirtschaftszweiges, der durch Fahrlässigkeit und Gier in den eigenen Chefetagen verursacht worden war. Ein Versuch der Rettung aus der Krise, bei dem in wenigen Wochen zwei Jahresetats der Bundesregierung eingesetzt wurden und der sich dennoch fortwährend verteuerte.

Auf einmal waren die von der Politik zu durchbohrenden Bretter überraschend dünn! Doch offenbar brennt es in der Umwelt nach Einschätzung der Entscheidungsträger noch nicht genug, um vergleichbar großzügige Löschmaßnahmen zu erwägen. Und das, obwohl seit den 80er-Jahren des 20. Jahrhunderts unverkennbar ist, dass es in der Natur Schwelbrände gibt, die immer öfter in offenes Feuer übergehen: Waldsterben, Ozonloch, Artenverlust, Wasserknappheit, Klimawechsel, Wüstenbildung.

Systempolitik

Im oben bereits erwähnten »Fahrplan für ein ressourcenschonendes Europa« veröffentlichte die Europäische Kommission ein Dokument (EC 2011), in dem unter anderem zu lesen ist: »Während der Bedarf an Nahrungs- und Futtermitteln sowie an Fasern bis zum Jahr 2050 um bis zu 70 Prozent steigen kann, sind 60 Prozent der wichtigsten Ökosysteme der Welt, die zur Erzeugung dieser Ressourcen beitragen, bereits geschädigt oder werden nicht nachhaltig genutzt. Wenn wir Ressourcen weiterhin in demselben

Tempo verbrauchen, benötigen wir bis 2050 insgesamt das Äquivalent von mehr als zwei Planeten […].« Das Bild vom zweiten Planeten, den wir brauchen werden, wenn wir unsere Vorräte weiterhin so rasant verzehren, entstand Anfang der 1990er-Jahre im Wuppertal Institut. Geändert hat sich seither nichts, im Gegenteil: Die Lage spitzt sich immer dramatischer zu.

Es ist kaum anzunehmen, dass sich dieses Problem aus einem Ministerium heraus lösen lässt, das seine Ziele zudem mit anderen Ministerien abgleichen und oft gegen deren Interessen durchsetzen muss. Die Ressourcenwende muss in einem Systemwechsel bestehen, der alle gesellschaftlichen Bereiche umfasst – anders als alle bisherigen Umweltprojekte, die Deutschland sich zwar leistet, weil es sie sich leisten kann, die aber den fatalen Mechanismus des bestehenden Systems nicht berühren. Kern dieses Systemwechsels ist die Verbesserung der Ressourcenproduktivität, die für die gesamte Gesellschaft zur Richtlinie und Entwicklungsstrategie werden muss. Das heißt: Auf allen Ebenen, von der singulären Kaufentscheidung des einzelnen Verbrauchers bis hin zu den höchsten politischen Institutionen, müssen sämtliche Vorhaben nach ihrer Ressourcenproduktivität beurteilt und entschieden werden.

Ein Systemwechsel, bei dem alle Bereiche der Gesellschaft hinsichtlich der Ressourceneffizienz neu zu bewerten und umzubauen sind, kann nur als gesamtpolitische Strategie realisiert werden. Es sind also das Kanzleramt und die höchsten Regierungsgremien aufgefordert, die Ressourcenwende zur Richtlinienpolitik zu machen und als solche zu steuern. Die Politik, und hier sind nahezu alle Ressorts gefragt, muss dieser Richtlinie folgend die gesetzlichen Rahmenbedingungen schaffen, um mit diesen einen Umbau des Wirtschaftssystems zu bewirken.[69] Denn ohne eine politisch gesteuerte Veränderung der Wirtschaft, die sich vom materiellen Wachstum verabschiedet, wird es keine nachhaltig stabile Ökosphäre geben. Und ohne eine stabile Ökosphäre kann auch die Wirtschaft auf die Dauer nicht florieren. Im Rahmen der Ressourcenwende gilt es zudem, die Bewertung und

Analyse der Wirtschaft neu auszurichten, vor allem muss das Bruttoinlandsprodukt als Indikator für das Wohlergehen der Wirtschaft durch Umweltindikatoren ergänzt werden.

Teilaspekte dieser gesetzlichen Regelungen habe ich bereits beschrieben: Es bedarf einer Steuerreform, die Ressourcen teurer und Arbeit billiger macht. Das wird automatisch dazu führen, dass Unternehmen und Verbraucher durch die Preise zu einem veränderten Verhalten in Bezug auf ihren Ressourcenverbrauch motiviert werden. Da Preise heute das wichtigste Kriterium für wirtschaftliche Entscheidungen darstellen, bilden ökologische Preise den vielleicht wichtigsten Baustein der Ressourcenwende. Die Umweltqualität, insbesondere die Ressourcenproduktivität von Gütern und Dienstleistungen, entscheidet über unsere Zukunft. Sie wird sich schlagartig verbessern, wenn Naturverbrauch kostet. Nachhaltigkeit kann nur so, integriert in die Mechanismen des Marktes, erreicht werden.

Heute werden größere politische Vorhaben einzelner Ministerien an höchster Stelle auf ihre finanzielle Verantwortbarkeit und ihre rechtliche Machbarkeit hin geprüft. Es ist dringend notwendig, diesen Filter um die Prüfung der Ressourcenproduktivität von Vorhaben zu ergänzen. Durch diesen Filter muss jedes Projekt einzelner Ministerien im Hinblick darauf bewertet werden, ob es zur Nachhaltigkeit beiträgt oder sie verhindert.

Ein wichtiger Bestandteil der Ressourcenwende besteht in der Aufklärung von Unternehmen. Auch hier gilt es, umzudenken und die Frage der Ressourcenintensität der Prozesse zu einem Geschäftsbereich zu machen, der ebenso selbstverständlich berücksichtigt wird wie die Arbeitskosten und das zur Verfügung stehende Kapital.

Die Transformation unserer Produktionswirtschaft in eine Dienstleistungswirtschaft muss von der Politik sowohl rechtlich als auch strukturell begleitet werden. Das bedeutet unter anderem, dass man sich in den Ministerien für Justiz und für Arbeit und Soziales, aber auch an den Universitäten, zum Beispiel in der Arbeitssoziologie, mit der Frage befassen muss, wie dieser Wandel gesteuert werden kann. Eine große Aufgabe hat das Ministerium für Verkehr zu bewältigen. Hier sind Formen der Mobilität zu fördern und zu entwickeln, die sowohl sozialen als auch ökologischen Aspekten gerecht werden.

Das Ziel der Ressourcenwende habe ich vor zwanzig Jahren deutlich formuliert. Es ist heute von zahlreichen Experten nachgerechnet und bestätigt worden: Der Staat sollte den Gesamtbedarf von natürlichen Ressourcen (Total Material Requirement, TMR) so schnell wie möglich und langfristig bis zu 90 Prozent und mehr reduzieren. Die dazu notwendigen technischen Veränderungen brauchen zehn bis zwanzig Jahre, bis sie den Markt durchdringen. Man muss damit rechnen, dass eine wirksame Dematerialisierung einige Zeit in Anspruch nehmen wird. Deshalb sollten wir die Ressourcenwende jetzt in Gang setzen, um weitere Schäden an der Ökosphäre zu vermeiden und die Zahl der durch Technik (mit) verursachten Naturkatastrophen zu begrenzen.

Die Ressourcenwende umfasst ein breites Spektrum an Bereichen und Themen, von denen viele hier nur angerissen werden können. Doch seit wir im Wuppertal Institut vor mehr als zwanzig Jahren begonnen haben, ökologische Rucksäcke und materielle Fußabdrücke zu berechnen, ist das Projekt bereits von vielen konkreter gestaltet worden. Einige habe ich bereits erwähnt, wie die verschiedenen Informations- und Datenbanken, die Veröffentlichungen des Wuppertal Instituts oder die Effizienz-Agentur NRW in Duisburg, die es sich zur Aufgabe macht, Unternehmen zur Ressourcenintensität ihrer Produktion zu beraten.

All das reicht jedoch nicht aus, und offensichtlich besteht bisher kaum Aussicht auf eine erfolgreiche Ressourcenwende. Ein erster Schritt in die richtige Richtung würde bedeuten, die grünen Lügen der bisherigen Politik zu entlarven und sich nicht auf dem Irrtum auszuruhen, mit der Energiewende gehe bereits alles seinen Gang. Es kann nicht sein, dass die Politik vorgibt, den Schutz der Umwelt im Blick zu haben, um dann doch jede zweite »grüne«

Maßnahme unter dem Druck von Wirtschaftslobbys einzukassieren. Und es geht erst recht nicht an, dass wir die Verursachung von Emissionen einfach nur von Deutschland nach China verlagern.

Die Ressourcenwende bedarf einer gesamtgesellschaftlichen Anstrengung: Die Politik muss sie zur Leitlinie machen und die gesetzlichen Rahmenbedingungen schaffen, die Unternehmen müssen ökologische Verantwortung übernehmen und ihre Produktion sowie ihr Geschäftsmodell überdenken, und die Medien müssen informieren und aufklären. Ökologische Rucksäcke und materielle Fußabdrücke müssen zu täglichen Begleitern unseres Denkens und Handelns werden – jedes Schulkind muss wissen, was diese (oder meinetwegen andere, gleichwertige) Bilder sagen. Hier ist schließlich auch der Verbraucher gefragt: Er muss seine Macht als Wähler nutzen und Druck erzeugen, um die Verantwortlichen in Politik und Wirtschaft zum Handeln zu bewegen.

Ein Zusammenschluss von Vorreitern?

Kann Deutschland auf sich allein gestellt eine erfolgreiche Ressourcenwende durchführen, eine Entwicklung hin zu einer stabilen, wissensbasierten, dienstleistungsorientierten sozialen Marktwirtschaft, die im Rahmen ökologischer Grenzen und Gesetze nachhaltigen Wohlstand schafft? Wohl kaum. Und zwar deshalb, weil Deutschland wesentlich von einer exportorientierten Wirtschaft lebt, vom Austausch von Waren, Gedanken und Erfahrungen mit anderen Staaten, vor allem innerhalb der Eurozone. Andererseits scheint mir Deutschland stark genug, die ersten Schritte in diese Richtung zu gehen.

Ich bin überzeugt, dass eine ökosoziale Neuorientierung der Wirtschaft nur Erfolg haben kann in einem Zusammenschluss einer begrenzten Gruppe williger und fähiger Staaten. Voraussetzung wäre, dass die Wertvorstellungen, die sozialen Verhältnisse und die wirtschaftlichen Interessen der Teilnehmer in etwa übereinstimmen. Ich vermute, dass ein solcher Zusammenschluss, sollte er von Europa ausgehen und erfolgreich sein, Europa eine wichtige Stimme im Welttheater der Zukunft sichern wird.

Der Aufbau eines Zusammenschlusses von Ländern mit der zentralen Aufgabe, die Ressourcenproduktivität bis zu einem global tragfähigen Wert von etwa acht Tonnen Material pro Kopf und Jahr zu steigern, wird um ein Vielfaches komplexer sein, als in diesen wenigen Bemerkungen zum Ausdruck kommen kann. Es gibt aber Beispiele für ähnliche Entwicklungen in der Vergangenheit, wie zum Beispiel die EU selbst als politisches Gebilde, oder auch die OECD und die KSZE.

Für den Weg zur dematerialisierten Gesellschaft gibt es keine fertige Landkarte. Umso wichtiger ist es, dass die Richtung feststeht und dass sich alle Beteiligten darin einig sind, dass Dienstleistungen mit geringstmöglicher Ressourcenintensität eine zentrale Bedeutung haben sollen. Natürlich muss ein neuer Zusammenschluss von willigen Ländern offen sein für die spätere Teilhabe weiterer Staaten an ihren Erfahrungen und Entwicklungen. Denn das große Ziel ist eine reelle Chance für alle Menschen, auf dem Planeten Erde auf lange Sicht gut weiterleben zu können. »Alles Ungewöhnliche wird zunächst als unvernünftig angesehen«, schrieb der französische Essayist Michel de Montaigne schon im 16. Jahrhundert, »Gott weiß, wie wenig vernünftig dieser Schluss in der Regel ist.« Wie Recht Montaigne hat! Die Vorstellung einer ressourcensparenden Wirtschaft und der Verwandlung in eine Dienstleistungsgesellschaft mag ungewöhnlich erscheinen, aber sie ist das Vernünftigste, was wir tun können.

ANHANG

Hinweis: Die im Folgenden abgedruckten teilweise älteren Texte wurden in neue Rechtschreibung umgewandelt; Schreibweisen wurden angeglichen. Der Abdruck erfolgt mit freundlicher Genehmigung der Autoren.

Friedrich Schmidt-Bleek
Materialintensität – ein ökologisches Maß für den Vergleich von Maßnahmen, Produkten und Dienstleistungen

Der nachfolgend wiedergegebene Artikel erschien im März 1992 in der Zeitschrift *Das Magazin* des Wissenschaftszentrums Nordrhein-Westfalen, dem damals auch das Wuppertal Institut angehörte. Dieser Artikel ist eine der ersten Veröffentlichungen zur Ressourcenwende, die ich anfangs noch Dematerialisierung nannte. Es gab einige Vorläufer, darunter auch Positionspapiere im Institut, die den Faktor 10 als Ziel der materiellen Verschlankung postulierten. Der Artikel markiert die Entstehung eines Denkansatzes, der heute weltweit verfolgt wird.

Umwelt und Stoffströme

Alle Stoffströme, also die Bewegung dessen, was es auf der Erde an Material gibt, haben Auswirkungen auf die Umwelt. Die von Menschen gelenkten Stoffströme sind mittlerweile mit den natürlichen geologischen Bewegungen vergleichbar. Sie sind groß genug, die Ökosphäre zu großflächigen und sehr nachhaltigen Reaktionen herauszufordern (Waldsterben, Klimaänderungen etc.). Die meisten Reaktionen der Ökosphäre auf menschliches Wirtschaften werden durch die physikalischen, chemischen und biologischen

Umsetzungen anthropogener Stoffströme in der Umwelt ausgelöst. Dazu zählen auch die Stoffströme, die für die Bereitstellung und den Verbrauch von Energie in Bewegung gesetzt werden, wie auch Erosionen, gepflügte Erde, Bau- und Grubenaushübe, Wasser, Mineralien, Produkte jeder Art, Abfälle jeder Art, Einleitungen und Emissionen. Dabei sollten wir nicht vergessen, dass durch unser gegenwärtiges Wirtschaften noch völlig unbekannte ökologische Gefahren ins Haus stehen. Die Ökosphäre reagiert fast immer sehr langsam und nicht linear.

Die Vielzahl der von Menschen bewegten Stoffströme natürlicher und synthetischer Art sowie die Komplexität der Ökosphäre verhindern, dass die Gesamtheit der auch nur von einer einzigen Chemikalie ausgelösten Reaktionen der Umwelt in Intensität, Ort und Zeit wissenschaftlich vorhersagbar ist. Daher müssen zur Abschätzung der zum Schutz und zur Wiederherstellung einer intakten Ökosphäre global notwendigen Maßnahmen andere Entscheidungsmerkmale entwickelt werden.

Weltweit zu große Stoffströme heißt, dass Güter insgesamt zu materialintensiv erwirtschaftet werden. Die Herstellung von Gütern beginnt bei der Gewinnung von Rohstoffen, auch von denen für die Energiebereitstellung. Die Gewinnung von Rohstoffen und Energie setzt den Bau von Anlagen voraus. Sind Produkte erst auf dem Markt und werden benutzt, brauchen sie meistens viele verschiedene Materialien für den Betrieb, zur Reinigung und zum Erhalt. Anschließend müssen sie entsorgt werden. Auch dies wird mit Materialverbrauch und Energieeinsatz erkauft. Transport und Verpackung von Gütern erzeugen zusätzliche Stoffströme.

Dienstleistungen werden durch die Benutzung von Gütern erbracht, wie Anlagen, Infrastrukturen, Gebäuden oder Produkten des täglichen Lebens. Aus der Sicht der Ökosphäre sind die Güter und Dienstleistungen unserer Gesellschaft »von der Wiege bis zur Bahre« zu materialintensiv. Anders gesagt, die hohe Materialintensität der industrialisierten Welt bringt die Ökosphäre ins Wanken. Eine zukunftsfähige Wirtschaft wird eine entmaterialisierte

Wirtschaft sein. Das bedeutet übrigens auch, dass die westliche Wirtschaftshilfe in ihrer heutigen Form als Beihilfe zur Vernichtung der Menschheit verstanden werden kann.

Der Bedarf

Die mit zunehmenden Umweltproblemen ansteigende Vielfalt staatlicher und privater Umweltpolitik erfordert ein koordiniertes, zielgerichtetes und widerspruchsfreies Vorgehen. Das gilt für den Einkauf ökologisch »vernünftiger« Produkte oder Zwischenprodukte genauso wie für die Festlegung von Prioritäten bei Forschung und Entwicklung, für die Planung zukünftiger Prozessführungen, Infrastrukturen, Dienstleistungen oder Produkte, bis hin zu gesetzgeberischen Maßnahmen als Grundlage für den ökologischen Wirtschaftswandel. Ein Blick in die Zeitung oder der Vergleich gegenwärtiger Gesetzesvorhaben genügt, um zu zeigen, dass solche Grundlagen heute nicht existieren.

In der Praxis anwendbare und international harmonisierungsfähige Indikatoren zur Beurteilung der Umweltbelastungsintensität von Maßnahmen, Produkten und Dienstleistungen sollten folgenden Anforderungen genügen: Sie beruhen auf messbaren Größen; sie berücksichtigen die wesentlichen Umweltbelastungsarten; sie sind für die schnelle, transparente, reproduzierbare und kosteneffiziente Bemessung und den Vergleich verschiedenartigster Maßnahmen, Produkte und Dienstleistungen geeignet; sie sind global anwendbar; und sie sind für wesentliche Entscheidungen und Maßnahmen (öffentlich und privat) zur Erreichung eines ökologischen Wirtschaftswandels einsetzbar.

MIPS

Für den Wandel zu einer entmaterialisierten Wirtschaft sind Signale wissenschaftlich vertretbarer und praktisch anwendbarer Bemessungsgrundlagen erforderlich. Wir prüfen am Wuppertal Institut, wieweit die lebenszyklusweite Materialintensität pro Serviceeinheit (MIPS) ein geeignetes Maß zur Beurteilung der Umweltbelastungsintensität von Maßnahmen, Gütern und Dienstleistungen ist. Die besondere Schwierigkeit liegt in dem Versuch, eine inhärent sehr komplexe Situation auf ein einfaches Bewertungs- und Vergleichsmaß zurückzuführen. Umgekehrt muss erkannt werden, dass eine wissenschaftlich befriedigende Berücksichtigung aller bedeutsamen Umweltschadensphänomene unter Abwägung der jeweilig grob geschätzten Umweltschädlichkeit aller bewegten Stoffströme praktisch nicht durchführbar ist. Solche Analysen würden auch für jedes Produkt zu grundsätzlich nicht verallgemeinerbaren Aussagen führen.

Sollte MIPS die in sie gesetzten Erwartungen im Sinne einer brauchbaren Bemessungsgrundlage für die Umweltbelastungsintensität von Produkten und Dienstleistungen erfüllen, so wäre dies ein entscheidender Schritt zur Erfüllung des Vorsorgeprinzips und letztlich in Richtung der Verwirklichung des ökologischen Wirtschaftswandels.

Ökosicherheitsfaktor 10

Anhand der hier dargelegten Überlegungen kann die Größenordnung der notwendigen materiellen Veränderungen als Ziel einer zukunftsfähigen Wirtschaftspolitik neu abgeschätzt werden.

Die gegenwärtigen globalen Stoffströme überfordern die Pufferkapazität der Ökosphäre. Zu ihrer Restabilisierung muss daher eine angemessene Verminderung der gesamten Stoffströme international vereinbart und durchgeführt werden. Eine 50-prozentige Abmagerung dürfte als erste Zielvorgabe vertretbar sein. Nun werden aber gegenwärtig etwa 80 % der globalen Stoffströme zur Befriedigung der materiellen Bedürfnisse von 20 % der (reicheren) Menschen benötigt. Wenn wir weltweit eine durchschnittlich gleiche Verteilung von MIPS anstreben und in Zukunft die globalen Stoffströme um 50 % abmagern wollen, müssen wir westliche Produkte und Dienstleistungen langfristig im Schnitt um einen Faktor von mindestens 10 entmaterialisieren. Ansonsten müsste der Pro-Kopf-Verbrauch insgesamt entsprechend gesenkt werden.

Es ist wahrscheinlich, dass diese Entmaterialisierung durch Anhebung der Ressourcenproduktivität technisch erreichbar ist und in einzelnen Bereichen sogar noch übertroffen werden kann. Aus wirtschaftspolitischer Sicht sollte deshalb eine »Großoffensive« im Bereich Forschung und Entwicklung gestartet werden, bei der die Entwicklung und Erprobung entmaterialisierter »Dienstleistungserfüllungsmaschinen« in Erwägung gezogen wird. In Zukunft werden mit einiger Sicherheit diejenigen Nationen (und auch Länder!) in der Wirtschaft führend sein, die rechtzeitig mit entmaterialisierten Technologien auf dem Markt sind.

Zurzeit fehlen die ökologisch richtigen Marktsignale. Insbesondere sind die Preise für Rohstoffe und Energie weit davon entfernt, den privaten Sektor in eine ökologisch tragfähige Richtung zu bewegen. Höhere Preise auf die Nutzung natürlicher Ressourcen sind deshalb unabdingbar, wenn man einen zukunftsträchtigen Strukturwandel einleiten will. Die Politik und Einrichtungen der öffentlichen Bildung können mit Gesprächen über sozial- und kulturverträgliche Wege in einen neuen Wohlstand einen Umdenkprozess in diese Richtung einleiten.

Ausgewählte historische Verlautbarungen des internationalen Factor-10-Clubs

Mitglieder des Factor-10-Clubs

Jacqueline Aloisi de Lardarel
Direktor, UNEP ITE, Paris

Robert U. Ayres,
INSEAD, Fontainebleau

Dr. Willy Bierter
Vizepräsident, Faktor-10-Institut
Direktor, Institut für Produktdauerforschung, Genf

Dr. Frank W. Bosshardt
Direktor, Annova AG, Schweiz

Prof. Wouter van Dieren
Direktor, IMSA, Amsterdam

Hon. J. Hugh Faulkner
Chairman, SPM – Sustainable Project Management, Genf
Ehem. Generalsekretär, Business Council of Sustainable Development
Ehem. Minister in Kanada

Claude R. Fussler
Vizepräsident, Dow Europe S.A, Schweiz
Direktor, WBCSD, Genf

Prof. Dr. Rumen Gechev
Ehem. Generalsekretär,
UN Council of Sustainable Development, Sofia

Prof. Dr. Miki Goto
Direktor, Institute of Ecotoxicology, Gakuishin University, Tokio

Paul Hawken
Journalist, Sausalito, USA

Gert Irgang
Direktor, Business Transformation, Österreich

Prof. Dr. Leo Jansen
Direktor, Dutch Sustainable Technology Programme

Prof. Ashok Khosla
Präsident, Development Alternatives, New Delhi, India
Co-Präsident, Club of Rome
President IUCN
Co-Präsident, International Resource Panel – UNEP

Prof. Dr. Harry Lehmann
Leiter der Systemanalyse,
Wuppertal Institut
Fachbereichsleiter I, Umweltbundesamt, Deutschland

Prof. Dr. Franz Lehner
Präsident, Institut für Arbeit
und Technik, Deutschland

Jim MacNeill
Direktor, Environment Directorat, OECD
Ehem. Dep. Minister, Kanada
Generalsekretär, Brundtland-Kommission
MacNeill Associates, Ottawa, Kanada

Marie Madeleine Marchal
Carnoules, France

Yannis John Paleocrassas
Ehem. Finanzminister, Griechenland
Ehem. EU-Kommissar für Umwelt

Dr. Wolfgang Sachs
Wuppertal Institut, Deutschland

Prof. Dr. Ken Sasaki
Kyoto, Japan

Prof. Dr. Friedrich Bio Schmidt-Bleek
Präsident, Faktor-10-Institut
und International Factor 10 Club,
Ehrenpräsident, World Resources Forum Davos
Carnoules, Provence/Berlin

Prof. Dr. h. c. Walter Stahel
Direktor, Institut für Produktdauerforschung, Genf

Dr. Monthip S. Tabucanon
Dep. Di. General, Ministry
of Science, Technol. and Environment
Bangkok, Thailand

Prof. Dr. Zuo Tie-Yong
Präsident, Beijing Polytechnic
University, China

Prof. Dr. Ernst Ulrich von Weizsäcker
Präsident, Wuppertal Institut,
Mitglied des Bundestags, Deutschland
Co-Präsident, Club of Rome
Co-Präsident, International
Resource Panel – UNEP

Anders Wijkman
Ehem. Sonderbotschafter, Schweden
Mitglied des Europäischen Parlaments
Co-Präsident, Club of Rome

Jan-Olaf Willums
Direktor, Foundation for Business
and Sust. Development
Direktor, Environment Policy
and Investments
Storebrand, Norwegen

Dr. Manfred Wirth, Schweiz

Prof. Dr. Heinz Wohlmeyer
Präsident ÖVAF, Wien

Prof. Dr. Ryoichi Yamamoto
University of Tokyo, Japan

Carnoules-Declaration (1994)

Zusammenfassung

Wirtschaftlicher Fortschritt und nationaler Wohlstand werden immer noch anhand des Bruttoinlandsprodukts bemessen. Wirtschaftspolitische Strategien sind weiterhin daraufhin ausgerichtet, die Arbeitsproduktivität und das Produktionsvolumen zu steigern. Demgegenüber steigen viele der Faktoren, die tatsächlichen Wohlstand beinhalten, nicht; manche sinken sogar in den industrialisierten Ländern seit Mitte der 70er-Jahre.

Die Umweltzerstörung, der globale Ressourcenverbrauch sowie auch die Bevölkerungszahlen steigen. Gegenwärtige Umwelt- und Sozialpolitik haben es nicht vermocht, diesen Trend aufzuhalten. Folglich verlieren wir sowohl natürliches Kapital mit zunehmender Geschwindigkeit als auch die Entscheidungsfreiheit, die Zukunft der Menschheit mitzubestimmen. In Kürze wird es erforderlich sein, immer mehr Ressourcen in Überlebensstrategien zu investieren.

Selbstverständlich müssen diese Probleme dringend aufgegriffen werden. Wir behaupten nicht, alle Antworten auf die vorhandenen Probleme seien gefunden. Aber einige praktikable Lösungen konnten identifiziert werden, die unverzüglich umsetzbar sind. Unter anderem die folgenden:

1. In den industrialisierten Ländern muss die gegenwärtige Ressourcenproduktivität während der nächsten 30 bis 50 Jahre durchschnittlich um den FAKTOR 10 verbessert werden. Dies ist technisch machbar, wenn wir unser Fachwissen dazu heranziehen, neue Produkte, Dienstleistungen und Produktionsmethoden zu entwickeln.
2. Die relativen Arbeitskosten müssen in den industrialisierten Ländern sinken. Dies ist durch eine Überholung der Subventionen und durch eine Besteuerung des Ressourcenverbrauchs

statt der Arbeit möglich. Das Ziel ist es, durch beabsichtigte Umstrukturierungen Ressourcen für zukünftige Generationen zu erhalten, statt plötzlichen Veränderungen hilflos gegenüberzustehen.

In Sorge um die zukünftige Entwicklung unserer Wirtschaftssysteme und ihre ökologische Verträglichkeit möchten wir die Aufmerksamkeit von Bürgern, Führungspersönlichkeiten der Industrie, Regierungen und Nichtregierungsorganisationen auf einige dringende Angelegenheiten lenken. Wir stehen zur Verfügung, jedwede Bemühungen um eine langfristige Verbesserung der Zukunftsfähigkeit unserer Wirtschaftssysteme entsprechend den in diesem Dokument ausgeführten Gedanken zu unterstützen.

Wo wir heute stehen

Schon oft war der Ruf nach mehr Engagement für die Umwelt und einer entsprechenden Politik zu hören. Mittlerweile werden drohende Zusammenbrüche in der Umwelt und die Erschöpfung der Ressourcen als gewichtige Probleme erkannt, denen mit heute institutionalisierten politischen Strategien nicht angemessen begegnet werden kann.

Es hat sich als schwierig erwiesen, der Überzeugung Gehör zu verschaffen, dass durch scheinbar so weit entfernt liegende Dinge wie Umweltverschmutzung, Klimaveränderung und Erschöpfung der Ressourcen auch die Wirtschaft in Mitleidenschaft gezogen wird und in Zukunft zunehmend gezogen werden wird. Ökonomisches Denken betrachtet Umwelt üblicherweise als Kostenfaktor und nicht als eine Art von Kapital, und Ressourcen werden entweder als unerschöpflich oder als problemlos ersetzbar betrachtet.

Es gibt jedoch Gründe anzunehmen, dass die Wurzeln der derzeitigen ökonomischen und politischen Krise tief in der Art und Weise gründen, wie die Gesellschaft mit ihren ökologischen

Ressourcen umgeht und wie sie über Produktion und Konsumption, Einkommen und Einkommensverteilung, Steuerpolitik und andere Anreizinstrumente entscheidet.

Der eigentliche Sinn von Produktion ist es, Menschen Wohlstand zu verschaffen. Wohlstand im weiteren Sinne ist mehr als materieller Wohlstand und Konsum. Zu Wohlstand im weiteren Sinne gehören solche Dinge wie Einkommen, Konsum, Beschäftigung, Bildung, Gesundheit, Sicherheit (Abwesenheit von Gewalt), Umweltqualität, soziale Sicherheit, Freizeit und gleiches Recht für alle. Üblicherweise wird behauptet, dass mehr Produktion auch mehr Wohlstand bedeutet.

Es ist bekannt, dass heute verwendete Produktionsindikatoren wie das Bruttoinlandsprodukt (BIP) sowohl ungeeignet sind, Wohlstand zu messen, als auch, die Zerstörung der Umwelt in Rechnung zu stellen. Um den Zusammenhang von Wohlstandswachstum und Produktionswachstum zu messen, haben William D. Nordhaus und James Tobin schon 1974 eine Alternative zum BIP entwickelt, den Index für ökonomischen Wohlstand (Measure of Economic Welfare, MEW). Auf der Basis dieser Versuche entstanden der Index für zukunftsfähigen ökonomischen Wohlstand (Index of Sustainable Economic Welfare, ISEW) und der Indikator für tatsächlichen Fortschritt (Genuine Progress Indicator, GPI).

In diesen Indikatoren, in die einige der Faktoren einfließen, die im Bruttoinlandsprodukt fehlen, spiegelt sich die gegenwärtige Krise von Wirtschaft und Ressourcen deutlich wider. Noch zwischen 1950 und 1970/75 zeigt der GPI in den meisten westlichen Ländern eine Parallelentwicklung von Produktionswachstum und Wohlstandswachstum. Mitte der Siebzigerjahre aber war diese direkte Korrelation verschwunden. Die Produktion, gemessen im Bruttoinlandsprodukt, nahm zwar weiter zu, der Aufbau von Wohlstand aber, gemessen im GPI, hinkte immer weiter hinterher. Die ermittelten GPI-Werte zeigen, dass seit dieser Zeit die genannten Wohlstandsfaktoren generell entweder stagnierten oder sogar auf dem absteigenden Ast waren. Dies gilt für bisher untersuchte Länder wie die Vereinigten Staaten, Großbritannien, Dänemark, Österreich und die Niederlande.

Die Konsequenzen sind dramatisch. Politische Strategien werden im Namen des »Fortschritts« darauf ausgerichtet, die Produktion zu fördern. Doch in den alternativen Maßstäben für Wohlstand wie ISEW und GPI ist seit zwanzig Jahren von diesem »Fortschritt« nichts zu sehen.

Das Wachstum des Bruttoinlandsprodukts hing eng zusammen mit dem Wachstum der Arbeitsproduktivität. Sie hat in den 200 Jahren der Industrialisierung um mindestens das Fünfzigfache zugenommen. Im Gegensatz dazu ist die Ressourcenproduktivität nicht merklich gestiegen: Bis 1973 hat sich der Ressourcenverbrauch pro Einheit des Bruttoinlandsproduktes kaum verändert. Nach der Ölkrise zeigte sich dann in den OECD-Ländern eine leichte Entkopplung, nicht allerdings in Entwicklungsländern.

Mit anderen Worten: Der außerordentliche Anstieg der Arbeitsproduktivität war begleitet von oder wurde »bezahlt« mit einem entsprechenden Anstieg der Gewinnung und Verarbeitung von Rohstoffen. Alle Rohstoffe, die der Erde entnommen werden, sind potenzielle Abfälle. Milliarden Tonnen Material werden jedes Jahr der Umwelt entnommen, um mit ihnen die Produktionsmaschine zu füttern, und weitere Milliarden Tonnen werden bewegt und wieder abgelagert, ohne je einen eigenen ökonomischen Wert erlangt zu haben. Maschinen bewegen mittlerweile auf der Erdoberfläche mehr als zweimal so viel Materie wie geologische Kräfte. Ein erheblicher Prozentsatz dieser Milliarden Tonnen durch menschliche Aktivitäten bewegter Materie – unter anderem fossiler Brennstoffe, Wasser, Sand, Kies und Steine – wird innerhalb weniger Wochen oder Monate in chemisch degradierter und/oder mobilisierter Form an die Umwelt zurückgegeben. Nur ein Bruchteil davon – im Wesentlichen Baumaterialien – bleibt mehr als ein oder zwei Jahre lang in nutzbarer Form erhalten.

Umweltschäden entstehen durch direkten Zugriff auf Umweltressourcen oder -prozesse oder indirekt durch dissipative Nutzung materieller Produkte (z. B. Treibstoffe, Schmier-, Lösungs- und Reinigungsmittel, Farbstoffe und anderes) oder durch die Emission von (toxischen) Abfallprodukten.

Die Auswirkungen all dieser Störungen nehmen zu und beginnen sich in ökonomischen Größen widerzuspiegeln. Beispielsweise steigt die Zahl und Stärke von Naturkatastrophen wie Stürmen, Überschwemmungen und Dürren; der Versicherungsmarkt reagiert bereits mit einem scharfen Anstieg der Prämien. Unserer Ansicht nach liegen überzeugende Hinweise auf einen Zusammenhang zwischen den ökologischen Instabilitäten, die wir erzeugt haben, und solchen Ereignissen vor. Die massiven Materialbewegungen, zusammen mit den Emissionen toxischer Stoffe und Treibhausgase, sind dabei, die Absorptionskapazität der Ökosphäre zu übersteigen und ökologische Gleichgewichte zu verschieben.

Der Trend geht in die falsche Richtung. Sogenannte »Externalitäten«, genauer die Prozesse, die Umweltschäden verursachen, gewinnen sowohl quantitativ wie qualitativ an Bedeutung. Ihr Wachstum ist größer als das der Prozesse, die ökonomische »Werte« erzeugen. Der Begriff »Externalitäten« ist den internen Auswirkungen in keiner Weise angemessen. Was geschieht, ist nichts anderes als ein permanenter Verlust von »natürlichem Kapital«. Außerdem schrumpfen »soziale« Handlungsspielräume in dem Maße, wie die Gesellschaft sich zu einer »kollektiven Intensivstation« entwickelt, in der es nur noch begrenzte Bereiche menschlicher Aktivitäten gibt, die nicht reguliert werden. Darüber hinaus werden Kultur und kulturelle Entwicklung verkümmern, wenn die Ressourcen vorrangig für Überlebensstrategien investiert werden müssen.

Es ist behauptet worden, ökonomische Aktivität sei eng verknüpft mit dem »Verbrauch« von Materie. Das Eine zu kürzen sei nicht möglich ohne Kürzungen beim Anderen. Wir stellen diese Behauptung infrage. Wir sind der Überzeugung, dass zwar »traditionelles« ökonomisches Wachstum mit Material- und Energiegebrauch verknüpft ist, dass es aber viele Möglichkeiten gibt, die Rohstoff- und Energieproduktivität zu verbessern, ohne dabei wirklichen menschlichen Wohlstand zu opfern. Wir kommen deshalb zu dem Ergebnis: Die Produktivität von Rohstoffen und Energie ist der Schlüssel. Ihre Nutzung muss auf lange Sicht sehr viel produktiver werden – um einen Faktor 10 oder mehr.

Die traditionelle Erwiderung darauf lautet: Wenn es solche Möglichkeiten tatsächlich gäbe, würden Unternehmer sie ausschöpfen. Die Ressourcenproduktivität würde in der Tat erheblich steigen, wenn alle beteiligten Märkte perfekt funktionieren würden und es für die Unternehmen keine Innovationsbarrieren gäbe. Aber die Preisstruktur auf den Märkten stimmt nicht, die Märkte funktionieren nicht perfekt, und es gibt Barrieren. Zudem planen Unternehmen in der Regel in viel zu kurzen Zeiträumen.

Im Verlauf des vergangenen Jahrhunderts haben sich viele große und machtvolle ökonomische Interessenstrukturen herausgebildet – und das in einem gesellschaftlichen Umfeld, in dem es ökonomisch sinnvoll war, billige Rohstoffe auszubeuten, einschließlich Wasser und Luft, um die Industrialisierung voranzutreiben. Das Ausbeuten von Rohstoffen – insbesondere von fossilen Brennstoffen – galt als »Wachstumsmotor«. Beigetragen zu dieser Situation haben zahllose Subventionen, direkte und indirekte.

Sieben größere Bereiche staatlicher Intervention lassen sich ausmachen, die die Marktverhältnisse verzerren:

I. Subventionen für die Energieerzeugung, Externalisierung der Umweltkosten der Energieproduktion;
II. Subventionen für privaten Transport und die erforderliche Infrastruktur, einschließlich zahlreicher Sonderregelungen bei der Treibstoffsteuer;
III. Abwälzen des »gefährlichen« Techniken inhärenten Risikos auf die Gesellschaft, beispielsweise auf den Gebieten internationaler Schiffs- und Luftverkehr sowie der Atomenergie;

IV. Anbieten einer Müllbeseitigung zu »sozialverträglichen Preisen«, somit »Sozialisierung« der externen Folgen und im Endeffekt Subventionierung einer »umsatzmaximierenden« oder »Wegwerfökonomie«;
V. Subventionen für niedergehende Industriezweige mit dem Ziel, sie am Leben zu erhalten (beispielsweise der Jahrhundertvertrag zwischen Regierung und Kohleindustrie in Deutschland und ähnliche Praktiken in Russland, Belgien und Frankreich);
VI. Subventionen für bestimmte Formen der Landwirtschaft, ohne Rücksicht auf die damit verbundenen Umwelt- und Energiekosten;
VII. Subventionen für Investitionen in neue Arbeitsplätze Seite an Seite mit Investitionen in Arbeitsplatzabbau.

All diese direkten und indirekten Subventionen verstärken die Übernutzung natürlicher Ressourcen und den Abbau von Arbeitsplätzen, und sie hindern die Märkte daran, auf die bereits erkennbare Knappheit der Ersteren und das Überangebot der Letzteren zu reagieren.

Wege zu neuer Stimmigkeit

Angesichts dieser Herausforderungen muss die industrialisierte Welt ihren Rohstoff- und Energieumsatz schrittweise verringern. Es gibt keinen starren Zusammenhang und auch nichts Magisches im Verhältnis vom Gesamtwert ökonomischer Aktivität und Rohstoffumsatz. Wir schlagen ein einfaches Ziel vor: Wir müssen darauf hinarbeiten, die gegenwärtigen globalen, nicht erneuerbaren Stoffströme zu halbieren, einschließlich der mineralischen Rohstoffe, des Süßwassers und der nicht erneuerbaren Energieträger.

Voraussetzung dafür, dass dies gelingen und das Ziel einer langfristigen globalen Zukunftsfähigkeit erreicht werden kann, ist unserer Überzeugung nach, dass die heute industrialisierten Länder sich politisch auf eine Erhöhung ihrer durchschnittlichen Ressourcenproduktivität auf das Zehnfache festlegen. Da diese Strategie auf gegenwärtigen Bedingungen basiert, würden eine Zunahme in der Weltbevölkerung und zu erwartende wirtschaftliche Expansionen in der industrialisierten Welt einen Faktor größer als 10 erfordern.

Die technischen Möglichkeiten, dieses Ziel innerhalb von fünfzig Jahren zu erreichen, sind enorm. Schon heute ermutigen einzelne Marktpreise und andere Signale zu einem vorsichtigen Übergang zum technisch Machbaren. Gegen den Trend stehen nach wie vor institutionelle Hindernisse und die Macht einflussreicher Interessengruppen. Regierungen und andere Beteiligte müssen gezielt daran arbeiten, die richtigen Anreize zum Wandel zu geben. Eine ökologische Steuerreform, welche die Ressourcenpreise anhebt bei gleichzeitiger Reduzierung der Lohnnebenkosten, wäre ein besonders geeignetes Beispiel.

Anreize zur Erhöhung der Ressourcenproduktivität vonseiten der Regierung allein reichen aber nicht aus. Die Vorstellung davon, was Wohlstand ist, ändert sich. Inzwischen wird auch, wenn auch allmählich, ein Unterschied gemacht zwischen Lebensqualität und quantitativem materiellem Konsum. Vergleichbar langsam verschieben sich gesellschaftliche Strukturen dahin, dezentralen politischen und technischen Entscheidungsstrukturen wieder mehr Gewicht zu verleihen. Manche gesellschaftliche Gruppe bestreitet ihren Lebensunterhalt bereits mit nicht-konsumptiven Tätigkeiten und sogar mit nicht marktförmigem Tausch. Veränderungen dieser Art entsprechen den Wünschen und Bedürfnissen vieler Menschen. Trends zu solchen Organisationsformen sollten aktiv gefördert werden.

Zum Prozess der Dematerialisierung gehört ein neues Denken in »Lebenszyklen«. Das bedeutet: Verbesserungen sind keineswegs auf Produkte beschränkt, sondern können und müssen Veränderungen einschließen in der Art, wie Produkte hergestellt, verpackt, transportiert, verkauft, genutzt, wiederverwendet, an Folgenutzer weitergegeben, wiederverwertet und beseitigt werden. Vollkommen neue Produkte und Dienstleistungen müssen entwickelt werden. Sowohl die Lebensdauer als auch die Gebrauchsintensität werden Schlüsseleigenschaften von Produkten sein. Entgegen der verbreiteten Meinung, wir könnten uns vieler Dienstleistungen nur erfreuen, wenn wir entsprechende Dienstleistungserfüllungsmaschinen kaufen (also Produkte), muss dies keineswegs notwendig der Fall sein. Gemeinsames Nutzen, Mieten, Leasing und Leihen sind nur einige Beispiele für Nutzungskonzepte, die im Ergebnis Stoffströme verringern.

Wenn politische Anreize einhergehen mit Änderungen in Organisationsformen und Praxis der Industrie und sozialem Wandel, dann kann das Ziel, den gegenwärtigen Wohlstand mit einem Zehntel des Rohstoff-Inputs zu schaffen, erreicht werden. Entscheidungsträger auf allen Ebenen – im öffentlichen und privaten Bereich, auf internationalem, nationalem und lokalem Parkett – müssen jetzt darauf hinarbeiten, die Ressourcenproduktivität zu verbessern. Aber nur Regierungen können den erforderlichen Rahmen schaffen, in dem es sich ökonomisch lohnt, ökologisch tragfähig zu investieren. Die zentrale Herausforderung ist deshalb, sicherzustellen, dass die Preise sich ändern: Arbeit muss deutlich billiger werden als Energie und Rohstoffe. Es muss sich mehr lohnen, Kilowattstunden arbeitslos zu machen als Menschen.

Veränderungen dieser Art in den OECD-Ländern würde den Menschen in der weniger industrialisierten Welt Spielraum geben, ihre Stoffströme zu erhöhen, um ihre Bedürfnisse zu befriedigen. Dennoch sollten auch sie dazu ermutigt werden, sich der Praxis des Rohstoffsparens anzuschließen. In Ost- und Zentraleuropa können derzeit gewaltige Effizienzsteigerungen realisiert werden.

Große technische Veränderungen brauchen zehn oder zwanzig Jahre, bis sie sich durchsetzen, und einige diffundieren erst in viel längeren Zeiträumen in alle Bereiche der Gesellschaft. Eine radikale Dematerialisierung wird mindestens ein halbes Jahrhundert brauchen. Doch die jüngere Geschichte hat gezeigt, dass sich in solch einem Zeitraum die technische Basis einer industrialisierten Gesellschaft radikal verändern kann – und weiterhin verändern wird. Deshalb wird eine Erhöhung der Energie- und Materialproduktivität um den Faktor 10 möglicherweise in vielen Ländern beinahe schmerzlos vonstattengehen – wenn Politik und ökonomische Signale die richtige Richtung vorgeben.

Wir behaupten nicht, alle Antworten seien bekannt. Fragen bleiben offen. Eine davon ist die nach den Grenzen des freien internationalen Wettbewerbs. Eine andere ist die nach der Rolle der Industrie in sozialen und politischen Angelegenheiten. Sollten wir das Konzept des langfristigen sozialen Kontrakts bei Industrieunternehmen wiederbeleben? Welche neuen internationalen Übereinkünfte oder Organisationsstrukturen sind erforderlich, um Handlungsspielräume zu schaffen?

Trotz dieser Ungewissheiten sind wir überzeugt: Wenn der Prozess der Dematerialisierung nicht beginnt, ist sowohl das soziale Gefüge unserer Gesellschaften als auch das globale Ökosystem mittelfristig ernsthaft gefährdet. Und nicht zuletzt hätten wir, wenn wir jetzt begännen, die Chance zu einem langsamen, evolutionären Übergang und wären nicht unter dem Eindruck revolutionärer Ereignisse zu hastigen Veränderungen genötigt.

ANNEX – Aktionskatalog –
Schritte in eine dematerialisierte Wirtschaft

Um die oben skizzierten Veränderungen in die Wege zu leiten, werden sich Regierungen, Industrie, soziale Einrichtungen, Bürger und Nichtregierungsorganisationen den folgenden Aufgaben widmen müssen:

- Umorientieren des finanzpolitischen Systems mit dem Ziel, die natürlichen Ressourcen zu verteuern und die Benachteiligung der Arbeit aufzuheben;

- Einführen von positiven und negativen Anreizsystemen wie tauschbare Verschmutzungsrechte, Zertifikate zum Jagen und Fischen sowie für die Nutzung von Erholungseinrichtungen;
- Formulieren einer fundamental neuen Vision von Entwicklungspolitik, insbesondere auf dem Gebiet des Technologietransfers;
- Reform des Erziehungswesens mit dem Ziel, das Konzept der Ressourcenschonung auf allen Ebenen zu integrieren;
- Entwickeln einer neuen Kultur des Lernens, die ihre Konzepte aus einem integrativen, synthetischen Modell bezieht, im Gegensatz zur konventionellen, reduktionistischen Herangehensweise;
- Neubewerten der zentralen Rolle des Konsumierens von Rohstoffen, Energie und Fläche in unseren Kulturen;
- Zurückdrängen von öffentlichem und privatem Protzverhalten, das sich in Materialverbrauch manifestiert;
- Umkehren und Neuausrichten der Anreizstrukturen, die derzeit von ökologisch bewusstem Verhalten abschrecken;
- Abschaffen, Umlenken oder Umkehren von Subventionen;
- Neufassen von Normen und Standards nach ökologischen Leitlinien;
- Vereinbaren einfacher Messverfahren für die ökologischen Auswirkungen von Prozessen, Infrastrukturen, Systemen, Produkten und Dienstleistungen (wie etwa MIPS).

Entwickeln von Maßstäben für tatsächlichen Wohlstand

- Einführen international abgestimmter Systeme der Kennzeichnung und Zertifizierung von Prozessen, Produkten und Dienstleistungen;
- Förderung des Wissenstransfers durch Veröffentlichung von Kompendien solcher Innovationen und technischen Lösungen, die in Richtung auf die in diesem Dokument skizzierten Ziele gehen;

- Unterstützen von Trends in Produktdesign und Dienstleistungssektor in Richtung auf ökologisch effizientere Lösungen (Rolle in Zukunftsmärkten);
- Überwinden der heute verbreiteten risikoscheuen Grundhaltungen in Politik, Industrie und bei Bürgern;
- Etablieren von Inseln der Zukunftsfähigkeit, die als Vorboten künftiger Entwicklungen und als Modelle für das Mögliche fungieren;
- Fördern von Forschung und Entwicklung auf den Feldern »zukunftsfähige Technik« und »soziale Veränderung und Anpassung«;
- An erster Stelle aber sollten die Bemühungen fortgesetzt werden, auf friedlichem Wege die Weltbevölkerung zu stabilisieren und zu verringern. Dies sollte durch die Förderung von gerecht verteilter Wohlfahrt weltweit geschehen.

Carnoules-Statement (1997)
Gerichtet an die Chefetagen der Regierungen und in der Wirtschaft

In Bezug auf die »Verlautbarungen des International Factor-10-Clubs aus dem Jahre 1997, gerichtet an die Chefetagen der Regierung und der Wirtschaft«, äußerte sich der Board of Listeners des International Factor-10-Clubs wie folgt:

»We have chosen to listen to the message of the Factor 10 Club. We see it as a bold and novel approach to sustainable development. We support the basic ideas presented in this brochure without necessarily agreeing with all the prepositions made therein. We shall welcome a worldwide discussion of the Factor 10 Concept and hope that practical steps in this direction will gain momentum.«

Martin Bartenstein, Minister, Austria; Gro Harlem Brundtland, former Prime Minister of Norway, former Chairperson, Brundtland

Commission, Director General, World Health Organisation; Ricardo Diez-Hochleitner, Präsident, Club of Rome; Rumen Gechev, former Chairperson, UN Commission on Sustainable Development, Sofia; Michito Ishii, Minister, Japan; Anna Lindh, Minister, Schweden; Nelson Mandela, former Prime Minister, South Africa; Ungsuh Park, President, Samsung Economic Research Institute; Emil Salim, President, Indonesian Foundation for Biodiversity; Stephan Schmidheiny, Chairman, UNOTEC Holding, founding president of the Business Council for Sustainable Development; Tadahiro Sekimoto, Chairman of the Board, NEC Corp; Maurice Strong, former Secretary General, UNCED. Rio 1992; Klaus Töpfer, former Minister, Germany, Director General, UNEP, Nairobi, Kenya.

Ein zehnfacher Sprung in Energie- und Ressourceneffizienz

Nationen können innerhalb einer Generation eine zehnfache Effizienzsteigerung meistern beim Einsatz von Energie, Ressourcen und anderen Materialien. Der Factor-10-Club – eine aus dem Wuppertal Institut in Deutschland arbeitende internationale Gruppe hochrangiger Persönlichkeiten aus Regierung, Bürgervereinigungen, aus der Industrie und Wissenschaft – glaubt, dass ein solches Ziel nunmehr technisch erreichbar ist und mithilfe entsprechender institutioneller und politischer Anpassungen auch in die Reichweite von Politik und Wirtschaft gebracht werden kann. Im Laufe dieses Prozesses sollten eine anhaltende Verbesserung der Wettbewerbsfähigkeit für Betriebe, eine verbesserte Beschäftigungslage sowie mehr und gerechter verteilter Reichtum erreicht werden.

Ein Sprung dieser Größenordnung in Energie- und Ressourcenproduktivität würde die Basis für das Zustandekommen sozialer, wirtschaftlicher und ökologischer Zukunftsfähigkeit stärken. Damit wäre auch die Chance gegeben, die gesamten Ressourcenflüsse aus der Umwelt zu verkleinern.

Dies alles ist jedoch keine einfache Aufgabe. Maßnahmen an vielen Fronten wären erforderlich, und mutige neue Verpflichtungen müssten von internationalen Organisationen, von Regierungen, von Industrie und Gesellschaft eingegangen werden. Allerdings würden sie hierbei von einer Reihe bereits vorhandener Trends Unterstützung erfahren.

Hierzu zählt insbesondere der Umstand, dass schon einige Veränderungen begonnen haben, während wir uns dem neuen Jahrtausend nähern. So haben im Laufe der letzten Jahrzehnte bereits wirtschaftliche und technische Entwicklungen zu einer Reduktion des Energiebedarfes pro Produktionseinheit geführt – sowie zur Verringerung der Nachfrage nach einigen Materialien. Ebenso wurde das Wachstum von seinen Auswirkungen auf die Umwelt abgekoppelt. In der Tat hat eine neue Wirtschaft eingesetzt, die effizienter ist und potenziell zukunftsfähiger. Sie ist durch Menschen gekennzeichnet, die in der Lage sind, mehr Güter, mehr Beschäftigung und mehr Einkommen zu schaffen mit weniger Energie und Ressourcen für jede geschaffene Produktionseinheit. Diese neue Wirtschaft ist das Ergebnis einer komplexen Kombination von Faktoren, die durch neue Technologien und Veränderungen der historischen Beziehungen zwischen Kapital, Arbeit und Ressourcen – vor allem Energie – bestimmt wird. Besonders deutlich wird dies in Marktwirtschaften, die für Veränderungen offen sind. Diese neue Wirtschaft wird von der Weltindustrie angeführt und verändert sie gleichzeitig.

Diese Entwicklung wird noch dadurch verstärkt, dass sich die Nachfragestruktur unaufhörlich in Richtung Dienstleistungen bewegt. In Industrieländern ist der Produktionsanteil der Gestehungskosten bereits auf 20 bis 25 % abgesunken. Auch hier wird der Trend von fortschrittlichen Firmen angeführt.

Diese Trends sind in einigen Ländern stärker ausgeprägt als in anderen. Bedauerlich ist, dass ihre Folgen noch immer nicht allgemein verstanden werden. Ungeachtet aller Tatsachen gehen z. B. die meisten Regierungen, Vereinigungen und Wähler weiterhin davon aus, dass eine Wirtschaft dann gesund ist, wenn Energie-, Material- und Ressourcenverbrauch ansteigen, um mehr Güter,

Arbeitsplätze und Einkommen zu schaffen. Diese Annahme ist ein Überbleibsel der Massenwirtschaft einer zu Ende gehenden Epoche, in der Wachstum gekennzeichnet war durch stete Expansion der Energiebereitstellung, der Ausbeutung von Ressourcen und der Umweltzerstörung. Obwohl diese Annahmen inzwischen längst der Vergangenheit angehören, dominieren sie nach wie vor die Finanz-, Energie-, Land- und Forstwirtschaftspolitik sowie weitere Bereiche. Dies hat eine Verlangsamung, teilweise sogar eine Verhinderung der Entwicklung hin zu einer neuen, effizienten und zukunftsfähigen Wirtschaft zur Folge.

Diese irrigen Annahmen dominieren aber auch die Umweltpolitik, die sich unverändert auf die Ausgangsseite der Wirtschaft konzentriert anstatt auf das gesamte System. Eher werden End-of-the-pipe-Lösungen und Ressourcenverarbeitung oder -recycling gefördert, als dass über Produktivitätssteigerungen nachgedacht wird. Dies führt zu einer ständigen Zunahme der Umweltschutzkosten.

Umweltschäden entstehen nicht nur durch Umweltverschmutzung, sondern auch durch die Prozesse beim Abbau von Ressourcen. Tatsächlich überwiegt sogar die Bedeutung der Ressourcenentnahme und -bewegung, da alle von der Wirtschaft benötigten Materialien früher oder später zu Emissionen oder Abfällen werden. Die Senkung von Umweltschutzausgaben erfordert deshalb sowohl eine Reduzierung der Emissionen als auch der Ausbeutung natürlicher Ressourcen.

Die Industrie hat sich seit Langem gewünscht, den zunehmenden Belastungen durch End-of-the-pipe-Umweltschutz zu entgehen, und gewisse fortschrittliche Unternehmen waren dabei auch erfolgreich. Durch den Druck steigender Energie-, Material- und Kapitalkosten während der 70er- und 80er-Jahre wurden leichtere, dauerhaftere und weniger material- und energieintensive Produkte eingeführt. Ferner wurden Produktionsprozesse so umgestaltet, dass weniger Kapital erforderlich war und Nebenprodukte im Produktionsprozess profitabel wieder- oder weitergenutzt werden konnten.

Durch systemweite Investitionen in Energie- und Ressourceneinsparung sowie Verbesserungen der Umwelteffizienz konnte gezeigt werden, dass sich öko-intelligentes Design von Gütern und Dienstleistungen auszahlt und zu neuer Beschäftigung, neuen Märkten und zu neuen Profitbereichen führt.

Untersuchungen zeigen, dass ökologische Vorteile dieser »Dematerialisierung« der Wirtschaft bei der »Wiege« des Produktionszyklus ihren Anfang nehmen. Dies wirkt sich in geringeren Abbaumengen und -abfällen, einer Reduzierung von Wasserverbrauch und -belastung sowie einem Rückgang von Emissionen, Entwaldung und Erosion aus.

Leider blockieren sowohl hergebrachte und heute noch immer dominierende Umwelt-, Fiskal- und Ressourcenpolitiken weiterhin die Entwicklung zu dieser neuen Energie- und Ressourceneffizienz und somit zur dematerialisierten Wirtschaft. Dies muss sich ändern!

Ein steigendes Konsumniveau der Reichen und eine Verdopplung der Weltbevölkerung in den nächsten 40 bis 50 Jahren erfordern eine Steigerung der Nahrungsproduktion um den Faktor 4, eine Erhöhung des Energiebedarfs um den Faktor 6 und eine Steigerung des Einkommens um den Faktor 8 oder mehr. Wenn dies erreicht werden soll, ohne unseren Planeten über kritische Werte – die wir gerade erst langsam zu verstehen beginnen – hinaus zu belasten, müssen die Regierungen eine Politik unterstützen, die Industrie und Gesellschaft anhält, immer größere Fortschritte in der Energie- und Ressourcenproduktivität und der Dematerialisierung zu erreichen. Ferner muss sichergestellt sein, dass diese Fortschritte nicht durch »Bumerangeffekte« vernichtet werden. Die Erfahrung hat nämlich gezeigt, dass mit stabilen oder fallenden Preisen Effizienzerfolge leicht durch höhere Konsumniveaus wettgemacht werden.

Die Nachhaltigkeit – die Zukunftsfähigkeit – erweist sich als Schlüsselkomponente jedes Paradigmenwechsels auf dem Weg ins nächste Jahrtausend. Zukunftsfähigkeit erfordert eine neue Wertschätzung der Natur und eine neue Inwertsetzung der Inputmengen für wirtschaftliche Entwicklungen – insbesondere für Energie, Rohstoffe, Chemikalien und andere materielle Inputs. Sie erfordert, dass Umwelt und Entwicklung wechselseitig unterstützend gestaltet werden, und zwar bereits an der Eingangsseite der Wirtschaftszyklen, also eben nicht erst am Schwanzende, wenn Gesellschaft und Wirtschaft bereits die Schadkosten für eine nicht-zukunftsfähige Entwicklung verursacht haben.

Das Ziel kurzfristig wachsenden Wohlstandes wurde schon zu oft verfolgt, ohne die langfristigen Konsequenzen für Umwelt und Wirtschaft zu beachten. Dadurch, dass 20 Prozent der Bevölkerung 80 Prozent der weltweiten Ressourcen verbrauchen, wurden die Unterschiede zwischen Arm und Reich sowohl innerhalb einzelner Länder als auch zwischen den Nationen verstärkt. Dieses Gefälle hat auch die Schwierigkeiten vervielfacht, die einem kooperativen Risikomanagement für unsere gemeinsame Zukunft entgegenstehen. Zukunftsfähigkeit erfordert eine sorgfältige Balance zwischen lang- und kurzfristigen Zielen und eine Betonung auf Effizienz, Gleichheit und Lebensqualität.

Wird dieser Weg eingeschlagen, so können wir uns auch weiterhin eines hohen Lebensstandards erfreuen und diesen auch der sich entwickelnden Welt eröffnen. Wir können eine Wirtschaft schaffen, die sehr viel schonender mit der Ökosphäre umgeht. Und wir können eine Erde erhalten, auf der zu leben sich lohnt.

Zur Erreichung dieses Zieles rufen wir Regierungen, die Industrie sowie internationale und Nichtregierungsorganisationen auf, den Faktor 10 als strategisches Ziel für die Steigerung der Energie- und Ressourcenproduktivität zu übernehmen.

Einige Regierungen sowie internationale und Wirtschaftskörperschaften haben bereits damit begonnen, sich in diese Richtung zu bewegen. Österreich und die Niederlande z. B. haben dieses strategische Ziel 1995 übernommen. In Deutschland wurde eine Enquêtekommission des Bundestags über Stoffströme eingesetzt, um die Basis für weitere politische Maßnahmen zu schaffen. Der

»Business Council for Sustainable Development« und das »United Nations Environment Program – Industrie und Umweltbüro« setzten sich 1995 gemeinsam für eine Erhöhung der Ökoeffizienz um den Faktor 20 ein. Das Umweltministerium in Wien bereitet zusammen mit dem jüngst gegründeten Faktor-10-Institut eine landesweite Informationskampagne vor, um kleine und mittelständische Betriebe beim Design öko-intelligenter Produkte zu unterstützen. Die kanadische Regierung hat einen Kommissar für Umwelt und Sustainable Development ernannt, der die Regierungspolitik und -programme daraufhin überprüft und dem Parlament jährlich Bericht erstattet. Die OECD überprüft, ob der Faktor 10 eine mögliche Stoßrichtung sein kann. Der Rat für Sustainable Development des Präsidenten der Vereinigten Staaten hat Interesse am Faktor 10 und an Ökoeffizienz bekundet.

Wir rufen die Regierungen weiterhin auf, Maßnahmen zu modifizieren, die derzeit noch Fortschritte in Richtung Zukunftsfähigkeit behindern, und Anstrengungen der Industrie und von Einrichtungen der Wissenschaft und Technik in diese Richtung zu erleichtern, anstatt sie zu erschweren. Und wir rufen Industrie und Nichtregierungsorganisationen auf, diese Veränderungen politisch zu unterstützen.

Mithilfe vorwiegend durch Marktkräfte vorangetriebener Technik wurde bereits eine graduelle Reduktion der Energie- und Materialintensität des Wachstums erreicht. Aber unsere öffentlichen und privaten Institutionen bleiben weit hinter den Möglichkeiten zurück. Eine Vielzahl wesentlicher Änderungen ist erforderlich.

Am wichtigsten hierbei ist, die Signale und Anreize, die Menschen und Gewerbe vom Markt erhalten, mit den ökonomischen und ökologischen Tatsachen in Einklang zu bringen. In der Marktwirtschaft ist das wichtigste und vorherrschende Signal der Preis.

Heutzutage sind die meisten Energie- und Rohstoffpreise verzerrt – teilweise sogar stark verzerrt – durch Interventionen der Regierungen in die Märkte. Steuern und fiskalische Anreize, Preisbindungs- und Marktpolitik, Wechselkurse und Handelsbeschränkungen beeinflussen ausnahmslos die Energie- und Ressourcenintensität des Wachstums und das Ausmaß, in dem das Wachstum ökologische Kapitalreserven steigert oder senkt. Dasselbe gilt für einige sektorale Bereiche der Politik. Energiesubventionen führen in der Regel dazu, dass fossile Brennstoffe und Kernenergie gefördert und Effizienz, Biomasse und erneuerbare Energien benachteiligt werden. Steuerliche Erleichterungen für Rodung, Ansiedlung und Bewirtschaftung beschleunigen Entwaldung, Artensterben und Boden- sowie Wasserverschmutzung. Die Subvention von Pestiziden führt zu deren exzessivem Gebrauch und beeinträchtigt damit die menschliche Gesundheit, fördert die Gewässerverschmutzung und erhöht die Anzahl pestizidresistenter Arten. Subventionen für die Erschließung und Benutzung von Wasserressourcen können zu Übernutzung durch Bewässerungsmaßnahmen sowie in Industrie und Städten führen.

Diese Subventionen sind eine riesige Last für die öffentlichen Haushalte. Einige neuere Studien beziffern sie mit Größenordnungen von einer Billion Dollar jährlich. Dies ist etwa so viel, wie die Regierungen auf dem Höhepunkt des Kalten Krieges für die Rüstung ausgegeben haben. Diese Subventionen lenken die Umwelt- und Ressourcenintensität des Wachstums in die falsche Richtung. Sie ermutigen in aktiver – wenn auch unbeabsichtigter – Weise solche öffentlichen und privaten Entscheidungen, die zu nicht-nachhaltigen Entwicklungen führen. Sie sind – oftmals gleichzeitig – ökonomisch verkehrt, handelsverzerrend und ökologisch destruktiv.

Die Reform dieser perversen Anreize wird eine Verkleinerung der wesentlichen Ursache für Preisverzerrungen bedeuten, Preisverzerrungen, die sich gleichzeitig sowohl gegen Umwelt wie auch gegen die Wirtschaft richten. Aber auch eine derartige Reform würde an der grundsätzlichen Schieflage nichts ändern. Um diese zu erreichen, müssten Regierungen wirksame Maßnahmen zur Internalisierung der Umweltkosten von Produkten, Prozessen und Dienstleistungen ergreifen.

Einige Experten haben vorgeschlagen, Regierungen sollten schrittweise die Art und Weise verändern, wie Regierungen ihre Aufgaben finanzieren. Wir besteuern heute offenbar die falschen Dinge. Wir sollten steuerliche Belastungen von Einkommen, Ersparnissen und von solchen Investitionen, die Arbeitsplätze schaffen, schrittweise reduzieren und sie dafür entsprechend auf Energie, Ressourcenausbeutung und -nutzung, Verschmutzung und Produkte mit negativer ökologischer Auswirkung umschichten. Der Wechsel könnte langsam, einkommensneutral und so gestaltet werden, dass keine zusätzlichen Belastungen der ärmeren Teile der Bevölkerung entstehen. Dies könnte ökologisch positive Auswirkungen auf Konsummuster sowie auf die Kostenstruktur der Industrie haben, ohne die Steuerlast insgesamt zu erhöhen.

Regierungen könnten mittels dieser Reformen Marktkräfte freisetzen zur Unterstützung einer zügigen Einführung der neuen energie- und ressourceneffizenten Wirtschaft. Dadurch würde auch der Erlass- und Kontrollaufwand des End-of-the-pipe-Umweltschutzes reduziert. Hinzu kommt zudem, dass die öffentlichen Haushalte erheblich entlastet würden.

In Zusammenarbeit mit der Industrie sollten Regierungen beim Erschließen neuer Märkte kreativer vorgehen. Durch tauschbare Gutschriften und andere Systeme könnte der Markt genutzt werden, um Kohlendioxid- oder andere Treibhausgasemissionen in die Atmosphäre zu reduzieren und um andere ökologische Ziele der Politik zu erreichen.

Wir rufen Regierungen weiterhin auf, neue Maße und Indikatoren für die Wohlstandsmessung und eine zukunftsfähige Entwicklung voranzutreiben und anzuwenden. Und wieder rufen wir Industrie und Nichtregierungsorganisationen auf, diese Veränderungen politisch zu unterstützen.

Obwohl das Prinzip der zukunftsfähigen Entwicklung bereits weithin akzeptiert worden ist, so wurde doch der Fortschritt in diese Richtung bislang durch die Abwesenheit operationaler Definitionen behindert – und ganz besonders trifft dies für den Kern des Konzepts der Ressourcennutzung zu. Wir sind überzeugt, dass dringender Bedarf nach robusten und richtungssicheren Indikatoren besteht, um die notwendigen Fortschritte zu stimulieren. Existierende Umweltindikatoren lenken die Aufmerksamkeit vorwiegend auf die Ausgangsseite der Entwicklungszyklen, auf die ökologischen Auswirkungen nicht zukunftsfähigen Handelns sowie auf additive Politiken und Techniken mit dem Ziel, bestimmte Wirkungen zu reduzieren. Hingegen sollten Indikatoren für zukunftsfähige Entwicklungen das Interesse auf die Eingangsseite der Entwicklungszyklen lenken, auf Energie-, Ressourcen- und Chemikalien- wie auch anderer -inputs, und auf politische Maßnahmen, diese zu beeinflussen. Die internationale Übereinkunft für solche Indikatoren ist notwendig.

Internationale Übereinstimmung ist auch geboten für einige einfache Messungen zur Erfassung der ökologischen Intensität von Stoffströmen. Zwei dieser Maße wurden am Wuppertal Institut entwickelt: der Material-Input pro Einheit Service (oder MIPS) und die Kosten pro Einheit Service (Costs Per Unit Service – COPS).

Wir rufen Industrieführer auf, diese Veränderungen politisch zu unterstützen und entsprechende Veränderungen in ihren eigenen Unternehmen zu fördern.

Unternehmen haben ein natürliches Interesse an einer stabilen Wirtschaft, an stabilen politischen Bedingungen und an vorhersehbaren Märkten. Im Kontext zukunftsfähiger Entwicklung stellt die Umwelt nicht nur einen Kostenfaktor, sondern vielmehr ein Potenzial für wettbewerbliche Vorteile dar. Das Unternehmen, welches sich dieses Konzept zu eigen macht, kann schnell Vorteile realisieren – effizientere Prozesse, Produktivitätssteigerungen, geringere Kosten und neue strategische Marktoptionen.

Dies erfordert die Verpflichtung seitens der Unternehmensführung auf oberster Ebene. Die Chefetagen der Unternehmen – angefangen mit dem Vorstandsvorsitzenden – müssen die Zukunftsfähigkeit als fundamentale Bewertungsgrundlage für alle

Entwicklungen akzeptieren und als Schlüsselprinzip für Betriebsplanungen und für die Entscheidungsfindung für Investitionen, für Produkte, für Verfahren und das Marketing.

Wirtschaftsführer sollten darüber hinaus komplementäre Veränderungen in ihren Geschäftsberichten zur Integration des Konzepts der zukunftsfähigen Entwicklung einführen. Dies würde auch die Einführung neuer Maßzahlen bedeuten, um dem Management, den Investoren und Aktionären sowie anderen Beteiligten erkennbar zu machen, ob das Unternehmen den Energiedurchsatz, seinen Naturverbrauch, die Menge gefährlicher Chemikalien und andere Material-Inputs pro Einheit Output erhöht oder senkt, ob das Unternehmen Abfall und Emissionen vergrößert oder verkleinert, und schließlich, ob der gesamte Verbrauch an Naturkapital ansteigt oder sinkt.

Wir wollen hier nicht den Eindruck erwecken, dass alle Antworten schon bekannt sind. Es gibt Probleme, denen man sich stellen muss. Die Grenzen des internationalen Wettbewerbs sind ein Beispiel. Die Rolle der Industrie in Hinblick auf soziale und politische Themen ein weiteres. Sollten wir möglicherweise das Konzept langfristiger sozialer Bindungen für Industriebetriebe wiederbeleben? Welche neuen internationalen Vereinbarungen und Organisationsstrukturen sind erforderlich, um gleiche Entwicklungsbedingungen für alle zu schaffen?

Trotz dieser Unsicherheiten sind wir davon überzeugt, dass mittelfristig sowohl der soziale Friede unserer Gesellschaft als auch die Stabilität des globalen Ökosystems stark gefährdet sind, wenn der Prozess der Dematerialiserung nicht jetzt beginnt. Der rechtzeitige Anfang notwendiger Reformen heißt, bedächtigen evolutionären Veränderungen den Vorzug zu geben vor den Unwägbarkeiten revolutionärer Umbrüche.

Deklaration (2010) – Eine Koalition williger Länder wird gebraucht für die zehnfache Erhöhung der Energie- und Materialeffizienz

Erfülltes Leben, Frieden, leistungsfähige Wirtschaft und hohes Beschäftigungsniveau erfordern eine gesunde Umwelt, stabiles Klima, sauberes Wasser und eine Vielfalt von Arten. Heute sind sie alle in Gefahr. Es ist dringend, dies zu ändern. An erster Stelle dabei steht die Reduzierung des noch immer ungehemmten Verbrauches an fossilen Brennstoffen und anderer materieller Ressourcen der Erde. Der Factor-10-Club hat bereits 1994 die Regierungen aufgerufen, die Effizienz der Nutzung natürlicher Ressourcen im Laufe einer Generation um das Zehnfache zu verbessern. Im Prinzip existiert schon heute Technik, den Faktor 4 zu verwirklichen. Mit entsprechenden politischen Reformen kann Faktor 10 verwirklicht werden.

Bereits fünf Jahre nach dem Erdgipfel von Rio de Janeiro erreichte das Faktor-10-Konzept im Jahre 1997 Eingang in den politischen Diskurs. Unmittelbar danach riet die EU den industrialisierten Ländern, den Weg zu diesem Ziel progressiv zu beschreiten, sodass im Jahre 2010 bereits 25 %, 2030 Faktor 4 und bis 2050 Faktor 10 (90 %) verwirklicht sein würden. Auch die Industrie stimmte solchen Plänen zu, zum Beispiel der World Business Council for Sustainable Development.

Aber der Fortschritt in diese Richtung hinkt auch heute noch den Zielen gefährlich weit hinterher. Das weltweite Bruttosozialprodukt wurde mit etwa 45 Tausend Milliarden Euro während der letzten zwanzig Jahre fast verdoppelt. Im Jahre 2005 ergab die Analyse des Zustandes der Umwelt der Vereinten Nationen jedoch, dass dieses historisch einmalige Wachstum vor allem auf *nicht* zukunftsfähigen Entwicklungen in den Bereichen Energie, Landwirtschaft, Industrie und Stadtentwicklung beruhte. Die Analyse zeigte weiter, dass 15 der 24 wichtigsten ökosystemischen Dienstleistungen schon vor fünf Jahren die Nachhaltigkeitsschwelle überschritten hatten – oder kurz davor standen. Dazu gehören die Verfügbarkeit von Frischwasser und Nahrungsmitteln, wie auch die Reinigung von Luft und die Klimaregulierung. Diese Entwicklung hat einen Punkt erreicht, an dem selbst das Pentagon sich in seinem vierjährigen Verteidigungsbericht 2010 gezwungen sah, davor zu warnen, fortgesetzter Klimawandel und Umweltzerstörung werden signifikante geopolitische Folgen haben, unter anderem im Hinblick auf Armut, die Stabilität politischer Beziehungen, auf weltweite Migrationen, auf Konflikte und die weitere Schwächung fragiler Regierungen.

Die gemeinsame Antwort auf die fortschreitende Sicherheits-, Wirtschafts- und Umweltkrise ist, den Energie- und Ressourcenverbrauch auf ein nachhaltiges Niveau zu reduzieren. Alles in den Metabolismus der Wirtschaft eingebrachte Material aus der Natur erscheint früher oder später in Form von Emissionen, von Einleitungen oder Abfall wieder. Deshalb ist es entscheidend, den Ressourceneintrag aus der Natur in die Wirtschaft einzudämmen.

Natürlich wissen wir, dass es auch in der Natur riesige Ressourcenflüsse gibt, aus Vulkanen, als Folge von Wasser- und Winderosionen wie auch anderen natürlichen Prozessen. Diese Massenflüsse werden heute auf etwa 50 Milliarden Tonnen pro Jahr geschätzt, wobei erheblicher Forschungsbedarf besteht, um sie in Art und Menge besser einschätzen zu können. Menschenverursachte Materialströme jedoch übersteigen die natürlichen bereits heute um mindestens den Faktor 2. In Übereinstimmung mit dem Vorsorgeprinzip sollten wir darauf hinarbeiten, die menschlich verursachten Materialströme um zumindest den Faktor 2 zu reduzieren. Betrüge die Zahl der Menschen 7 Milliarden, eine Zahl, die bald überschritten sein wird, stünden demzufolge jedem Erdenbürger etwa 6 bis 8 Tonnen Material aus der Natur jährlich zur Verfügung. (Für Deutschland bedeutet dies Faktor 10.) Wie bereits heute der Fall, sollte bei der weiteren Planung von Reduktionsstrategien den kohlenstoffhaltigen Fossilien hohe Priorität zugemessen werden. Auch die Reduktion von Wasserverbrauch ist in vielen Regionen der Welt von entscheidender Bedeutung. Darüber hinaus aber ist Forschung dringend geboten, um erkennen zu können, welche Ressourcenflüsse besonderer Aufmerksamkeit bedürfen.

Manche befürchten, die zehnfache Kürzung in Energie-, Wasser- und Materialverbrauch müsse einen entsprechenden Einbruch an Lebensqualität zur Folge haben. Dies ist jedoch zum Glück nicht der Fall. Bereits heute stehen Techniken zur Verfügung oder sind absehbar, solche Effizienzsprünge bei vergleichbarer Befriedigung des Endverbrauchers zu bewältigen. Ihre Verwirklichung wird zur Schaffung von nachhaltigem Wohlstand und Wohlbefinden von Menschen und ihrer Kommunen führen, zur verbesserten Wettbewerbsfähigkeit von Unternehmen und zu steigenden Beschäftigungspotenzialen.

Der Übergang zu einer schnell wachsenden Energie- und Ressourcenproduktivität ist jedoch kein Selbstläufer. Er erfordert gezielte Maßnahmen der Regierungen, wie auch der Industrie und der Gesellschaft.

Die wichtigste Maßnahme besteht darin, die Marktsignale in Übereinstimmung zu bringen mit den Realitäten der Ökosphäre. In der Marktwirtschaft ist der Preis das bestimmende Signal. Ziel ist deshalb, Preise »die ökologische Wahrheit« spiegeln zu lassen und hierdurch wirtschaftlichen Vorteil und ökologische Nachhaltigkeit in Übereinstimmung zu bringen. Regierungen greifen fortgesetzt mittels Steuern, Subventionen, Handelspolitik und anderer Maßnahmen in den Markt ein. Gegenwärtig fördern sie den Verbrauch von natürlichen Ressourcen mehr, als sie ihn eindämmen. Eine schrittweise Kehrtwendung ist dringlich, um der Zukunftsfähigkeit näherzukommen.

Wie Erfahrungen in einigen Ländern zeigen, können Regierungen zum Beispiel Abgaben und Steuern auf Einkommen und Spareinlagen wie auch auf arbeitsplatzfördernde Investitionen senken und im Austausch dafür schrittweise Steuern auf Energie und Ressourcen sowie auf Produkte mit hohem Umweltveränderungspotenzial erheben. Sie können dies tun, ohne die Steuer und Abgabenlast insgesamt zu erhöhen. Hierbei können die jährlichen Kosten für Energie und Ressourcen stabil bleiben, solange die Abgaben nicht schneller wachsen als der durchschnittliche Produktivitätszuwachs ihrer Nutzung. Aus Gründen der Gerechtigkeit müssen gleichzeitig Maßnahmen ergriffen werden, um die Menschen zu unterstützen, die schuldlos behindert sind und am Rande der Ressourcennutzung leben.

Regierungen sollten auch Schritt um Schritt wirtschaftlich perverse, ökologisch destruktive und handelshemmende Subventionen abbauen. Sie werden heute weltweit auf annähernd 1 000 Milliarden Euro an öffentlichen Mitteln im Jahr geschätzt. Nach Angaben der OECD werden allein Produktion und Verbrauch fossiler Energie mit etwa 350 Milliarden Euro im Jahr mit öffentlichen Mitteln unterstützt. Regierungen können auch Handelsbestimmungen so verändern, dass ökosystemisch destruktive Auswirkungen von Gütern und deren Produktion beim Export in andere Länder berücksichtigt werden können.

Mithilfe solcher und ähnlicher Reformen könnten Regierungen nach und nach die Kräfte des Marktes nutzen, um den dringend notwendigen Übergang in eine kohlenstoffarme, dematerialisierte und ressourceneffiziente Wirtschaft zu verwirklichen, anstatt sie noch weiter zu verschleppen. Ankündigung und schrittweise erfolgende Verwirklichung der Rücknahme perverser Subventionen und der Anhebung der Preise für Energie und Ressourcen würden zu einer entscheidenden Verbesserung der Ressourcenproduktivität führen.

Die Diskussion solcher Reformen verdeutlicht die Unzulänglichkeit traditioneller Bewältigung von Umweltproblemen. Die bisher übliche Strategie, auf Symptome von Umweltveränderungen erst dann zu reagieren, wenn Schäden und die Folgekosten bereits entstanden sind, hat komplett versagt. Lord Stern zufolge übersteigen die Kosten der Reaktion bei Weitem die für den vorsorgenden Wandel. Es machte sehr viel mehr Sinn, sich zuallererst mit den Wurzelursachen der Umweltmisere zu befassen. Physikalisch sind sie zumeist die Folge der ungehemmten Nutzung von Ressourcen, und politisch sind sie vor allem der hergebrachten Steuer- und Subventions-, Fiskal-, Handels-, Energie-, und Landwirtschaftspolitik zuzuschreiben. Diese Politik treibt nicht nur die Umweltzerstörung voran. Sie tut dies auch mit einer Geschwindigkeit und so durchgreifend, dass selbst die umfangreichste *»react and cure«*-Strategie überfordert ist, die Umweltmisere aufzuhalten, geschweige denn, sie einzuholen.

Hinwendung zur Vorsorge erfordert, Systempolitik zu entwickeln und zu betreiben. Sie bedeutet, den Klimawechsel und andere Umweltkrisen nicht mehr retrospektiv und vorwiegend aus Sicht des Umweltschutzes zu verstehen und zu bekämpfen. Der Wandel zur Vorsorge macht es erforderlich, die ökologischen, wirtschaftlichen, sozialen, handels- und sicherheitspolitischen Wurzelursachen von potenziellen Fehlentwicklungen frühzeitig zu erkennen und integrierte, systemorientierte Vermeidungsstrategien »aus einer Hand« anzuwenden.

Systempolitik zu betreiben gehört deshalb in den unmittelbaren Verantwortungsbereich der Chefin oder des Chefs jeder Organisation. Sie kann nicht aus dem Verantwortungsbereich einzelner Ressorts verantwortet werden. Der Wandel zur Vorsorge zwingt dazu, die Priorität der Behandlung von Wurzelproblemen zu akzeptieren, und erst an zweiter Stelle Reaktions- und Heilungspolitik zu betreiben. Wir fordern die Regierungen deshalb dringend auf, systempolitische Instrumente für die Verwirklichung zukunftsfähiger Verhältnisse einzurichten.

Zur Unterstützung dieser Maßnahmen sind robuste und richtungssichere Indikatoren unerlässlich. Heute ist unbestritten, dass Regierungen und Unternehmen nur dann die richtige Politik betreiben können, wenn sie das Richtige messen. Solange sie auf BIP als Indikator für den Fortschritt bauen, blenden sie Entwicklungen aus, die für den wirtschaftlichen Wohlstand und für das menschliche Wohlergehen entscheidend sind. Dazu zählen die sozialen und wirtschaftlichen Kosten für den Klimawandel ebenso wie die Zerstörung der lebenswichtigen Leistungen der Ökosphäre durch die Übernutzung natürlicher Ressourcen. Gegenwärtig weisen nationale Statistiken keine Angaben oder Bilanzen für Naturkapital aus. Wenn Unternehmen den Einsatz von finanziellem Kapital nicht in Rechnung stellen, gehen sie sehr schnell pleite. Solange nationale Statistiken unvollständig sind, kennen Regierungen weder den Bestand an Naturkapital noch die Konsequenzen seiner Nutzung. Als Folge hiervon ist es möglich, hohes Nationaleinkommen auszuweisen, während die Umwelt zerstört und Ressourcen verbraucht werden, selbst dann, wenn diese Entwicklungen zu vermindertem Einkommen in der Zukunft führen. Heutige Nationalstatistiken verfehlen darüber hinaus, ökosystemischen Leistungen und Funktionen einen wirtschaftlichen Wert zuzumessen. Wie bereits angedeutet, haben einem Bericht der Vereinten Nationen aus dem Jahre 2005 zufolge bereits 15 von 24 der wichtigsten ökosystemischen Dienstleistungen die Nachhaltigkeitsgrenze überschritten oder werden sie bald erreichen. Eine Wirtschaft, die nicht in den Leitplanken der Ökosphäre verläuft, kann keine Zukunft haben.

Im Laufe der letzten Jahre wurde eine Reihe alternativer Messmethoden zum BIP vorgeschlagen, zuletzt von den Nobelpreisträgern Joseph E. Stiglitz und Amartya Sen. Wir rufen die Regierungen auf, neue Indikatoren zur Bemessung von Wohlstand und Wohlbefinden der Menschen einzuführen.

Darüber hinaus rufen wir die Regierungen auf, universell anwendbare Methoden zur Bemessung des ökologischen Schädigungspotenzials von Stoffflüssen und Gütern einzuführen. Einer davon, der »Material-Fußabdruck MIPS«, wurde am Wuppertal Institut in den frühen 90er-Jahren entwickelt. MIPS ist die Materialintensität, der lebenszyklusweite Material-Input pro Einheit Output an Service oder Nutzen. MIPS ist das Maß für die Entkoppelung des Einsatzes natürlicher Ressourcen von der Wohlstandsschaffung. Eine der Stärken von MIPS ist, dass es sowohl für die

Ermittlung von Umwelt- wie auch von wirtschaftlichen Kosten dient. Wir empfehlen die weltweite Einführung des »Material-Fussabdruck MIPS«.

Schlussendlich möchten wir alle Regierenden, die EU sowie auch die Leitungen von Unternehmen bitten, die im Jahre 1992 anlässlich des Erdgipfels in Rio de Janeiro feierlich akzeptierten und danach auf internationalen und regionalen Konferenzen immer wieder beschworenen Ziele endlich ernst zu nehmen. Noch immer stehen die Strategien aus, um diese Ziele verwirklichen zu können. Die Klimakonferenzen der letzten Zeit haben gezeigt, dass nicht alle Länder willens oder in der Lage sind, sich mit gleicher Geschwindigkeit in Richtung Nachhaltigkeit zu bewegen. Wir empfehlen deshalb dringend eine Koalition von Staaten, die den Willen haben und in der Lage sind, die Führung zu übernehmen, als Ansporn und Katalysator zu wirken. Zeit ist auf unserem Planeten Erde mittlerweile unsere knappste Ressource.

Gezeichnet
Jacqueline Aloisi de Larderel, Stephan Baldin, Willy Bierter, Stefan Bringezu, Yi Heng Cheng, Wouter van Dieren, J. Hugh Faulkner, Friedrich Hinterberger, Huang Hai Feng, Miki Goto, Gert Irgang, Leo Jansen, Toennis Kaeo, Ashok Khosla, Kora Kristof, Satu Lähteenoja, Christa Liedtke, Harry Lehmann, Franz Lehner, Michael Lettenmeier, Jim MacNeill, Marie Madeleine Marchal, Michal Miedzinski, Holger Rohn, Wolfgang Sachs, Ken Sasaki, Bio Friedrich Schmidt-Bleek, Friedrich Schneider, Walter R. Stahel, Leon Tzou, Ernst Ulrich von Weizsäcker, Jola Welfens, Anders Wijkman, Markku Wilenius, Heinrich Wohlmeyer, Ryoichi Yamamoto, Ding Jian Zhang, Da Jian Zhu

Friedrich Schmidt-Bleek
Entwurf eines Rahmengesetzes zum Schutze der natürlichen Ressourcen

Begründung und Einführung

Der folgende Entwurf eines *umfassenden* Rechtsrahmens erklärt sich aus der Sorge um die wachsende Zerstörung der für den Menschen lebenswichtigen Funktionen und Dienstleistungen der Ökosphäre. Er stellt Grundzüge zur Diskussion, wie die Erhaltung des uns tragenden Ökosystems mit der Schaffung von moderner Wohlfahrt harmonisiert werden kann.

Der Entwurf sieht Ermächtigungen vor, bei Bedarf die gezielte Versorgung der Wirtschaft mit einzelnen Ressourcen sicherzustellen. Er baut darauf, dass Ökoinnovationen in allen Lebensbereichen dafür sorgen müssen und können, die unumgängliche radikale Dematerialisierung und nachhaltige Versorgung mit technischer Energie ohne Qualitätsverlust für die Bürger zuwege zu bringen, sowie die Landnutzung einzugrenzen. [EU 7.][70]

Der Autor hält die getrennte ordnungsrechtliche Festlegung der Nutzung *einzelner* Stoffe (wie etwa Kohlenstoff, Yttrium, Niob oder Neodym) oder auch Gruppen davon grundsätzlich nicht für zielführend, weil Verwaltung und Sachverständige nur sehr begrenzt in der Lage sind, die vielschichtigen Auswirkungen von Verboten und Geboten einer natürlichen Ressource in der Wirtschaft zu ermessen. Vielmehr sollten grundsätzlich mit *full-*

cost-pricing und wirtschaftlichen Anreizen die Kräfte des Marktes so weit wie möglich angewandt werden, um den Verbrauch von Natur auf ein Minimum zu reduzieren. Der Autor ist davon überzeugt, dass Nachhaltigkeit auf dem Markt erreicht wird – oder nicht. Erfahrungen zeigen, dass »freiwillige Vereinbarungen« mit der Industrie oder anderen betroffenen Kreisen oft unzuverlässig und zuweilen mit hohen Verwaltungskosten verbunden sind.

Der Entwurf greift über das Klimaproblem weit hinaus. Er fußt auf der Erkenntnis, dass die physische Wurzelursache der Destabilisierung der Ökosphäre die ungehemmte Verbringung, Entnahme und Nutzung natürlicher Ressourcen ist. Der Entwurf gibt Hinweise, wie eine Systempolitik für Nachhaltigkeit den ökologischen Fußabdruck des Menschen auf dem begrenzten Planeten kleiner machen kann.

Der Entwurf fußt auf den Annahmen, dass

- soweit sinnvoll marktwirtschaftliche Instrumente zur Regelung der Naturnutzung eingeführt werden; [EU 3.1.2., 3.2., 3.4., 3.4.2.]
- ohne die Einpassung der Wirtschaft in die naturgesetzlichen »Leitplanken« der Ökosphäre wirtschaftliche Nachhaltigkeit *nicht* möglich ist; [EU 1., 3.6.1., 7]
- nachhaltige Wohlfahrt der Zivilgesellschaft und Zukunftsfähigkeit der Industrie durch Wertmehrung und wachsende Bereitstellung sowie Zugang zu Dienstleistungen und Nutzen gewährleistet wird, im Austausch zu *materiellem* Wachstum, das auf dem begrenzten Planeten Erde nur in sehr engen Grenzen möglich ist;
- ohne Systempolitik und die durch sie erfolgte Abstimmung *aller* politischen Maßnahmen, weder wirtschaftliche noch ökologische Nachhaltigkeit erreicht und erhalten werden können; [EU 6.1.]
- Güter, Dienstleistungen und technische Energie von *»cradle*

to cradle« mit der geringstmöglichen Verbringung und Entnahme von Material und Wasser sowie Landbelegung hergestellt, transportiert, verpackt, gelagert und genutzt werden müssen, weil die Entkopplung zwischen Ressourcenverbrauch und Umweltzerstörung einen entscheidenden Beitrag zur Annäherung an die Zukunftsfähigkeit der Zivilgesellschaft leistet; [EU 3.1.2.]

- der Staat die Kontrolle über die bezahlbare, verlässliche und ausreichende Versorgung seiner Bürger mit sauberem Wasser und Reinigung nach Gebrauch ausübt, sowie über die sichere Versorgung mit Elektrizität und die Entsorgung von Abfällen;
- die öko-toxische Gefährlichkeit von Material im vorliegenden Entwurf nicht behandelt werden muss, weil sie im ChemG und anderen produktbezogenen Rechtsinstrumenten geregelt ist. Anzumerken ist allerdings, dass diese Regelungen sich zumeist nur auf die Produktion und Nutzung von Stoffen beziehen, d.h. die aus Umweltschutzgründen unerlässliche lebenszyklusweite Regelungen noch ausstehen (OECD ENV/JM/A (2011)2/FINAL, June 2011; Factor-10-Institute, Position Paper 2011/3 EN, June 2011); [EU 3.1.2.]
- ungerechte Belastungen von Kranken und Behinderten vermieden werden.

Textentwurf Ressourcenschutzgesetz (ReSG)

Ziele

- Unterstützung der Schaffung einer ökosozialen Marktwirtschaft für die nachhaltige Wohlfahrt der Menschen und die Zukunftsfähigkeit der Industrie.
- Festschreibung der Priorität für die Erhaltung ökosystemischer

Dienstleistungen und Funktionen bei allen sozialen, wirtschaftlichen und organisatorischen Entscheidungen.

- Minimierung der Erschließung neuer Materialquellen in der Natur durch Maximierung der Ressourcenproduktivität.
- Erfüllung der Verpflichtungen der Bundesregierung zur Sicherstellung der ausreichenden Versorgung aller Bürger mit lebenswichtigen natürlichen Ressourcen und technischer Energie.
- Abwendung von wirtschaftlichen, sozialen, ökologischen und institutionellen Gefahren durch verschwenderischen Konsum von natürlichen Ressourcen im Sinne der Artikel 20a und 64(2) des Grundgesetzes.
- Einführung vorsorgender und systemorientierter Rahmenbedingungen und Regelungen zur Sicherstellung der ökologischen Nutzung natürlicher Ressourcen.
- Annäherung an das »full-cost-pricing« aller Wirtschaftsleistungen.
- Die Sicherstellung der öffentlichen Verantwortung für die Ver- und Entsorgung mit Wasser in allen Bereichen der Volkswirtschaft.

Definitionen

- Bumerang- oder Rebound-Effekte treten ein, wenn trotz verbesserter technischer Effizienz (niedrigerem Energie- oder Material-Input pro Leistungs-Output) bei Gütern, Prozessen, Systemen, Lebensmitteln, Dienstleistungen und Handlungsweisen durch vermehrten Bedarf/Absatz der Gesamtverbrauch an natürlichen Ressourcen nicht abnimmt.
- Der ökologische Material-Rucksack eines Produktes ist seine Material-Intensität, definiert als sein gesamter Materialverbrauch (MI) (einschließlich technischer Energie) von der Wiege bis zur In-Verkehr-Bringung, minus seinem Eigengewicht (Eigenmasse), gerechnet in kg pro kg.

- Der ökologische Material-Rucksack eines Rohstoffes entspricht dem Gesamtverbrauch an natürlichem Material und technischer Energie für die Verfügbarmachung eines Rohstoffes, gerechnet in kg pro kg.
- Dienstleistung (technisch erbrachter Service) ist die zweckorientierte Bedarfsdeckung unter Nutzung technischer Mittel.
- Entnahme ist die Extraktion einschließlich Wegtransport von Material und Wasser zur öffentlichen und privaten Nutzung.
- Der materielle Fußabdruck MIPS ist der lebenszyklusweite Material- plus Energie-Input (MI) Pro (für die Schaffung einer Einheit) Service S. MIPS ist die Materialintensität des Ergebnisses der Nutzung eines Gutes, eines Produktes, eines Fahrzeuges, einer Anlage, eines Prozesses oder der einer Handlungsweise.
- Natürliche Ressourcen sind Material, einschließlich Energieträger, Wasser und Fläche.
- Ökoinnovation ist die Verwirklichung neuer und wettbewerbsfähiger Güter, Prozesse, Systeme, Dienstleistungen und Handlungsweisen, die menschliche Bedürfnisse mit einem lebenszyklusweit minimalen Einsatz von natürlichen Ressourcen pro Einheit Output und einer minimalen Abgabe an gefährlichen Stoffen befriedigen.
- Ökologische Nachhaltigkeit bedeutet die zeitlich *un*begrenzte Existenz der für das Überleben des Menschen notwendigen ökosystemischen Dienstleistungen und Funktionen auf dem Planeten Erde.
- Öko-systemische Dienstleistungen sind lebenswichtige und kostenlose Leistungen und Funktionen der Natur, wie zum Beispiel die natürliche Verfügbarkeit von Artenvielfalt [EU 4.2.], von fruchtbarer Erde, von Frischwasser, von Atemluft, von Bestäubung der Blüten und von Nahrungsmitteln. Zu ihnen zählen auch die Zeugungskraft von Spermien und Samen, die

Regulierung von Erosionen, von Klima, von Jahreszeiten und der Meeresströmungen sowie der Schutz vor gefährlicher Strahlung aus dem All. [EU 4.1]

- Systempolitik zielt darauf, die Ursache einzelner Probleme und auch die gemeinsame Ursache verschiedener Gefahrensymptome zu erkennen, zu vermeiden und anstelle nachsorgender Befassung mit Symptomen konzertierte und kohärente Entscheidungen für die Zukunft zu treffen. In allen Fällen sucht Systempolitik, die Ressourcenintensität von Maßnahmen, Gütern und Dienstleistungen sowie ihre toxischen Eigenschaften zu minimieren. [EU 6.1.]
- Technische Energie ist mithilfe technischer Mittel verfügbar gemachte Energie.
- Umweltschutz ist die Erhaltung der lebensnotwendigen Dienstleistungen und Funktionen der Ökosphäre.
- Verbringung von Material ist die technische Bewegung von Material zwecks Erstellung von Bauwerken und Infrastrukturen, Verfügbarmachung von Rohstoffen, der Produktion von Nahrungsmitteln sowie andere zivilisatorische Tätigkeiten.
- Verbringung von Wasser ist die technische Bewegung und Stauung von Wasser zum Zwecke der Ernährung, Produktion, Reinigung, Hygiene, Erholung, Energiegewinnung, und Bewässerung.

Geltungsbereich

- Verbringung, Entnahme und Nutzung von Material, Wasser, Erde und Land.
- Import, Export, Lagerung, Verpackung und Transport, nationale Herstellung, Vermarktung, Einführung, Nutzung, Recycling und Entsorgung von Gütern und Dienstleistungen.

Ausnahmen, Novellierung anderer Vorschriften

Vorhandene rechtliche Regelungen werden im Hinblick auf bereits vorhandene Bestimmungen im Hinblick auf Verbringung, Entnahme und Nutzung natürlicher Ressourcen überprüft. Hierzu gehören:

1. Kreislaufwirtschafts- und Abfallgesetz, Bundesimmissionsschutzgesetz (insbesondere Betreiberpflichten), Chemikaliengesetz, UVP-Gesetz, Umweltauditgesetz, Bundesberggesetz, Raumordnungsgesetz, Baugesetzbuch, Bauproduktegesetz sowie das Vergaberecht für die öffentliche Hand.
2. Gesetzliche Bestimmungen in den Bereichen Recht, Finanzen, Bundeshaushalt, Wirtschaft, Handel, Verkehr, Planung, Soziales, Gesundheit, Wirtschaftshilfe, Werbung und anderen, soweit sie direkten oder indirekten Einfluss haben auf die Verbringung, Entnahme und Nutzung natürlicher Ressourcen.

Internationale Harmonisierung

- Abstimmungen auf der Supra- und internationalen Ebene mit dem Ziel der Vermeidung von Handelshemmnissen im Zusammenhang mit der Schaffung einer dienstleistungsorientierten, ökosozialen Marktwirtschaft, insbesondere durch neue ressourcenschutzbedingte Qualitätsanforderungen an Güter und Dienstleistungen beim Import und Export (WTO).
- Vermeidung der Schwächung der Wirtschaft armer Länder durch den Export subventionierter Güter und Dienstleistungen.
- Voraussetzungen für die Schaffung eines Bundes »williger« und fähiger Länder für die nachhaltige Kooperation und Entwicklung im Rahmen zukunftsorientierter Wirtschaft.

Systempolitik

Schaffung einer der Regierungsspitze zugeordneten unabhängigen Dienststelle zur Sicherstellung der maximal möglichen Ressourcenproduktivität aller geplanten und hoch mittelwirksamen existierenden Maßnahmen der Regierung sowie zur Vereinheitlichung von Indikatoren und Kennzeichnungen.

Ressourcenschonung

- Regelungen zur Einsparung natürlicher Ressourcen mit Zustimmung des Bundesrates bei allen Maßnahmen der öffentlichen Hand, einschließlich zur Sicherheit und Verteidigung der Bundesrepublik Deutschland.
- Steuerliche und andere mittelwirksame Regelungen zur Verwirklichung des *»full-cost-pricing«* aller Rohstoffe, Nahrungs- und Genussmittel sowie Gebrauchs- und Trinkwasser, Güter, Dienstleistungen, Anlagen und Infrastrukturen.
- Steuerliche und andere mittelwirksame Regelungen für Finanztransaktionen und Investitionen mit Zustimmung des Bundesrates, sofern sie geeignet sind, den Verbrauch von natürlichen Ressourcen zu beeinflussen.
- Steuerliche und andere mittelwirksame Regelungen zur Versachlichung und Einschränkung von Verbrauchswerbung.
- Steuerliche und andere mittelwirksame Regelungen mit Zustimmung des Bundesrates zwecks Internalisierung der öffentlichen Folgekosten des Verbrauchs von Verpackungen, Genuss- und Nahrungsmitteln (»Kaugummi-Entsorgungs-Steuer«).
- Ermächtigung für spezifische Gebote und Verbote mit dem Ziel der Minimierung privater und öffentlicher Entnahme, Verbringung und Nutzung natürlicher Ressourcen.
- Ermächtigung mit Zustimmung des Bundesrates für den Einsatz von dringlich benötigten Materialien sowie den Bau dringlich benötigter Anlagen und Einrichtungen unter Hint-

anstellung von Regelungen zur Einsparung von natürlichen Ressourcen.

- Ermächtigung für spezifische Gebote und Verbote mit Zustimmung des Bundesrates mit dem Ziel der Minimierung der Ressourcenintensität von Dienstleistungen und der Stromversorgung sowie von Produkten, Transport, Lagerung, Verpackung, Vermarktung, Konsum, Rückführung und Entsorgung aus industrieller sowie aus land-, fisch- und forstwirtschaftlicher Herstellung.
- Ermächtigung zur Verwirklichung des Zieles des »full-cost-pricing« aller unter technischer Nutzung der Natur verfügbar gemachten Entsorgungs- und Rezyklierungsmaßnahmen.
- Ermächtigung für spezifische Gebote und Verbote mit dem Ziel der Minimierung der Ressourcenintensität der Betriebe von Dienstleistern, ihres betrieblichen Umfeldes, der von ihnen angebotenen und vertriebenen Produkte und Dienstleistungen sowie der Minimierung der Ressourcenintensität der Folgen ihrer Beratungen.
- Anpassung von Besitzrechten mit Zustimmung des Bundesrates im Hinblick auf die Minimierung der Entnahme, Verbringung und Nutzung natürlicher Ressourcen.

Indikatoren und Kennzeichnungen

- Einführung weniger Schlüsselindikatoren zur Erkennung und Verfolgung von Bumerangeffekten mit dem Ziel ihrer Einschränkung.
- Festlegung von (möglichst wenigen) Schlüsselindikatoren zur praktischen, kostengünstigen, verlässlichen und richtungssicheren Bemessung der Ressourcenproduktivität von Maßnahmen, Entwicklungen, von technischer Energie, von Nahrungsmitteln, Gebrauchswasser, Gütern, Prozessen, Systemen, Dienstleistungen und von Handlungsweisen unter Bezugnahme auf ihre lebenszyklusweite Ressourcenintensität.

- Festlegung von Indikatoren für Entwicklungen der Gesamtwirtschaft, Einfuhr und Export unter Bezugnahme auf ihre lebenszyklusweite Ressourcenintensität.
- Verbraucherfreundliche und einheitliche Kennzeichnung von Gütern, technischer Energie und Elektrizität, sowie von Dienstleistungen mit Bezug ihrer jeweiligen Ressourcenintensität.
- Ersatz oder Erweiterung von BIP (GNP), um die Berücksichtigung der durch die Wirtschaft potenziell verursachten Umweltschäden zu berücksichtigen.

Privilegien, Subventionen, Standards

Abschaffung/Anpassung und Neuausrichtung von Privilegien, Subventionen, Standards und Normen, welche die Entnahme, Verbringung und Nutzung natürlicher Ressourcen begünstigen. [EU 3.4.1.]

Ökoinnovation

- Schaffung umfassender Anreize für Ökoinnovationen in allen Bereichen der Gesellschaft. [EU 3.3.]
- Anschaffungen der öffentlichen Hand.
- Festlegung der bevorzugten Einwerbung und Anschaffung ressourceneffizienter Güter und Dienstleistungen durch die öffentliche Hand. [3.1.2.]
- Ausbildung/Fortbildung.
- Unterstützung von Trainings- sowie Aus- und Fortbildungsmaßnahmen auf allen Bildungsstufen mit Fokus auf der ökologischen und wirtschaftlichen Bedeutung und Nutzung natürlicher Ressourcen. [EU 1., 2., 6.2]

Informationszentrale

- Einrichtung einer öffentlich zugänglichen Informationszentrale zur Sammlung / Vorhaltung, Bonitätsprüfung und Verarbeitung von Daten und Informationen über Verbringung, Entnahme und Nutzung natürlicher Ressourcen sowie ihrer Rückführung in die Natur oder in die Wirtschaft nach ihrer Nutzung. Informationen sollten einschließen: (1) Import, heimische Vermarktung und Export von Wasser und Rohstoffen (einschließlich ökologischer Rucksäcke), von technischer Energie, Nahrungsmitteln, Gütern, Dienstleistungen, Anlagen und Infrastrukturen (einschließlich ökologischer Rucksäcke); (2) wirtschaftliche und ökologische Bedeutung von natürlichen Ressourcen; (3) Quellen und technische/wirtschaftliche Verfügbarkeit natürlicher Ressourcen; (4) ökologische Rucksäcke und MIPS-Informationen zu Rohmaterialien, von technischer Energie, von Prozessen, Gütern, Produkten, Anlagen, Fahr- und Flugzeugen, Infrastrukturen und Dienstleistungen; (5) Ressourcenproduktivität ausgesuchter Haushalte, Unternehmen und Verwaltungen; (6) Ressourcenintensität und -produktivität statistisch signifikanter »Körbe« ausgesuchter Produkte und Dienstleistungen. [EU 1., 3.1.1.]
- Einrichtung einer öffentlich zugänglichen Informationszentrale zu allen Fragen der Haftung im Zusammenhang mit der Verbringung, Entnahme und Nutzung natürlicher Ressourcen sowie ihrer Rückführung in die Natur oder in die Wirtschaft nach ihrer Nutzung.

Beratung der Bundesregierung

- Einsetzung/Befassung eines unabhängigen Rates zur Unterstützung der Bundesregierung bei der Entwicklung einer dematerialisierten ökosozialen Marktwirtschaft, bei der Verwirklichung einer neuen Diskurskultur und von Systempolitik.

- Einsetzung/Befassung eines unabhängigen Rates zur Unterstützung der Bundesregierung bei allen Fragen der technischen Maximierung der Ressourcenproduktivität in der Verbringung, Entnahme und beim Gebrauch natürlicher Ressourcen sowie deren Rückführung in die Wirtschaft oder Natur.

Berichtspflichten [EU 4.1.]

- Festlegung der Berichtspflichten der Bundesregierung über Entwicklungen der Herkunft, des Exports sowie der nationalen Verbringung, Entnahme und Nutzung von Rohstoffen, einschließlich ihrer ökologischen Rucksäcke.
- Festlegung der Berichtspflichten der Bundesregierung über die Entwicklungen der jeweiligen Ressourcenintensität importierter, heimisch hergestellter und exportierter Dienstleistungen, Nahrungsmittel, Elektrizität, Rohstoffe, Energieträger, Güter, Systeme, Dienstleistungen, Anlagen und Infrastrukturen.
- Festlegung der Berichtspflichten der Bundesregierung über die jährliche Entwicklung der staatlichen Haftungen und Verschuldungen und deren direkte und indirekte Auswirkungen auf die Ökosphäre.
- Festlegung der Berichtspflichten von öffentlichen und privaten Einrichtungen, von Herstellern und Dienstleistern über Entwicklungen der lebenszyklusweiten Ressourcenintensität ihrer Produkte und Maßnahmen sowie die in- und ausländischen Folgen ihrer Tätigkeiten im Hinblick auf den Einsatz natürlicher Ressourcen.

Friedrich Schmidt-Bleek
Das MIPS-Auto: Faktor 10 im automobilen Stadtverkehr

Einführung

Die physische Wurzel der Unvereinbarkeit unserer Wirtschaft mit einer stabilen Ökosphäre ist die ungehemmte Mobilisierung, Entnahme und Nutzung natürlicher Ressourcen (Material, Wasser und Land). Bereits heute treten international Knappheiten an Rohstoffen auf, welche der Wirtschaft Deutschlands erhebliche Sorgen bereiten. Die weltweite Ausbreitung des in den Industrieländern üblichen materiellen Wohlstandes würde die Verfügbarkeit von mehr als zwei Planeten Erde als Ressourcenbasis voraussetzen und ist damit ausgeschlossen. Da schon heute die ökologische Risikoschwelle überschritten ist (z. B. Klimawandel), gibt es zwei wesentliche Gründe, die technischen Eingriffe in die Ökosphäre zu minimieren und die Ressourcenwende mit aller Entschiedenheit voranzutreiben. Dies gilt auch für den Verbrauch von Frischwasser und die Beschaffung technischer Energie. Mittelfristig sind die hierfür notwendigen technischen Voraussetzungen ohne Verlust an Lebensqualität gegeben. Zur Durchsetzung bedarf es allerdings gezielter Anreize und intelligenter Systemlösungen.

Durch Neuorientierung von Lebensstil, Produktdesign und Produktionsweisen hin zur Steigerung der Ressourcenproduktivität können beträchtliche Effizienzpotenziale und damit einhergehend Kosteneinsparungen in der deutschen Wirtschaft erreicht und somit auch ihre Wettbewerbsfähigkeit gestärkt werden.

Der Prozess der Ressourcenwende muss am Eingang der Wirtschaft greifen, er muss alle Produkte, Dienstleistungen und Verfahren »von der Wiege bis zur Bahre« umfassen. Wahre Innovation ist nicht die Verbesserung des existierenden Güterangebotes mit »ökologischen« Mitteln (»Green-Washing«), sondern die marktgerechte Schaffung von Lebensqualität mit weniger Ressourcen aus der Natur.[71]

Der Pkw wird ein wesentlicher Teil der Technosphäre bleiben, auch wenn sich besonders besorgte Mitmenschen wünschen mögen, ihn als Transportmittel gänzlich zu ersetzen. Die Aufgabe ist, die ökologische Qualität des automobilen Verkehrs bei Erfüllung des bekannten und zu erwartenden Mobilitätsbedarfes in Industrieländern entscheidend zu verbessern. In der vorliegenden Skizze konzentriere ich mich auf den Stadtverkehr, wo etwa 90 % des Bedarfes an automobiler Beförderung geleistet werden.

In Sektoren, die in besonderem Maße von Rohstoffpreisen abhängig sind, wie der Automobilindustrie, liegen die Materialkosten in Deutschland bereits über 50 % des Bruttoproduktionswertes. Hier bestehen Einsparungspotenziale. So schätzt die Deutsche Materialeffizienzagentur (demea), dass in der deutschen Volkswirtschaft mindestens 20 % der Materialkosten – das wären etwa 100 Mrd. Euro p. a. – durch effizientere Produktionsabläufe und Produktdesign eingespart werden könnten. Durch die Erschließung dieses Potenziales und die damit einhergehenden Kostensenkungen könnte die Wettbewerbsfähigkeit der Unternehmen auf den Inlands- und Auslandsmärkten deutlich gestärkt werden.

Die hier vorliegende Skizze erhebt keinen Anspruch auf Vollständigkeit oder ausreichende Genauigkeit. Lediglich die prinzipielle technische Machbarkeit wird dargestellt, innerhalb von etwa 10 Jahren die Materialintensität der Pkw-Mobilität in einer Großstadt wie Hamburg oder Berlin insgesamt um den Faktor 10 oder mehr zu verkleinern. Es geht hierbei *nicht* nur um die Verkleinerung des materiellen Fußabdruckes der Fahrzeuge, sondern auch um die Anpassung der Beförderungskapazität des Autos an die statistische Wirklichkeit des Bedarfes, um Treibstoffverbrauch und um die Verlängerung der Nutzungszeit von Automobilen. Einige heute schon verfügbare Fahrzeuge (z. B. der Smart, der Lupo oder der ursprüngliche Mini u. a.) bieten hierfür gute Ausgangsbedingungen.

Das MIPS-Auto ist konzipiert für zwei erwachsene Personen und ein Kind unter zwei Jahren, sowie etwa 150 Liter Stauraum. Es weist den jeweils kleinstmöglichen lebenszyklusweiten Input an natürlichem Material pro km Fahrleistung (MIPS) bei kleinstmöglicher Straßennutzungsfläche auf und ist TÜV-geprüft betriebssicher. Da mit technischem Fortschritt auch MIPS kleiner werden kann, werden die Abmessungen des besten verfügbaren MIPS-Autos alle zwei Jahre festgelegt.

Im Folgenden wird eine Skizze für ein kommunales Anreizsystem vorgestellt, das ausreichen kann, um den Prozess der Pkw-Ressourcenwende im innerstädtischen Bereich in Gang und fortzusetzen.

Den Auto-Mobilitäts-Bedarf nachhaltig gestalten

Schon heute sind Autobauer darum bemüht, die Nachhaltigkeit ihrer Produkte zu verbessern, indem sie beispielsweise den Treibstoffverbrauch (die CO_2-Emission) zu drosseln suchen. Der »CO_2-Fußabdruck« ist jedoch leider kein hinreichender Indikator für die Ökoqualität von irgendwelchen Produkten. Er kann es schon deshalb nicht sein, weil das Gebot der Messung »von der Wiege bis zur Bahre« oft nicht eingehalten und weil der Klimawandel auch von anderen technikverursachten Emissionen und anderen Gegebenheiten verursacht wird. Darüber hinaus ist der gegenwärtige Polithype um die Elektro- und Dualmobilität nicht zukunftsweisend, weil er die Ressourcenintensität im Pkw-Bereich erhöht und auch weil weltweit nicht genügend Ressourcen vorhanden sind, um den globalen Automobilitätsbedarf auf diese Basis zu stellen.

Der lebenslange Ressourcenverbrauch pro Pkw-Fahrkilometer wird nur zu einem relativ kleinen Teil durch den Treibstoffverbrauch bestimmt. Wie bei allen Gütern geht es jedoch bei der Bewertung der Umweltqualität – auch beim Pkw – um den gesamten Ressourcenverbrauch *»von der Wiege bis zur Bahre«*, es geht um den materiellen Fußabdruck MIPS (den Material-Input (MI) »Pro Einheit Service« (PS) oder Leistung) – es geht um den Materialverbrauch pro km Fahrleistung. [72]

Der lebenszyklusweite Materialverbrauch pro Fahrkilometer MIPS (die Materialintensität) eines Mittelklassewagens liegt heute bei 300 bis 500 Gramm pro km, bezogen auf eine Lebensleistung von 200 000 km.

Sinnvolle Öko-Innovation von Gütern (von »Nutzen-Erfüllungs-Maschinen«) zu betreiben fängt damit an, einen Bedarf (beim Pkw = Überbrückung von Distanz unter gewissen Bedingungen) zu definieren, um diesen Bedarf sodann menschengerecht, mit möglichst hoher Qualität und kleinstmöglichem Aufwand an natürlichen Ressourcen zu erfüllen – bis hin zur erforderlichen Infrastruktur.

Um ein erstes Gefühl für den absolut minimal nötigen Aufwand beim Auto zu erhalten, fragen wir uns: Welches ist heute das denkbar einfachste (gleichzeitig aber sicherste) Automobil? Die Antwort: dasjenige, welches man für ein paar Euro auf der Kirmes mieten und bei einer Geschwindigkeit von 15 km/h ohne Schaden zu nehmen frontal gegen ein gleiches mit derselben Geschwindigkeit prallen lassen kann, also bei 30 km/h absolut. Wir erinnern uns: Im Schnitt sitzen in einem Pkw heute 1,3 Personen, und die mittlere Geschwindigkeit in Städten liegt bei etwa 15 km/h. Aber keinen für die Straße heute zugelassenen Pkw kann man mit 30 km/h gegen eine Mauer fahren, ohne Totalschaden zu verursachen!

Um die mögliche Erhöhung der Ressourcenproduktivität (die

mögliche Minimierung des materiellen Fußabdrucks) des städtischen Pkw-Verkehrs abschätzen zu können, werden folgende Annahmen für den Jetztzustand (2014) und das Jahr 2024 gemacht. Diese Annahmen müssen im Einzelnen noch überprüft werden. Auch ist nicht auszuschließen, dass zusätzliche Einsparmaßnahmen im öffentlichen Straßenverkehr erschlossen werden können, zum Beispiel im Hinblick auf Großgaragen, Verkehrsampeln, Gebote, Verbote und Straßenbeschaffenheit. Schon aus diesen Gründen empfiehlt es sich, ein ausführliches Konzept für eine Großstadt wie etwa Berlin zu erstellen. Experten mit entsprechender Erfahrung gibt es in Deutschland, Finnland und auch Österreich.

Der für die folgende Aufstellung gewählte Zeitrahmen (2014–2024) entstand aus der Annahme, dass vor 2016 kaum mit dem Beginn umfassender Maßnahmen zur Ressourcenwende gerechnet werden kann, obgleich diese Annahme aus der Sicht einiger international bekannter Experten zu pessimistisch ist. Auch wird davon ausgegangen, dass eine vierjährige Vorlaufzeit benötigt wird für die Erklärung der Sinnhaftigkeit der Einführung des MIPS-Autos sowie für ausreichende Simulationen und Probeläufe für eine realistische Architektur der gestaffelten »Nachhaltigkeitsanreize«. Andererseits sollte auch den Autobauern Gelegenheit gegeben werden, diesen aus Nachhaltigkeitsgründen neu geordneten Markt für Pkw in einer Großstadt in Konkurrenz mit anderen Herstellern mit geeigneten Fahrzeugen zu bedienen.

Der Autor dieser Skizze vermutet, dass die *erfolgreiche* Einführung des Modells »Faktor 10 im automobilen Stadtverkehr« zu erheblichem Interesse in anderen Kommunen in Europa führen könnte, diesen Weg ebenfalls zu beschreiten. Hieraus sollte sich die Chance ergeben, »Outsourcing« mit Gewinn zu betreiben.

Übersicht der Maßnahmen Jahr 2014 – Jahr 2024

1. Die Fahrzeugdichte von privat, geschäftlich und dienstlich genutzten Fahrzeugen liegt bei 0,6 Pkw pro BürgerIn.
   2024: keine Änderung
2. Etwa 90 % der lebenslangen Fahrleistung eines Pkw werden im städtischen Verkehr erbracht.
   2024: keine Änderung
3. Die tägliche Bewegungsdauer des Fahrzeuges beträgt im Schnitt etwa 100 Minuten.
   2024: keine Änderung
4. Die maximal zulässige Geschwindigkeit im städtischen Bereich ist 80 km/h.
   2024: keine Änderung
5. Besonderer Pkw-Bedarf besteht bei Familien mit Kindern, für Behinderte, für Taxidienste, für den Krankentransport und dergleichen. Die jährlichen Abgaben sollten entsprechend gestaffelt werden.
   2024: Fahrzeuggröße und jährliche Abgaben besonderen Bedürfnissen angepasst.
6. Ein großer Anteil der Pkws wird auf öffentlichem Grund (z. B. Straßen) geparkt, wofür im Regelfall keine Gebühren bezahlt werden.
   2024: keine Änderung? Aber weniger Platzbedarf und weniger Fahrleistung für Parkplatzsuche.
7. Für Pkw-Besitzer besteht grundsätzlich freie Wahl im Hinblick auf die Zahl ihrer Fahrzeuge, deren Treibstoffverbrauch, deren Leergewicht und Hersteller. **2024**: keine Änderung. Jedoch wird erwartet, dass etwa 80 % der in der Stadt gemeldeten Pkws infolge eines geeigneten Anreizsystems freiwillig durch MIPS-Autos ersetzt wurden. Falls nötig, sollte die Anzahl von Fahrzeugen pro Haushalt beschränkt werden (Bumerangeffekt vermeiden!).

8. Das Durchschnittsgewicht der privat, geschäftlich und dienstlich genutzten Fahrzeuge beträgt heute etwa 2 Tonnen.
   2024: Das MIPS-Auto wiegt etwa 0,7 Tonnen.
9. Die mittlere Transportkapazität des Pkw liegt heute bei 5 Personen, die tatsächliche mittlere Nutzung beträgt 1,3 Personen.
   2024: Die Transportkapazität des MIPS-Autos ist für 2 erwachsene Personen plus ein Kind unter 2 Jahren konzipiert sowie für etwa 150 Liter Stauraum.
   Die Punkte 8 und 9 führen bereits zu einer etwa zehnfachen Dematerialisierung, abhängig von dem Anteil der MIPS-Autos am gesamten Pkw-Verkehr.
10. Der mittlere Parkplatzbedarf pro Pkw liegt heute bei etwa 12 m^2 und etwa 50 m^2 während der Nutzung.
    2024: Der Parkplatzbedarf pro MIPS-Auto liegt unter 6 m^2 und beträgt etwa 25 m^2 während der Nutzung.
11. Die typische Maximalgeschwindigkeit eines Pkws liegt heute bei 180 km/h.
    2024: MIPS-Auto: 100 km/h
12. Treibstoffverbrauch heute im Schnitt: 7 Liter/100 km.
    2024: Treibstoffverbrauch des MIPS-Autos liegt *maximal* bei 3 l/100 km (»Doppeldividende« im Hinblick auf CO_2-Emission und Betriebskosten).
13. Die typische Durchschnittsgeschwindigkeit für den Individualverkehr im städtischen Bereich liegt bei 15 km/h zwischen 6 und 18 Uhr.
    2024: 20 km/h
14. Bei 200 000 km Fahrleistung (außer bei Taxi) wird ein Pkw heute zumeist als »alt« betrachtet und durch ein anderes Auto ersetzt. Hierbei verursacht der Käufer eines heutigen Neuwagens eine erneute Investition *»von der Wiege bis zum Verkauf«*, die zwar einen Vorteil von 10 bis 20 % an Betriebseinsparungen bringt, materiell jedoch in keinem Fall die Neuinvestition aufwiegen kann. Flugzeuge »leben« im Allgemeinen heute 250 Millionen Flugkilometer und sind technisch

1 000 Mal komplexer als Pkws. Solange das »alte« Fahrzeug betriebsfähig, sicher, und relativ wenig reparaturanfällig ist, ist die Neuanschaffung eines Pkw auch aus finanziellen Gründen kaum zu rechtfertigen.

2024: 500 000 Km Gesamtleistung sind beim MIPS-Auto die Norm. Hersteller bieten aufgrund gezielt robusterer Konstruktionen und weniger Kinkerlitzchen bei kleinen Fahrzeugen, aber technisch vergleichbarer Sicherheit und Bequemlichkeit, bessere Gewährleistungen an als im Jahre 2014. Autobauer könnten auch spezielle Austauschkarosserien anbieten, um MIPS-Autos neu, »cool« oder »antik« aussehen zu lassen.

15. Die Reifenerneuerung für Pkw erfolgt heute im Schnitt nach 40 000 bis 50 000 km Fahrleistung.

    2024: Wie bei Flugzeugen können auch für Pkw geeignete Reifen bis zu 12 Mal runderneuert werden. [73]

16. In der Innenstadt werden heute bis zu 50 % der Fahrleistung für Parkplatzsuche benötigt.

    2024: Für MIPS-Autos werden in der Innenstadt lediglich 10 % der Fahrleistung für die Parkplatzsuche aufgewendet (auch werden CO_2-Emissionen hierdurch erheblich reduziert). Größere Fahrzeuge dürfen 2022 nur in ausgewiesenen Plätzen parken bei hohen Gebühren.

17. In vielen Städten sind die Ampeldichte und deren Betriebszeiten, die Zahl und Anlage von Einbahnstraßen sowie die Schilderdichte von Sorgen um Sicherheit und Ordnung im Verkehr bestimmt, nicht aber vom Schutz der Umwelt, von der Ressourcenintensität des Systems.

    2024: Eine Überprüfung im Hinblick auf Reduzierung des gesamten Treibstoff- und sonstigen Ressourcenverbrauches im Pkw-Verkehr hat erhebliche Einsparoptionen aufgezeigt.

18. Straßenbeläge in Innenstädten leiden heute erheblich unter der Belastung durch Pkws und verursachen hierdurch hohe Kosten.

2024: Die Reparaturkosten für Straßenbelege sind im Vergleich zu 2014 stark reduziert.

19. Fahrzeughalter sind im Allgemeinen weder über die Betriebskosten ihres Autos (Kosten per unit service, KOPS) noch über den Materialverbrauch/Kilometer (MIPS) informiert.
2024: Es ist technisch machbar und für den Fahrzeughalter nicht kostspielig, den Einbau von MIPS- und COPS-Metern für alle Pkws vorzuschreiben.

Verbesserung der Leasingoptionen von Pkws und Carsharing sowie die Anlage von Parkplätzen für Besucher am Rande der Stadt mit Zubringern zum Zentrum sind weitere Möglichkeiten, die Immissionsbelastung und die Ressourcenintensität der innerstädtischen Mobilität zu beeinflussen.

Anreize für die Ressourcenwende im innerstädtischen Pkw-Verkehr

Kommunen sind berechtigt, für ihre Bürger vertretbare Abgaben einzuführen.

Ich schlage vor, zur effizienten Einführung des MIPS-Autos als meistgebrauchtes Fahrzeug im inneren Stadtbereich ein gestaffeltes Abgabensystem einzuführen. Die Eckpunkte sind wie folgt:

- Die jährlich zu entrichtende Abgabe richtet sich nach dem ökologischen Rucksack, dem Treibstoffverbrauch, der Grundfläche und der Langlebigkeit des Autos.
- Auch soziale und andere Gründe (Familien mit Kindern, Behinderte, Krankentransporte, Taxi etc.) werden berücksichtigt.
- Die Abgaben werden über ein Sonderkonto verwaltet und werden zum Jahresende in gleicher Höhe an *alle* Einwohner der Stadt ausgezahlt.

- Die Abgabe erfolgt zu Jahresanfang und wird durch eine Plakette am Fahrzeug leicht sichtbar ausgewiesen.
- Die kleinste Abgabe entspricht der Rückgabe von Geld/Person am Vorjahresende, und die größte Abgabe beträgt etwa 20 000 Euro/Jahr oder mehr.
- Alle zwei Jahre werden die Abgabensätze überprüft und gegebenenfalls angepasst.
- Ein unabhängiges Gremium, das sich selbst die oder den Vorsitzenden für maximal zwei Jahre wählt, wird vom Parlament der Stadt gewählt. Mindestens 25 % des Gremiums müssen Bürger sein, die keinen Pkw besitzen.

Leitlinien für Ökodesign

7 goldene Regeln für Güter von morgen

- Jede Bemessung des Umweltschädigungspotenzials von Produkten – wie auch ihrer Wirtschaftsverträglichkeit – muss den gesamten Lebenslauf einschließen, die Analyse muss »von der Wiege bis zur Wiege« reichen.
- Ausgangs- und Mittelpunkt des Designs von Gütern ist das gewünschte Nutzenbündel. Man kann Güter auch als »Nutzenerfüllungsmaschinen« betrachten. Auch Ästhetik und Genuss können nützlich sein.
- Der Input an natürlichem Material pro Output pro Einheit Nutzen – der materielle Fußabdruck MIPS – muss minimiert, die Ressourcenproduktivität entsprechend angehoben werden. Was für Material zutrifft, gilt auch für Wasser. Und auch die lebenszyklusweit eingesetzte Energie muss möglichst weitgehend dematerialisiert sein.
- Produkte der Zukunft sind entscheidend langlebiger sowie reparaturfreundlicher als heute und modular gestaltet.
- Die Landnutzung neuer Güter pro Einheit Nutzen muss minimiert, die Ressourcenproduktivität entsprechend angehoben werden.
- Der Ausstoß von Gefahrstoffen muss minimiert werden.
- Der ökologisch zukunftsfähige Einsatz von *nachhaltig* erneuerbaren Ressourcen sollte maximiert werden.

Ursula Tischner, F. Schmidt-Bleek – Zu beachtende Eigenschaften für nachhaltige Güter und Dienstleistungen

(* = berücksichtigt im Materiellen Fußabdruck, MIPS)

Herstellung

- * Materialintensität der eingesetzten Rohstoffe, Vorprodukte und Prozesse
- * Materialintensität des Fertigproduktes
- * Energieintensität der eingesetzten Materialien, Vorprodukte und Prozesse
- * Energieintensität des Fertigproduktes
- * Anteil der nachhaltig erneuerbaren Materialien im Fertigprodukt (kg/kg)
- * Wasserverbrauch (rezykliert, nicht-rezykliert) pro Fertigprodukt (l/kg)
- * Ausbeute
- * Abfall
- * Ausscheidungsrate
- * Transportintensität (km/kg)
- * Verpackungsintensität (kg/kg)
- * Gefahrstoffe

Nutzung, Ge- und Verbrauch

- * Materialdurchsatz
- * Wasserdurchsatz
- * Energieverbrauch
- * Gewicht (Masse)
- * Eigenkontrolle, Selbstoptimierung
- * Multifunktionalität

* Potenzial für Kaskadennutzung (andere Zwecke)
* Eignung für geteilte Nutzung
* Größe
* Platzbedarf bei Stillstand und Nutzung
* dispersive Nutzung (z. B. Pestizide)
* Langlebigkeit:
  - Verfügbarkeit von Ersatzteilen (langfristig)
  - Oberflächeneigenschaften
  - Haltbarkeit (Robustheit, Rostung etc.)
  - Verlässlichkeit
  - Reparierbarkeit
  - Austauschbarkeit von Teilen
  - Aufrüstbarkeit
  - Zerlegbarkeit
  - Materialermüdung

Nach Erstnutzung

* Möglichkeiten für ressourcenarme Einsammlung
* Weiternutzung
* Materialzusammensetzung, Potenzial für Rezyklierung
* Wieder- und Weiterverwendung von Teilen

Entsorgung

* Energiegewinnung
* Kompostierung

Prof. Dr. Christa Liedtke, Wuppertal Institut – Materialintensität ausgewählter Materialien, Produkte, Dienstleistungen und Aktivitäten

Allgemeines

In der folgenden Tabelle sind Daten zur Materialintensität (MIT) unterschiedlicher Materialien, Energieträger, Transportleistungen, Lebensmittel, Produkte und Aktivitäten getrennt nach den fünf Inputkategorien des MIPS-Konzepts aufgeführt: Abiotische und biotische Rohstoffe, Wasser, Luft und Bodenbewegungen in der Land- und Forstwirtschaft. Letztere ist in die zwei Unterkategorien »Erosion« und »mechanische Bodenbewegung« gegliedert. Die MIT-Faktoren können als Grundlage für weitergehende Untersuchungen dienen.

Regionen

In unterschiedlichen Regionen der Erde werden teilweise unterschiedliche Energieträger und Rohstoffe eingesetzt sowie verschiedene Produktionsprozesse angewendet. Mineralische Rohstoffe werden aus Erzen mit sehr unterschiedlichen Konzentrationen gewonnen. Landwirtschaftliche Erzeugnisse unterliegen schwankenden Ernteerträgen u.a. aufgrund von unterschiedlichen regionalen und jährlich veränderlichen klimatischen Verhältnissen. Daher sollte bei den MIT-Werten immer die angegebene Region berücksichtigt werden.

Recycling

Eine Reihe von Stoffen wird in einem relevanten Maß wiederverwendet. Nach Möglichkeit wurden in den MIT-Faktoren »typische« Anteile von Sekundärmaterial berücksichtigt oder Werte für Primär- und Sekundärmaterial angegeben. Insbesondere bei relativ neuen Materialien gibt es aufgrund des geringen Schrott- oder Altstoffanfalls, bezogen auf die Produktionsmenge, häufig eine Differenz zwischen möglichen Recyclingquoten und Einsatzquoten von Sekundärmaterial in der Produktion. Für die MIT-Werte sind die Einsatzquoten bei der Produktion maßgeblich, da nur so der Ressourceneinsatz der Herstellung erfasst wird. Es ist jedoch möglich, Entwicklungen zu höheren Einsatzquoten von Sekundärmaterialien zu analysieren.

Datenquellen

Alle Daten wurden nach bestem Wissen ermittelt. Sie basieren auf Berechnungen des Wuppertal Institutes und auf Angaben Dritter oder Literaturdaten. Es wird keine Gewähr für die Richtigkeit der Daten übernommen.

Die Materialintensitäten zu Bekleidung, Einrichtung und elektrischen Geräten beruhen zum großen Teil auf der finnischsprachigen Studie ›Goods MIPS‹ von Moisio, Lähteenoja und Lettenmeier (2008). Sie beinhalten die Ressourcennutzung für Rohstoffe, Herstellungsprozess, Verpackung und Transport bis zum Handel.

Bei biotischen Materialien (z.B. Textilien aus Baumwolle oder Wolle) müssten auch noch die Werte für Erosion bzw. Bodenbewegung in der Land- und Forstwirtschaft dargestellt werden, diese konnten in der genannten Studie jedoch nicht erhoben werden.

Die Materialintensitäten von Freizeitaktivitäten wurden im Rahmen des Forschungsprojekts FIN-MIPS Household berechnet (s. Kotakorpi et al. 2008). Sie beinhalten die Ressourcennutzung für die jeweils benötigte Infrastruktur (z.B. Sporthalle) und deren Nutzung (z.B. Heizung und Beleuchtung). Sie beinhalten nicht die Anfahrt zu den Sportstätten. Diese kann, wenn sie mit dem Pkw stattfindet, in vielen Fällen die angegebenen Werte verdoppeln oder sogar vervielfachen. Für einige Aktivitäten (z.B. Golf oder Kneipenbesuch) konnten ausschließlich abiotische Werte ermittelt werden, dennoch beanspruchen sie auch zumindest Wasser und Luft.

Literatur

Lettenmeier, M. et al. (2009): Resource Productivity in 7 Steps. How to Develop Eco-Innovative Products and Services and Improve their Material Footprint. Wuppertal Spezial Nr. 41. Wuppertal (download unter: www.mips-online.info)

Schmidt-Bleek, F. (2007): Nutzen wir die Erde richtig?: Von der Notwendigkeit einer neuen industriellen Revolution. Forum für Verantwortung. Fischer (Tb.), Frankfurt

Ritthoff, M./Rohn, H./Liedtke, C. (2002): MIPS berechnen: Ressourcenproduktivität von Produkten und Dienstleistungen. Wuppertal Spezial Nr. 27. Wuppertal (download unter: www.mips-online.info)

Schmidt-Bleek, F. et al. (1998): MAIA – Einführung in die Material-Intensitäts-Analyse nach dem MIPS-Konzept. Basel, Birkhäuser Verlag

Schmidt-Bleek, F. et al. (1998): Das MIPS-Konzept. Weniger Naturverbrauch – mehr Lebensqualität durch Faktor 10. Droemer Verlag, München

Schmidt-Bleek, F. (1994): Wieviel Umwelt braucht der Mensch?: Faktor 10 – das Maß für ökologisches Wirtschaften. Basel, Birkhäuser Verlag (download der englischen Version mit dem Titel »The Fossil Makers« unter www.factor10-institute.org)

Kotakorpi, E./Lähteenoja, S./Lettenmeier, M. (2008): Household MIPS – Natural resource consumption of Finnish households and its reduction. Endbericht zum Projekt MIPS Household, Helsinki: Ministry of the Environment Environmental Protection Department, The Finnish Environment 43en/2008

Moisio, T./Lähteenoja, S./Lettenmeier, M. (2008): TavaraMIPS – Kodin tavaroiden luonnonvarojen kulutuksen arviointi (Goods MIPS – Asessing the use of natural resources in household goods), in finnischer Sprache, National Consumer Research Centre Publications 6/2008, Helsinki

		Materialintensität [kg/kg]						Regionaler Bezug
Name	Spezifikation	abiotische Rohstoffe	biotische Rohstoffe	Wasser	Luft	Bodenbewegung in Land- und Forstwirtschaft		
						Erosion	mechanische Bodenbearbeitung	
Metalle								
Aluminium	primär	37,00		1 047,70	10,87			Europa
	sekundär	0,85		30,74	0,95			Europa
	Knetlegierung	23,80		627,00	7,20			Europa
	Gusslegierung	8,11		234,13	2,93			Europa
	Durchschnitt	18,98		539,21	5,91			Europa
Kupfer	50% primär; 50% sekundär	179,07		236,39	1,16			weltweit
	primär	348,47		367,16	1,60			weltweit
	sekundär	2,38		85,51	1,32			weltweit
Dynamoblech	warm gewalzt	11,30		80,40	4,70			Deutschland
Ferrochrom	niedriggekohlt, 60% Cr	21,58		504,86	5,07			weltweit
	hochgekohlt, 75% Cr	13,54		221,36	2,30			weltweit
Ferromangan	hochgekohlt, 75% Mn	16,69		193,76	2,23			weltweit
Ferromolybdän	abgeschätzt	748,00		1 286,00	9,50			weltweit
Ferronickel	25% Ni	60,33		615,88	9,73			weltweit
Gold	abgeschätzt	540 000,00						weltweit
Blei	Primär (aus Sprengung)	18,12		135,80	2,28			Deutschland
	Sekundär	0,28		2,64	0,04			Deutschland
	Durchschnitt Deutschland (27% primär, 73% sekundär)	5,09		38,59	0,65			Deutschland
Blei	abgeschätzt	15,60						weltweit
Nickel		141,29		233,34	40,83			Deutschland
Platin		320 301,00		192 728,00	13 772,00			Südafrika
Silber	abgeschätzt	7 500,00						weltweit
Stahl	Oxygenstahl; Blech, feuerverzinkt	9,32		81,86	0,77			weltweit
	Maschinenbaustahl; Elektrolichtbogenofen-Route; aus Stahlschrott	1,47		58,76	0,52			weltweit

		Materialintensität [kg/kg]						Regionaler Bezug
Name	Spezifikation	abiotische Rohstoffe	biotische Rohstoffe	Wasser	Luft	Bodenbewegung in Land- und Forstwirtschaft		
						Erosion	mechanische Bodenbearbeitung	
	Träger, Draht, Maschinenbaustahl; Hochofenroute	8,14		63,67	0,44			weltweit
	Grobblech, Hochofenroute	8,05		55,75	0,44			weltweit
	Warmband, Hochofenroute	7,63		55,95	0,41			weltweit
	Oxygenstahl; Blech, elektroplattiert	9,42		75,38	0,65			weltweit
	Kaltfeinblech, Hochofenroute	8,51		74,81	0,49			weltweit
Edelstahl (rostfrei)	18 % Cr; 9 % Ni	14,43		205,13	2,83			Europa
	17 % Cr; 12 % Ni	17,94		240,33	3,38			Europa
Zinn	Importmix Deutschland	8 486,00		10 958,00	149,00			Deutschland
Zink	elektrolytisch	22,18		343,69	2,28			Deutschland
	Feinzink (sekundär) IS-Ofen	19,36		86,54	42,29			Deutschland
	Zink, abgeschätzt	23,10						weltweit
	Mix	21,76		305,12	8,28			Deutschland
Mineralische Grundstoffe								
Aluminiumoxid	Al_2O_3; Bayer-Verfahren	7,43		58,62	0,45			Deutschland
Borax	synthetisch (Na_2O* $2B_2O_3$*$10H_2O$)	5,75		13,02	0,43			Deutschland
Borsäure	B_2O3*$3H_2O$	7,61		16,15	1,08			Deutschland
Kaolin		3,05		2,46	0,08			Deutschland
Diabas	gebrochen	1,42		6,13	0,05			Deutschland
	gemahlen	1,65		10,28	0,08			Deutschland
Diamanten	abgeschätzt	5 260 000,00						Südafrika
Flussspat	CaF_2	2,93		7,92	0,06			Europa
Graphit		20,06		306,25	5,70			Kanada
Gips	gemahlen	1,83		10,30	0,06			Deutschland

		Materialintensität [kg/kg]						Regionaler Bezug
Name	Spezifikation	abiotische Rohstoffe	biotische Rohstoffe	Wasser	Luft	Bodenbewegung in Land- und Forstwirtschaft		
						Erosion	mechanische Bodenbearbeitung	
Kalk	Kalkstein / Dolomit; gebrochen	1,44		5,56	0,03			Deutschland
	Kalkstein / Dolomit; gemahlen	1,66		9,71	0,06			Deutschland
	Branntkalk; gebrochen	3,12		12,76	0,10			Deutschland
	Branntkalk; gemahlen	3,23		14,68	0,12			Deutschland
	Kalkhydrat	2,46		11,65	0,09			Deutschland
Kaliumnitrat	KNO_3	8,20		59,00	0,70			weltweit
Steinsalz	NaCl	1,24		2,29	0,02			Deutschland
Sand	Quarzsand	1,42		1,43	0,03			Deutschland
Soda	schwer, synthetisch, Na_2CO_3	4,46		27,72	1,02			Deutschland
Energie, Brennstoffe und Kraftwerke [kg/kWh]								
Elektrizität	elektrischer Strommix 2011 (öffentliches Netz)	3,15	0,04	57,64	0,514			Deutschland
Länder	elektrischer Strom europäische OECD-Länder	1,58		63,83	0,425			Europa
	elektrischer Strom alle OECD-Länder	1,55		66,73	0,535			weltweit
Braunkohlekraftwerk	elektrischer Strom aus Braunkohle	12,11		122,44	0,875			Deutschland
Steinkohlekraftwerk	elektrischer Strom aus Steinkohle	3,14		59,33	0,779			Deutschland
Windpark	80x5MW, offshore (HVDC, ab inländischem Netzanschluss)	0,10		0,84	0,008			Deutschland
	12x5MW, offshore (HVAC, ab inländischem Netzanschluss)	0,16		0,95	0,009			Deutschland
	12x5MW, onshore (HVAC, ab inländischem Netzanschluss)	0,09		0,84	0,008			Deutschland

Name	Spezifikation	Materialintensität [kg/kg] abiotische Rohstoffe	biotische Rohstoffe	Wasser	Luft	Bodenbewegung in Land- und Forstwirtschaft: Erosion	Bodenbewegung in Land- und Forstwirtschaft: mechanische Bodenbearbeitung	Regionaler Bezug
Biogasanlage	400 kW, ohne Wärmeauskopplung, ab Netzanbindung	0,60	2,97	1,75	0,950		0,35	Deutschland
Sonnenwärmekraftwerk	Parabolrinnenkraftwerk	0,21		6,46	0,001			MENA
	Fresnel-Kollektoranlage	0,20		9,18	0,013			MENA
	Solarturmkraftwerk	0,12		4,93	0,009			MENA
Energie und Brennstoffe (ohne Verbrennungsluft) [kg/kg]								
Erdöl		1,22		4,28	0,01			Deutschland
Diesel	H_u: 42,8 MJ/kg	1,36		9,70	0,02			Deutschland
Steinkohle	H_u: 29,4 MJ/kg	2,36		9,12	0,05			Deutschland
	deutscher Importmix; Hu: 27,5 MJ/kg	2,11		9,12	0,50			Deutschland
	H_u: 26,37 MJ/kg	17,15		3,66	0,02			Australien
	H_u: 27 MJ/kg	1,47		6,70	0,03			Deutschland
	H_u: 23,25 MJ/kg	5,06		4,58	0,02			weltweit
	H_u: 24,9 MJ/kg	7,70		1,86	0,01			Südafrika
	H_u: 25,2 MJ/kg	6,11		3,11	0,02			USA
	H_u: 21,1 MJ/kg	1,64		3,85	0,01			China
	H_u: 23,44 MJ/kg	7,40		9,99	0,05			Russland
	H_u: 24,9 MJ/kg	2,15		12,88	0,04			Polen
	H_u: 20 MJ/kg	1,75		9,60	0,03			Ukraine
	H_u: 27,83 MJ/kg	15,32		3,25	0,02			Kanada
	H_u: 24,1 MJ/kg	5,97		5,31	0,02			Großbritannien
	H_u: 20,8 MJ/kg	4,90		4,31	0,02			Indien
Heizöl	el; H_u: 42,8 MJ/kg	1,36		9,45	0,02			Deutschland
	S; H_u: 40,7 MJ/kg	1,50		11,45	0,03			Deutschland
Braunkohle	H_u: 8,8 MJ/kg	9,68		9,25	0,02			Deutschland
Erdgas	H_u: 41 MJ/kg	1,22		0,50	0,00			Deutschland

		Materialintensität [kg/kg]						Regionaler Bezug
Name	Spezifikation	abiotische Rohstoffe	biotische Rohstoffe	Wasser	Luft	Bodenbewegung in Land- und Forstwirtschaft		
						Erosion	mechanische Bodenbearbeitung	
Dampf	16 bar; 3,117 MJ/kg	0,39		1,61	0,24			Deutschland
	4 bar; 3,060 MJ/kg	0,39		1,60	0,24			Deutschland
Verbrennungsluft (außer Erdöl und Dampf)								
Verbrennungsluft: Alle Angaben bei den Brennstoffen sind ohne Verbrennungsluft. Werden die Brennstoffe verbrannt, so wird hierzu zusätzliche Luft (Sauerstoff) umgesetzt. Die benötigten Luftmengen sind nebenstehend aufgeführt.	Diesel			Hu: 42,8 MJ/kg	3,20			Deutschland
	Benzin				3,19			Deutschland
	Steinkohle			H_u: 29,4 MJ/kg	2,31			Deutschland
				H_u: 27,5 MJ/kg	2,20			Deutschland
				H_u: 26,37 MJ/kg	2,07			Australien
				H_u: 27 MJ/kg	2,12			Deutschland
				H_u: 23,25 MJ/kg	1,83			weltweit
				H_u: 24,9 MJ/kg	1,96			Südafrika
				H_u: 25,2 MJ/kg	1,98			USA
				H_u: 21,1 MJ/kg	1,66			China
				H_u: 23,44 MJ/kg	1,84			Russland
				H_u: 24,9 MJ/kg	1,96			Polen
				H_u: 20 MJ/kg	1,57			Ukraine
				H_u: 27,83 MJ/kg	2,19			Kanada
				H_u: 24.1 MJ/kg	1,89			Großbritannien
				H_u: 20.8 MJ/kg	1,63			Indien
	Heizöl; el			H_u: 42.8 MJ/kg	3,19			Deutschland
	Heizöl; S			H_u: 40.7 MJ/kg	3,02			Deutschland
	Braunkohle			H_u: 8.8 MJ/kg	0,66			Deutschland
	Erdgas			H_u: 41 MJ/kg	3,64			Deutschland
Chemikalien								
Aceton	C_3H_6O	3,19		18,72	1,89			Deutschland
Acrylnitril		2,56		93,23	5,05			Europa
Allylchlorid		6,93		140,71	2,44			Europa

Name	Spezifikation	Materialintensität [kg/kg]						Regionaler Bezug
		abiotische Rohstoffe	biotische Rohstoffe	Wasser	Luft	Bodenbewegung in Land- und Forstwirtschaft		
						Erosion	mechanische Bodenbearbeitung	
Aluminiumchlorid	$AlCl_3$	8,61		110,63	1,15			Deutschland
Ammoniak	NH_3	1,85		10,11	5,04			Europa
Anilin	C_6H_7N	8,21		148,83	3,83			Deutschland
Benzol	C_6H_6	4,32		28,23	2,19			Deutschland
Bisphenol-A		5,00		88,45	2,52			Europa
Chlor	Cl_2	3,84		100,90	1,09			Europa
Dimethylformamid		1,53		5,29	3,72			Europa
Diphenylmethan Diisocyanat		5,20		440,84	3,89			Europa
Epichlorhydrin	C_3H_5ClO	15,42		319,47	5,68			Europa
Ethylbenzol		4,45		30,53	2,19			Europa
Ethylen	C_2H_4	3,89		25,76	1,96			Deutschland
Ethylenglykol		2,90		133,46	2,29			Europa
Formaldehyde		1,11		29,98	0,98			Deutschland
Fumarsäure	aus Maleinsäure	7,28		313,70	0,75			Europa
	aus Maleinsäureanhydrid	3,23		140,15	0,90			Europa
Isobutyraldehyd		2,21		7,88	1,07			Europa
Maleinsäure		5,01		216,68	3,54			Europa
Maleinsäureanhydrid		2,80		118,29	0,59			Europa
Methan		1,38		1,99	3,90			Europa
Methanol		1,67		4,46	3,87			Europa
Naphtha		1,69		13,88	0,05			Deutschland
Neopentyglykol		1,81		15,77	0,96			Europa
Nitrobenzol		4,95		93,13	2,70			Deutschland
Stickstoff	flüssig	0,81		33,18	1,22			Europa
	gasförmig	0,19		7,66	1,05			Europa

Name	Spezifikation	Materialintensität [kg/kg]						Regionaler Bezug
		abiotische Rohstoffe	biotische Rohstoffe	Wasser	Luft	Bodenbewegung in Land- und Forstwirtschaft		
						Erosion	mechanische Bodenbearbeitung	
Sauerstoff	flüssig	4,66		1 084,61	2,50			Deutschland
	gasförmig	2,58		137,02	1,70			Europa
Pentan		1,98		109,69	2,15			Europa
Phenol		3,19		18,72	1,89			Deutschland
Phosgen	CCl_2O	4,95		125,25	0,61			Deutschland
Polyacrylnitril		14,22		351,19	10,52			Europa
Polyätherpolyol (Polyol)		8,27		465,92	3,51			Europa
Polydiphenylmethandiisocyanat		9,53		167,36	2,90			Deutschland
Propylenoxid		4,61		24,24	3,32			Deutschland
Propylen		1,74		87,55	1,49			Europa
p-Xylol		5,82		50,79	2,94			Europa
Sorbitol		1,10		22,75	1,61			Deutschland
Stärke		1,07		22,09	1,56			Deutschland
Styrol		5,91		41,96	2,86			Deutschland
Natriumhydroxid (Natronlauge)	NaOH	2,76		90,31	1,06			Europa
Wasserglas	Lösung 35 %	1,18		6,30	0,29			Deutschland
Ruß		2,58		7,13	2,54			Großbritannien
Schwefelsäure	H_2SO_4	0,25		4,10	0,70			Deutschland
Terephtalsäure		4,85		141,71	2,58			Europa
Toluol Diisocyanat		8,56		490,58	4,09			Europa
Salzsäure	HCl; 37 %	3,03		40,66	0,38			Deutschland
Wasserstoff	Chlor-Alkali-Elektrolyse	2,52		93,69	0,70			Europa
Harnstoff	CH_4N_2O	3,45		44,60	1,82			Deutschland
Kunststoffe								
Acrylnitril-Butadien-Styrol		3,97		206,89	3,75			Europa

		Materialintensität [kg/kg]						Regionaler Bezug
Name	Spezifikation	abiotische Rohstoffe	biotische Rohstoffe	Wasser	Luft	Bodenbewegung in Land- und Forstwirtschaft		
						Erosion	mechanische Bodenbearbeitung	
Polystyrol	allgemeine Anwendung	2,51		164,04	2,80			Europa
	Expandiertes Polystyrol Granulat	2,50		137,68	2,47			Europa
	hochschlagfest	2,78		175,26	3,15			Europa
Nylon	PA 6.6	5,51		921,03	4,61			Europa
Polycarbonat		6,94		212,19	4,70			Europa
Polyethylen	Folie	3,01		167,60	1,84			Europa
	hohe Dichte	2,52		105,85	1,90			Europa
	geringe Dichte	2,49		122,20	1,62			Europa
	lineares PE niederer Dichte	2,12		162,13	2,80			Europa
Polyethylenterephthalat	Granulat	6,00		205,00	3,50			Europa
	für Flaschen	6,30		230,00	3,50			Europa
	rPET (Abschätzung)	0,99		16,47	0,24			Europa
Polypropylen	Granulat	2,09		35,80	1,48			Europa
	Spritzguss	4,24		205,48	3,37			Europa
Polytetrafluorethylen		18,81		456,95	6,37			Europa
Polyvinylchlorid	Schaum	17,34		679,38	11,57			Europa
	Bulk	3,47		305,29	1,70			Europa
	emulgiert	3,65		197,54	2,46			Europa
	suspendiert	3,33		176,57	1,69			Europa
Styrol Butadien Kautschuk		5,70		146,00	1,65			Deutschland
Kunstharze								
Epoxidharz		13,73		289,88	5,50			Europa
Polyester	Harz, Gelcoat Außenschutz	5,11		188,04	2,89			Europa
	Harz, Gelcoat Innenschutz	4,32		166,96	2,43			Europa
	Harz; Iso-NPG	5,40		208,72	3,21			Europa
	Harz; OS	5,62		235,44	3,46			Europa
Mineraldünger								
Kalkammonsalpeter	Mischung aus $CaCO_3$ und NH_4NO_3	5,48		39,25	2,19			Deutschland
Diammonphosphat		7,07		50,84	3,57			Deutschland

		Materialintensität [kg/kg]						Regionaler Bezug
Name	Spezifikation	abiotische Rohstoffe	biotische Rohstoffe	Wasser	Luft	Bodenbewegung in Land- und Forstwirtschaft		
						Erosion	mechanische Bodenbearbeitung	
Ammoniumnitrat-Harnstofflösung; AHL		1,43		58,01	0,99			Deutschland
Monoammonphosphat		7,36		50,57	3,68			Deutschland
Triplesuperphosphat		3,44		23,26	1,29			Deutschland
Kalidünger	60% K_2O	11,32		10,62	0,07			Deutschland
Baustoffe								
Ziegel	porosierte Leichtziegel (Polysterol) / Vollziegel	2,11		5,74	0,05			Deutschland
	porosierte Leichtziegel (Sägemehl)	1,97		5,42	0,04			Deutschland
	Dachziegel	2,11		5,30	0,07			Deutschland
Porenbeton	400 kg/m^3	2,51		14,98	0,26			Deutschland
	500 kg/m^3	2,28		13,42	0,22			Deutschland
	500 kg/m$_3$; bewehrt	2,64		14,62	0,28			Deutschland
	600 kg/m^3	2,10		11,49	0,17			Deutschland
	600 kg/m^3; bewehrt	2,37		12,15	0,23			Deutschland
Zement	Portland-Zement	3,22		16,94	0,33			Deutschland
	Eisenportl.-Zement (72% Portl.-Zement; 24% Hüttensand; 4% Gips)	2,79		18,82	0,30			Deutschland
	Hüttenzement (40% Portl.-Zement; 56% Hüttensand; 4% Gips)	2,22		21,31	0,25			Deutschland
Beton	B25	1,33		3,42	0,04			Deutschland
Granit	Platten, geschliffen, poliert	1,92		3,36	0,59			Deutschland
Kalksandstein		1,28		2,02	0,01			Deutschland

		Materialintensität [kg/kg]						Regionaler Bezug
Name	Spezifikation	abiotische Rohstoffe	biotische Rohstoffe	Wasser	Luft	Bodenbewegung in Land- und Forstwirtschaft		
						Erosion	mechanische Bodenbearbeitung	
Flachglas	Floatglas	2,95		11,65	0,74			Deutschland
Kanalisationssteinzeug		2,88		32,93	0,24			Deutschland
Dämmstoffe								
Celluloseflocken		1,71		6,74	0,27			Deutschland
Schaumglas		6,71		152,65	2,80			Europa
künstliche Mineralfasern	Glaswolle Ki<40	4,66		45,98	1,80			Deutschland
	Steinwolle Ki<40	4,00		39,72	1,69			Deutschland
Perlit	abgeschätzt	2,04		6,77	0,04			Deutschland
Polyurethan	Hartschaum	6,31		505,06	3,56			Europa
	Weichschaum	7,52		532,39	3,42			Europa
Textilfasern								
Baumwolle	USA west	8,60	2,90	6814,00	2,74	5,01		USA
Polyester	Garn	8,10		278,00	3,73			weltweit
technische Fasern								
Aramidfaser		37,03		940,39	19,57			Europa
Kohlefaser	PAN	58,09		1794,90	38,00			Europa
	unspecified	61,12		2411,47	33,39			Europa
Glasfasern	E-Glas	6,22		94,49	2,09			Europa
	R-Glas	10,84		296,25	2,01			Europa
Sonstige								
Behälterglas	primär; spezielle Anwendungen	3,04		17,06	0,72			Deutschland
	53 % Fremdscherben	1,72		13,36	0,58			Deutschland
	88 % Fremdscherben	0,87		10,93	0,48			Deutschland
Leder	chromgegerbt, Flächenleder	12,30		515,00	2,80			Europa
	pflanzlich gegerbt, Flächenleder	9,20	12,60	446,00	2,40			Europa
	pflanzlich gegerbt, Gewichtsleder	3,30	12,60	176,00	0,90			Europa

		Materialintensität [kg/kg]						Regionaler Bezug
Name	Spezifikation	abiotische Rohstoffe	biotische Rohstoffe	Wasser	Luft	Bodenbewegung in Land- und Forstwirtschaft		
						Erosion	mechanische Bodenbearbeitung	
Linoleum		2,01	0,35	6,68	1,99			Deutschland
Papier und Pappe	Frischfaser, gebleicht	9,17	2,56	302,99	1,28			Europa
	Frischfaser, ungebleicht	8,94	2,38	268,06	1,29			Europa
	Graukarton	0,30	0,22	24,90	0,07			Europa
	Wellkarton	1,86	0,75	93,56	0,33			Europa
	primär Zeitungsdruckpapier	0,38	0,94	3,47	0,08			Europa
	sekundär Zeitungsdruckpapier	0,24	0,04	14,80	0,05			Europa
	Sulfatzellstoff (gebleicht)	2,61	2,64	112,10	0,41			Europa
	Sulfatzellstoff (ungebleicht)	3,09	2,42	93,27	0,52			Europa
	Sulfitzellstoff (gebleicht)	4,38	2,64	185,21	0,66			Europa
	Sulfitzellstoff (ungebleicht)	2,59	2,42	141,87	0,41			Europa
		8,68	4,53	186,00	1,39			Europa
Holz	Spanplatte	0,68	0,65	18,42	0,29			Deutschland
	Sperrholz (Platte)	2,00	9,13	23,56	0,54			Deutschland
	Douglasholz (geschnitten, getrocknet)	0,63	4,37	9,24	0,17			Deutschland
	Fichtenholz (geschnitten, getrocknet)	0,68	4,72	9,40	0,16			Deutschland
	Hartfaserplatte	2,91		49,14	0,98			Deutschland
	Kiefernholz (geschnitten, getrocknet)	0,86	5,51	9,97	0,13			Deutschland
	mitteldichte Faserplatte (MDF)	1,96		32,86	0,48			Deutschland
Wasser								
deionisertes Wasser	abgeschätzt	0,08		2,20	0,01			Deutschland
Trinkwasser		0,01		1,30	0,00			Deutschland

Name	Spezifikation	Materialintensität [kg/kg] abiotische Rohstoffe	biotische Rohstoffe	Wasser	Luft	Bodenbewegung in Land- und Forstwirtschaft: Erosion	mechanische Bodenbearbeitung	Regionaler Bezug
Transport [kg/tkm] (nur Transport, ohne Infrastruktur)								
Binnenschiffe	durchschnittlich	0,02		0,16	0,04			Deutschland
	Gütermotorschiff	0,03		0,16	0,04			Deutschland
	Schub-Gütermotorschiffe	0,02		0,13	0,03			Deutschland
	4er Schubverband	0,02		0,13	0,02			Deutschland
Frachtzüge	alle (DB)	0,08		3,57	0,03			Deutschland
	Dieseltraktion	0,06		0,15	0,06			Deutschland
	Elektrotraktion	0,08		4,37	0,03			Deutschland
Seeschiffe	durchschnittlich	0,01		0,05	0,01			Deutschland
	Tanker	0,00		0,03	0,01			Deutschland
	Containerschiff	0,09		0,08	0,02			Deutschland
	Frachtschiff	0,01		0,09	0,02			Deutschland
Straßengüterverkehr	durchschnittlich	0,22		1,91	0,21			Deutschland
	Lkw < 2,8 t	1,34		11,63	1,33			Deutschland
	alle LKW >2,8 t	0,45		4,12	0,14			Deutschland
	alle Lastzüge >8t; Herstellung + Betrieb + Unterhalt	0,11		0,93	0,10			Deutschland
	alle Sattelzüge; Herstellung + Betrieb + Unterhalt	0,09		0,73	0,10			Deutschland
Transport inkl. Infrastruktur [kg/tkm]								
Luftfracht	Kurzstrecke	4,70		189,00	3,40			Finnland
	aus Finnland nach Mittel- und Südeuropa	1,10		33,60	1,40			Finnland
	aus Finnland nach außerhalb Europas	0,60		9,10	1,30			Finnland

		Materialintensität [kg/kg]						Regionaler Bezug
Name	Spezifikation	abiotische Rohstoffe	biotische Rohstoffe	Wasser	Luft	Bodenbewegung in Land- und Forstwirtschaft		
						Erosion	mechanische Bodenbearbeitung	
Frachtzüge	durchschnittlich	0,54		15,30	0,02			Finnland
Binnenschiff	durchschnittlich	0,35		11,70	0,04			Deutschland
Seeschiff	aus Finnland nach Mittel- und Südeuropa	0,12		0,70	0,70			Finnland
	aus Finnland nach außerhalb Europas	0,08		0,60	0,10			Finnland
Straßengüterverkehr	durchschnittlich	0,98		7,07	0,23			Deutschland
	durchschnittlich	0,52		6,30	0,09			Finnland
Ernährung								
Fleisch								
Hähnchen	Fleisch, konventionell	8,99	6,67	344,03	2,30	6,64	3831,90	Deutschland
	Fleisch, konventionell	7,00	4,60	228,00	1,50	1,20	1089,20	Finnland
Rindfleisch	33 % Milchkuh, konventionell	6,53	27,05	269,95	1,68	9,55	2677,38	Deutschland
		12,00	31,00	439,00	0,99	3,20	2842,20	Finnland
Schweinefleisch	konventionell	2,57	6,89	62,33	1,01	6,51	2967,50	Deutschland
		8,30	10,00	240,00	1,90	2,80	2434,00	Finnland
Fisch								
Regenbogenforelle	Aquakultur	2,80	4,70	271,00	0,83	0,17	148,17	Finnland
Fischmehl		1,30	5,00	19,28	3,08			Deutschland
Getreide und Brot								
Gerste	Wintergerste, ohne Trocknen, konventioneller Anbau	0,29	2,03	2,33	0,08	1,37	692,31	Deutschland
Brot	Gerste	1,10	1,40	21,00	0,15	0,39	341,39	Finnland
	Weizenmehl	1,68	2,12	42,85	1,76	1,08	605,12	Deutschland
	Weizenmehl	1,10	1,30	20,00	0,14	0,35	308,35	Finnland
	Roggen	1,60	0,80	111,00	0,20	0,29	259,29	Finnland
	Mischbrot	1,30	1,10	99,00	0,20	0,34	304,34	Finnland
Hafer	ohne Trocknen	0,36	2,53	1,13	0,07	1,74	900,00	Deutschland
Weizen	Winterweizen, konventioneller Anbau	0,46	1,98	3,11	0,12	1,10	616,48	Deutschland

Name	Spezifikation	Materialintensität [kg/kg] abiotische Rohstoffe	biotische Rohstoffe	Wasser	Luft	Bodenbewegung in Land- und Forstwirtschaft: Erosion	mechanische Bodenbearbeitung	Regionaler Bezug
Weizenmehl	konventioneller Anbau	0,78	2,97	8,62	0,20	1,65	924,72	Deutschland
Milchprodukte und Eier								
Butter		3,42	56,87	105,75	0,79	18,43	5 366,10	Deutschland
		9,80	25,00	208,00	0,67	2,60	2 331,60	Finnland
Käse		11,00	29,00	260,00	1,10	3,00	2 678,00	Finnland
Sahnequark	40 % FDM	0,72	12,03	21,59	0,17	3,90	1 135,00	Deutschland
Doppelrahmfrischkäse	60 % FDM	0,84	14,24	25,51	0,20	4,62	1 343,90	Deutschland
Eier		1,15	1,98	28,56	0,25	0,93	605,87	Deutschland
		5,70	4,00	141,00	1,00	1,10	943,10	Finnland
Milch	frische Vollmilch	0,15	2,46	4,42	0,04	0,80	232,05	Deutschland
	entrahmtes Milchpulver	16,45	15,26	653,07	4,42	33,72	1 439,90	Deutschland
		1,10	3,00	31,00	0,09	0,31	274,31	Finnland
Schlagsahne	28 % Fett	0,70	11,47	21,14	0,16	3,72	1 081,90	Deutschland
Molke		0,03	0,42	0,76	0,01	0,14	39,83	Deutschland
	Pulver	23,15	7,28	929,79	6,22	2,36	686,77	Deutschland
Joghurt	Natur	0,19	2,75	5,61	0,05	0,89	259,47	Deutschland
Gemüse und Obst								
arktische Moltebeere		2,00	1,00	17,00	0,20	0,00	0,00	Finnland
Apfel		1,00	1,00	7,00	0,01	0,32	93,00	Finnland
Gurke		7,00	1,00	570,00	4,00	0,00	25,00	Finnland
Ackerbohne	konventioneller Anbau	0,67	1,07	9,09	0,13	0,74	900,00	Deutschland
Körnererbse	konventioneller Anbau	0,80	1,53	9,43	0,15	2,76	900,00	Deutschland
Körnermais	konventioneller Anbau	0,89	2,06	25,01	0,21	0,90	625,00	Deutschland
Kartoffeln	ungewaschen, konventioneller Anbau	0,10	1,06	0,39	0,01	0,22	112,50	Deutschland
		0,29	1,70	52,00	0,02	0,08	71,00	Finnland

		Materialintensität [kg/kg]						Regionaler Bezug
Name	Spezifikation	abiotische Rohstoffe	biotische Rohstoffe	Wasser	Luft	Bodenbewegung in Land- und Forstwirtschaft		
						Erosion	mechanische Bodenbearbeitung	
Soja	konventioneller Anbau	0,96	1,10	10,68	0,19	4,00	1 500,00	Deutschland
		1,30	1,40	157,00	0,92	0,35	310,00	Brasilien
Erdbeere		1,00	1,00	18,00	0,20	0,63	555,00	Finnland
Tomate		8,00	1,00	793,00	4,00	0,01	36,00	Finnland
Zucker								
Rübenzucker		8,58	12,63	53,73	4,70	1,15	542,21	Deutschland
Zucker		3,10	1,60	24,00	0,80	0,38	336,00	Finnland
Pflanzenöle								
Rapsöl	Winterraps, konventioneller Anbau	3,15	2,54	51,04	0,73	6,12	3 569,20	Deutschland
		8,30	20,00	168,00	0,56	2,20	1 927,00	Finnland
Sojaöl		7,60	19,00	162,00	0,09	2,00	1 783,00	Finnland
		6,47	6,09	104,53	1,38	22,22	8 333,30	Deutschland
Getränke								
Bier		1,50	0,31	280,00	0,51	0,09	75,00	Finnland
Tierfutter								
Mischfutter		0,77	1,43	12,53	0,18	1,42	821,74	Deutschland
Futterrübe	konventioneller Anbau	0,05	1,35	0,27	0,01	0,05	45,00	Deutschland
luftgetrocknetes Heu	Heuballen vom Feld, konventioneller Anbau	0,05	1,35	0,40	0,02	0,27	88,60	Deutschland
Silomais		0,06	1,10	0,36	0,01	0,67	112,50	Deutschland
Anwelksilage	Ballen vom Feld, konventioneller Anbau	0,05	1,25	0,77	0,01	0,25	81,52	Deutschland
Kleidung und Schuhe								
Jeans		5	1,6	1 200	0,2			Finnland
Outdoor-Hosen		4		126	2,0			Finnland
andere Hosen		5	1,1	2 718	2,3			Finnland
Rock		5	1,1	2 718	2,3			Finnland
T-Shirt		2	1,2	1 480	12,5			Finnland
Oberhemd		3	0,4	906	1,4			Finnland
Strickhemd (Polyester/Baumwolle)		6						Finnland

		Materialintensität [kg/kg]						Regionaler Bezug
Name	Spezifikation	abiotische Rohstoffe	biotische Rohstoffe	Wasser	Luft	Bodenbewegung in Land- und Forstwirtschaft		
						Erosion	mechanische Bodenbearbeitung	
Wollhemd		31	95,0	624	5,4			Finnland
Wolljacke		80	242,4	1 809	39,3			Finnland
Outdoorjacke		7		240	3,8			Finnland
andere Jacken (Winter-Outdoorjacken)		11		707	6,7			Finnland
Lederschuhe		9	22,4	432	2,4			Finnland
Laufschuhe		6	0,1	425	3,6			Finnland
andere Schuhe		7	11,2	428	3,0			Finnland
Wollaccessoires (Mütze, Handschuhe etc.)		8	25,7	169	1,5			Finnland
Unterwäsche		0	0,1	341	0,1			Finnland
Socken		0	0,1	341	0,1			Finnland
Ledergürtel		5	6,3	223	1,2			Finnland
Nachthemd		3	0,4	906	1,4			Finnland
kurze Hosen		3	0,6	1 359	1,1			Finnland
Regenkleidung		1		57	0,7			Finnland
Krawatte, Schal etc.		1	0,1	227	0,4			Finnland
Abendgarderobe		5	1,1	2 718	2,3			Finnland
Daunenjacke		80	242,4	1 809	39,3			Finnland
Pelzmantel		14	8,2	608	5,7			Finnland
Lederjacke		10	8,2	427	4,2			Finnland
Anzug (Jackett, Rock oder Hose jeweils als einzelnes Stück gerechnet)		5	1,1	2 718	2,3			Finnland
Fleecejacke		6	0,0	193	3,1			Finnland
Heimtextilien								
Teppiche								
Baumwolle, klein (ungefähr 100 cm * 150 cm)		20	4,2	10 118	8,8			Finnland
Baumwolle, mittelgroß (ungefähr 140 cm * 200 cm)		57	11,9	28 603	24,6			Finnland
Baumwolle, groß (ungefähr 200 cm * 300 cm)		92	19,4	46 730	39,9			Finnland
Wolle klein		327	1 001,4	6 591	57,1			Finnland

		Materialintensität [kg/kg]						Regionaler Bezug
Name	Spezifikation	abiotische Rohstoffe	biotische Rohstoffe	Wasser	Luft	Bodenbewegung in Land- und Forstwirtschaft		
						Erosion	mechanische Bodenbearbeitung	
Wolle mittelgroß		830	2541,9	16730	144,9			Finnland
Wolle groß		1669	5109,5	33628	291,2			Finnland
Synthetische Faser (Polypropylene) klein		19		523	12,5			Finnland
Synthetische Faser (Polypropylene) mittelgroß		34		929	22,3			Finnland
Synthetische Faser (Polypropylene) groß		70		1900	45,7			Finnland
Flickenteppich aus neuem Material, klein		20	4,2	10118	8,8			Finnland
Flickenteppich aus neuem Material, mittelgroß		57	11,9	28603	24,6			Finnland
Flickenteppich aus neuem Material, groß		92	19,4	46730	39,9			Finnland
Flickenteppich aus gebrauchtem Material		2	0,6	1363	0,5			Finnland
Schmutzfänger		14	2,9	6960	7,4			Finnland
andere Heimtextilien								
Bettlaken Baumwolle		6	1,2	2841	2,6			Finnland
Bettlaken Synthetikfaser (Polyester)		6	0,0	187	3,0			Finnland
Bettbezug Baumwolle		15	3,2	7658	6,7			Finnland
Bettbezug Synthetikfaser (Polyester)		15	0,0	494	7,8			Finnland
Badehandtuch		5	1,0	2446	2,2			Finnland
Handtuch		2	0,4	1050	1,0			Finnland
Kissenbezug		2	0,4	1050	1,0			Finnland
Kissenbezug Synthetikfaser (Polyester)		2	0,0	69	1,1			Finnland
Kissen		8	0,2	584	3,9			Finnland
Bettdecke		17	0,9	2514	8,2			Finnland
Daunendecke		17	0,9	2514	8,2			Finnland
Daunenkissen		8	0,2	584	3,9			Finnland
Überdecke		28	6,0	14311	12,4			Finnland

Name	Spezifikation	Materialintensität [kg/kg]						Regionaler Bezug
		abiotische Rohstoffe	biotische Rohstoffe	Wasser	Luft	Bodenbewegung in Land- und Forstwirtschaft		
						Erosion	mechanische Bodenbearbeitung	
Vorhänge		15	3,2	7658	6,7			Finnland
Sofakissen		8	0,2	584	3,9			Finnland
Bademantel		5	1,0	2446	2,2			Finnland
Tischtuch		6	1,2	2841	2,6			Finnland
Wolldecke		80	242,4	1809	39,3			Finnland
Möbel								
Betten und Matratzen								
Bettgestell (90cm breit), Transport aus Ostasien		265	96,9	15476	145,0			Europa
Bettgestell (120cm breit), Transport aus Ostasien		353	128,7	22571	192,0			Europa
Matratze (160cm breit), Transport innerhalb Finnlands		125	1,2	12616	57,2			Finnland
Matratze (80cm breit), Transport innerhalb Finnlands		62	0,6	6308	28,6			Finnland
Bett und Matratze (140cm breit), Transport aus Ostasien		585	78,6	7828	182,1			Finnland
Sofas								
Sofa mit Massivholzkern für 2 Personen, Transport innerhalb Europas		261	144,8	37175	95,9			Finnland
Sofa mit Massivholzkern für 2 Personen, Transport aus Ostasien		331	144,8	37712	198,3			Finnland
Sofa für 3 Personen, Transport innerhalb Europas		377	36,6	54478	151,3			Finnland
Sofa für 3 Personen, Transport aus Ostasien		381	90,6	45828	222,3			Finnland
Sofa für 3 Personen, Transport innerhalb Finnlands		363	36,6	54383	148,8			Finnland

		Materialintensität [kg/kg]						Regionaler Bezug
Name	Spezifikation	abiotische Rohstoffe	biotische Rohstoffe	Wasser	Luft	Bodenbewegung in Land- und Forstwirtschaft		
						Erosion	mechanische Bodenbearbeitung	
Schlafcouch, Transport innerhalb Finnlands		333	38,6	31 212	71,1			Finnland
Stühle, Tische und Regale								
Küchenstuhl (massives Kiefernholz), Transport innerhalb Europas		43	101,9	916	15,4			Finnland
Küchenstuhl (Faserholz), Transport innerhalb Europas		17	2,7	585	6,3			Finnland
Sessel, Transport innerhalb Finnlands		107	12,0	16 229	40,0			Finnland
Sessel, Transport aus Ostasien		334	155,1	9 878	174,8			Finnland
Sessel, Transport innerhalb Europas		266	155,1	9 355	75,2			Finnland
Bürostuhl		107	12,0	16 229	40,0			Finnland
Rohrsessel, transportiert aus Ostasien		72	118,1	4 198	44,2			Finnland
Rohrsessel, transportiert innerhalb Finnlands		13	6,6	2 710	4,2			Finnland
Barhocker (Massivholz)		43	101,9	916	15,4			Finnland
Massivholz-Bank		86	203,8	1 832	30,7			Finnland
Küchentisch mit 4 Stühlen (massives Kiefernholz), Transport innerhalb Europas		86	203,7	1 128	27,0			Finnland
Küchentisch (massives Birkenholz), Transport innerhalb Europas		62	162,2	1 658	17,1			Finnland
Küchentisch (Holzfaser), Transport innerhalb Europas		159	29,5	2 629	24,0			Finnland
Couchtisch (massives Eichenholz), Transport innerhalb Finnlands		76	79,1	4 871	24,2			Finnland

Name	Spezifikation	Materialintensität [kg/kg]						Regionaler Bezug
		abiotische Rohstoffe	biotische Rohstoffe	Wasser	Luft	Bodenbewegung in Land- und Forstwirtschaft		
						Erosion	mechanische Bodenbearbeitung	
Schreibtisch/ Arbeitstisch, Transport innerhalb Europas		128	110,4	3723	34,0			Finnland
kleiner Tisch, Transport innerhalb Europas		17	2,7	584	6,3			Finnland
Europa-Nachttisch, Transport innerhalb Europas		17	2,7	584	6,3			Finnland
Fernsehtisch (massives Pinienholz), Transport innerhalb Europas		45	117,1	1224	11,5			Finnland
Stehtisch		83	79,1	4918	25,5			Finnland
Holzregal		43	101,9	916	15,4			Finnland
Massivholz Bücherregal, Transport innerhalb Finnlands		260	878,9	19972	63,0			Finnland
Faserplatten Bücherregal, Transport innerhalb Europas		360	69,9	11161	110,8			Finnland
Schublade, Transport innerhalb Europas		181	37,1	5331	52,6			Finnland
Glasvitrine		311	34,9	6324	85,6			Finnland
Regalmeter an Büchern		161	45,1	303	22,44			Finnland
elektrische und elektronische Geräte, Produktion								
Kühlschrank		1378		15868	133,3			Finnland
Kühl-Frier-Kombinationsgerät		2159		22255	222,2			Finnland
Gefrierschrank		1527		28097	290,2			Finnland
elektrischer Herd und Ofen		1646		19676	181,7			Finnland
Spülmaschine		768		9845	70,9			Finnland
Waschmaschine		1036		19386	179,2			Finnland
Wäschetrockner		939		11841	109,1			Finnland
Mikrowellenherd		367		4621	42,6			Finnland
Staubsauger		71		1669	13,3			Finnland

		Materialintensität [kg/kg]						Regionaler Bezug
Name	Spezifikation	abiotische Rohstoffe	biotische Rohstoffe	Wasser	Luft	Bodenbewegung in Land- und Forstwirtschaft		
						Erosion	mechanische Bodenbearbeitung	
elektrischer Saunaherd (nur Materialien)		153		1921	23,2			Finnland
Kaffeekocher		53		474	4,3			Finnland
Kessel		75		234	3,4			Finnland
Haartrockner		46		118	0,9			Finnland
Lockenstab		14		42	0,6			Finnland
Toaster		85		283	2,1			Finnland
Bügeleisen		32		27	6,9			Finnland
TV 14–16« CRT		1 133		18871	24,0			Finnland
TV 18–24" CRT		2832		47 176	61,0			Finnland
TV 26–36" CRT		7 175		62092	125,7			Finnland
TV LCD		2614		78928	51,9			Finnland
TV PLASMA		2395		39898	51,3			Finnland
VHS Recorder		1714		17662	214,8			Finnland
DVD Player		1714		17662	214,8			Finnland
Digitalkonverter		276		2846	34,6			Finnland
Schreibtischcomputer		1 464		5309	87,8			Finnland
Laptop		442		6 180	300,7			Finnland
Drucker		712		11 861	24,0			Finnland
Mobiltelefon		26		100	0,5			Finnland
Glühlampe		1		4	0,1			Finnland
Kompaktleuchtstofflampe		2		13	0,2			Finnland
Freizeitaktivitäten [kg/std]								
Golf		47,29						Finnland
Zufußgehen auf Wanderweg		1,40		33,00				Finnland
Fitnessstudio		22,48	0,04	781,62	3,51			Finnland
Laufbahn		1,70	0,00	133,20	0,20			Finnland
Abfahrtski		2,45		57,57	0,03			Finnland
Sporthalle		22,40	0,00	793,90	3,80			Finnland
Turnhalle		24,54	0,05	666,41	4,49			Finnland
Motorradfahren		61,43		29,68	10,69			Finnland
Motocross		40,58	0,00	20,61	7,08			Finnland
Musikhören		1,00	0,00	0,00	0,00			Finnland

		Materialintensität [kg/kg]						Regionaler Bezug
Name	Spezifikation	abiotische Rohstoffe	biotische Rohstoffe	Wasser	Luft	Bodenbewegung in Land- und Forstwirtschaft		
						Erosion	mechanische Bodenbearbeitung	
Musikschule		4,13	0,00	200,64	1,30			Finnland
Segeln	ohne Anfahrt zum Meer	35,00	0,00	261,00	8,00			Finnland
ins Theater gehen		12,00		622,00	3,00			Finnland
Sportfeld, Kunstrasen		22,40	0,00	211,20	2,10			Finnland
Computernutzung		1,00						Finnland
Fernsehen		1,00	0,00	0,00	0,00			Finnland
Schwimmhalle		27,58	0,04	1 286,19	6,24			Finnland
Freischwimmbad		9,19	0,01	428,73	2,08			Finnland
Bootfahren mit kleinem Boot und Motor	ohne Anfahrt zum Meer	2,00	0,00	20,00	2,00			Finnland
Rudern		0,6	0,01	11	0,23			Finnland

Literaturverzeichnis

Beck, Ulrich: *Risikogesellschaft. Auf dem Weg in eine andere Moderne*, Frankfurt am Main 1986

Bierter, Willy/Irgang, Gert/Manstein, Christopher/Schmidt-Bleek, Friedrich: *Machbarkeitsstudie für den Aufbau von »Proregis (Productivity Registry – Center For Resource Productivity Factors For Wealth Creation)«. Endbericht.* CH-Giebenach / A-Altach/A-Klagenfurt/F-Carnoules, November 2000. Aufgerufen am 26.1.2013 unter http://www.factor10-institute.org/files/proregis_d.pdf

Bringezu, Stephan: *Ressourcennutzung in Wirtschaftsräumen. Stoffstromanalysen für eine nachhaltige Raumentwicklung*, Heidelberg 2000

Butler, Robert: »Is Geography the New History«, in: *Intelligent Life*, Magazin der Zeitschrift *The Economist*, Winter 2009, http://www.moreintelligentlife.com/content/robert-butler/going-green-rest-geography

Carson, Rachel: *Der stumme Frühling*, Frankfurt/Main 1965

Collins, Paul: »The Beautiful Possibility«, in: *Cabinet*, Issue 6, Horticulture Spring 2002, http://www.cabinetmagazine.org/issues/6/beautifulpossibility.php, aufgerufen am 03.11.2013.

Delestrac, Denis: *Sand – Die neue Umweltzeitbombe*, Dokumentarfilm, ARTE, Frankreich 2013, http://vimeo.com/70616414, aufgerufen am 10.01.2013

Dittrich, M./Giljum S./Lutter, S./Polzin C. (Hrsg.): *Green Economies around the World? Implications of resource use for development and the environment*, Wien 2012, online abrufbar unter:

http://seri.at/wp-content/uploads/2012/06/green_economies_around_the_world.pdf
Emmott, Stephen: *10 Billion*, dt. Ausgabe: *10 Milliarden*, Frankfurt am Main 2013
Lettenmeier, M. u.a.: *Resource Productivity In 7 Steps. How To Develop Eco-Innovative Products And Services, And Improve Their Material Footprint*, Wuppertal Spezial 41, Wuppertal Institut 2010, http://www.wupperinst.org/en/publications/entnd?beitrag_id=1309
Liedtke, Christa/Baedeker, Carolin (Hrsg.): *Wettbewerbsfähigkeit in einer zukunftsfähigen Wirtschaft*, Wuppertal Spezial 14, Wuppertal Institut 1999
Liedtke, Christa, Welfens, Maria J. u.a.: *Mut zur Nachhaltigkeit*, Wuppertal 2008
Meadows, Dennis u.a.: *Grenzen des Wachstums*, Rowohlt 1973
Mayer, Bernd: *Wie muss die Wirtschaft umgebaut werden?*, Frankfurt/Main 2008
Mouchot, Augustin: *Die Sonnenwärme und ihre industriellen Anwendungen*. Reprint und deutsche Übersetzung der Ausgabe von 1877, Oberbözberg (Schweiz) 1987
OECD: »Beyond GDP. Measuring Progress, True Wealth, and the Well-Being of Nations«. International Conference, 19.–20.11.2007, Brussels. Abgerufen am 30.4.2012 unter http://www.oecd.org/dataoecd/19/33/38910732.pdf. Siehe auch http://www.beyond-gdp.eu
Pinzler, Petra/Vorholz, Fritz: »Öko war früher«, in: DIE ZEIT, 21.11.13, S. 25
Ritthoff, M. u.a.: *MIPS berechnen – Ressourcenproduktivität von Produkten und Dienstleistungen*, Wuppertal 2003
Schellnhuber, Hans-Joachim: Interview in DIE ZEIT, 07.11.2013, S. 6
Schmidt-Bleek, Friedrich: *Das MIPS-Konzept. Weniger Naturverbrauch – mehr Lebensqualität durch Faktor 10*, München 1998
Schmidt-Bleek, Friedrich u.a.: *MAIA. Einführung in die Material-*

Intensitätsanalyse nach dem MIPS-Konzept, Basel/Boston/Berlin 1999

Schmidt-Bleek, F./Manstein, C.: *Klagenfurt Innovation – Neue Wege einer umweltgerechten Produktgestaltung*, Klagenfurt 1999

Schmidt-Bleek, Friedrich: *Ökodesign – Vom Produkt zur Dienstleistungserfüllungsmaschine*, Wirtschaftskammer Österreich, WIFI No 303, 1999

Schmidt-Bleek, Friedrich: *Nutzen wir die Erde richtig?*, Frankfurt am Main 2007

Schnaas, Dieter: »Teilen ist nicht das neue Haben«, in: *Wirtschaftswoche*, 08.09.2013, http://www.wiwo.de/technologie/digitale-welt/tauchsieder-teilen-ist-nicht-das-neue-haben/8755156.html, aufgerufen am 22.12.2013

Seidler, Christoph: »Klimawandel – Forscher warnen vor arktischer Kostenzeitbombe«, *Spiegel-Online*, 24.07.2013, http://www.spiegel.de/wissenschaft/natur/klimawandel-forscher-warnen-vor-billionenkosten-durch-methan-a-912892.html, aufgerufen am 20.01.2014

Sukhdev, Pavan: *Corporation 2020 – Warum wir Wirtschaft neu denken müssen*, München 2013

Weissenberger-Eibl, Marion: *Kongressband des Fraunhofer-Instituts für System- und Innovationsforschung (ISI)*, Karlsruhe 2010

Weblinks

www.aachener-stiftung.de/regional/regionalentwicklung/2012-faktor-x-siedlung-eschweiler.html, aufgerufen am 24.11.2013

www.beyond-gdp.eu

www.blueeconomy.com

http://www.bundesregierung.de/Webs/Breg/DE/Themen/Nachhaltigkeitsstrategie/2-der-Staatssekretaersausschuss/aufgaben/_node.html, aufgerufen am 18.12.13

http://www.europarl.europa.eu/committees/de/envi/home.html, aufgerufen am 20.12.2013

http://ec.europa.eu/environment/resource_efficiency/about/roadmap/index_en.htm, aufgerufen am 20.12.2013

http://ec.europa.eu/eu2020/

www.factor10-institute.org

www.faktor10.at/mipsacademy

http://www.faz.net/aktuell/wirtschaft/wirtschaftspolitik/eeg-ausnahmen-industrie-drohen-rueckforderungen-in-milliardenhoehe-12710074.html, aufgerufen am 14.12.2013

http://www.fr-online.de/japans-katastrophe/greenpeace-studie-zu-fukushima-atomindustrie-zahlt-nicht-fuer-opfer,8118568,21877080.html, aufgerufen am 27.11.13

http://www.gruene.de/themen/energiewende/energiewende.html, aufgerufen am 10.12.2013

http://www.handelsblatt.com/finanzen/recht-steuern/steuern/kaffeekette-wie-starbucks-sich-um-die-steuern-drueckt/7339136.html, aufgerufen am 11.12.2013

www.heise.de/tp/artikel/40/40090/1.html, aufgerufen am 18.11.13

www.mips-online.com

www.mut-zur-nachhaltigkeit.de

www.nachhaltigkeitsarena.de

http://www.nachhaltigkeitsrat.de/der-rat/, aufgerufen am 20.12.2013

http://storyofstuff.org, aufgerufen am 15.01.2014

http://www.ufz.de/index.php?de=19659, aufgerufen am 20.01.14

http://www.umweltdaten.de/filme/Flow-EN-512K-Stream.mov

http://www.welt.de/wirtschaft/article122875634/Braunkohle-Lobby-schrieb-am-Koalitionsvertrag-mit.html, aufgerufen am 11.02.14

www.worldresourcesforum.org

www.wupperinst.org

Anmerkungen

1 Die folgenden Informationen über Sand sind dem Film *Sand – Die neue Umweltzeitbombe* von Denis Delestrac entnommen; ARTE, Frankreich 2013, http://vimeo.com/70616414, aufgerufen am 10.01.2013

2 Vgl. dazu Markus Becker: »Sicherheitskonferenz: Studie warnt vor Wasserkrise in China und Indien«, in: *Spiegel Online,* 03.02.14, http://www.spiegel.de/wissenschaft/natur/sicherheitskonferenz-studie-warnt-vor-wasserkrise-in-china-und-indien-a-950618.html, aufgerufen am 03.02.2014

3 Ulrich Beck: *Risikogesellschaft. Auf dem Weg in eine andere Moderne*, Frankfurt am Main 1986, S. 48

4 Am 06.02.2014 in »Forum Politik«, Phoenix TV

5 Robert Butler: »Is Geography the New History«, in: *Intelligent Life*, Magazin *The Economist*, 2009, S. 38, http://www.moreintelligentlife.com/content/robert-butler/going-green-rest-geography, aufgerufen am 06.02.2014 (Übers. Friedrich Schmidt-Bleek)

6 Petra Pinzler/Fritz Vorholz: »Öko war früher«, in: *DIE ZEIT*, 21.11.13, S. 25

7 http://ec.europa.eu/environment/enveco/resource_efficiency/index.htm

8 Stephen Emmott: *10 Billion,* dt. Ausgabe: *10 Milliarden,* Frankfurt am Main 2013

9 Vgl. Paul Collins: »The Beautiful Possibility«, in: *Cabinet*, Issue 6, Horticulture Spring 2002, http://www.cabinetmagazine.org/issues/6/beautifulpossibility.php, aufgerufen am 03.11.2013 (Übers. Friedrich Schmidt-Bleek)

10 Augustin Mouchot: *Die Sonnenwärme und ihre industriellen Anwendungen.* Reprint und deutsche Übersetzung der Ausgabe von 1877, Oberbözberg (Schweiz) 1987
11 Vgl. Collins, a. a.O. (Übers. Friedrich Schmidt-Bleek)
12 Carson, Rachel: *Der stumme Frühling*, Frankfurt/Main 1965
13 Meadows, Dennis u. a.: *Grenzen des Wachstums,* Rowohlt 1973, S. 74
14 Die Zahlen stammen vom Schweizer Bundesamt für Umweltschutz (Bafu) aus dem Jahr 2011.
15 Vgl. Friedrich Schmidt-Bleek: *Nutzen wir die Erde richtig?*, Frankfurt am Main 2007, S. 35–36
16 Ebd.
17 Schmidt-Bleek, Friedrich: *Nutzen wir die Erde richtig?*, Frankfurt am Main 2007, S. 74
18 Physikalisch korrekt wäre es, hier von Masseneinheiten zu sprechen. Um des einfacheren Verständnisses willen verwenden wir aber hier und künftig diese Bezeichnung.
19 Diese Faktoren sind Intensitätsgrößen und werden in Kilogramm/Kilogramm oder Kilogramm/MJ bzw. Kilogramm/kWh gelistet. Sie werden mit dem Gewichtsanteil der jeweiligen Stoffe im Herstellungsabfall und im verkaufsfertigen Produkt multipliziert und dann zum ganzen MI (Abfall plus Produkt) aufsummiert. Vgl. F. Schmidt-Bleek u.a.: *MAIA, Einführung in die Material-Intensitätsanalyse nach dem MIPS-Konzept*, Basel/Boston/Berlin 1999; M. Ritthoff u. a.: *MIPS berechnen – Ressourcenproduktivität von Produkten und Dienstleistungen*, Wuppertal 2003
20 Weitere Details finden sich in Friedrich Schmidt-Bleek: *Das MIPS-Konzept. Weniger Naturverbrauch – mehr Lebensqualität durch Faktor 10*, München 1998
21 Das Fraunhofer-Institut für System- und Innovationsforschung (ISI) in Karlsruhe fasst die wichtigsten Rohstoffprobleme in einem Kongressband (Weissenberger-Eibl 2010) zusammen.
22 Die weltweiten Ressourcen von Kupfer schätzen die ISI-Forscher unter Bezug auf den geologischen Dienst der USA (United States

Geological Survey, USGS) auf drei Milliarden Tonnen. Dazu addieren sie 700 Millionen Tonnen, die in Manganknollen in den Tiefen der Ozeane vermutet werden. Das ergibt Kupfer-Ressourcen von 3,7 Milliarden Tonnen. Wie viel davon je erschließbar sein wird, kann heute niemand vorhersagen, weil dafür zum Teil Abbauverfahren erst entwickelt werden müssen.

23 *DIE ZEIT* vom 7. November 2013, S. 6

24 Vgl. Emmott 2013

25 Pavan Sukhdev: *Corporation 2020 – Warum wir Wirtschaft neu denken müssen,* München 2013, S. 103

26 www.heise.de/tp/artikel/40/40090/1.html, aufgerufen am 18.11.13.

27 Weissenberger-Eibl, Marion: *Kongressband des Fraunhofer-Instituts für System- und Innovationsforschung (ISI),* Karlsruhe 2010

28 Ein von mir verfasster wissenschaftlicher Artikel von 1992, der die Entstehung dieses Denkansatzes beschreibt, befindet sich im Anhang S. 201 ff.

29 Eine Liste der Mitglieder und ausgewählte Verlautbarungen des Factor-10-Clubs mit den wichtigsten Punkten der Ressourcenwende als Forderungen an die Politik finden sich im Anhang S. 206 ff.

30 http://www.aachener-stiftung.de/stiftung.html

31 Ein beispielhafter Vorschlag für die Dematerialisierung des städtischen Verkehrs um den Faktor 10 (das MIPS-Auto) findet sich im Anhang, S. 249 ff.

32 http://www.aachener-stiftung.de/regional/regionalentwicklung/2012-faktor-x-siedlung-eschweiler.html, aufgerufen am 24.11.2013

33 Liedtke, Christa/Baedeker, Carolin (Hrsg.): *Wettbewerbsfähigkeit in einer zukunftsfähigen Wirtschaft,* Wuppertal Spezial 14, Wuppertal Institut 1999

34 Vgl. zum Beispiel den Bericht über eine Studie von Chris Hope, Peter Wadham und Gail Whiteman, von Christoph

Seidler: »Klimawandel – Forscher warnen vor arktischer Kostenzeitbombe«, *Spiegel Online*, 24.07.2013, http://www.spiegel.de/wissenschaft/natur/klimawandel-forscher-warnen-vor-billionenkosten-durch-methan-a-912892.html, aufgerufen am 20.01.2014

35 So berichtete die *Frankfurter Rundschau* im Februar 2013 von einer Greenpeace-Studie, der zufolge Opfer und Steuerzahler die Zeche zahlen, während die Atomindustrie kaum in die Verantwortung genommen wird. http://www.fr-online.de/japans-katastrophe/greenpeace-studie-zu-fukushima-atom-industrie-zahlt-nicht-fuer-opfer,8118568,21877080.html, aufgerufen am 27.11.13

36 TEEB 2010, vgl. dazu http://www.ufz.de/index.php?de=19659, aufgerufen am 27.11.13

37 Wie in den USA die 2000 geplatzte Technologieblase und 2008 die Immobilienblase.

38 Der Ökonom Pavan Sukhdev bezeichnet das Straßennetz als »die größte unsichtbare Subvention des privaten Transports auf fossiler Basis« – eine gigantische und umweltschädliche Subvention. Vgl. Pavan Sukhdev, a. a. O., S. 86

39 http://storyofstuff.org, aufgerufen am 15.01.2014

40 Pavan Sukhdev, a.a.O., S. 27–28

41 Pavan Sukhdev, a.a.O., S. 108

42 http://www.gruene.de/themen/energiewende/energiewende.html, aufgerufen am 10.12.2013

43 www.beyond-gdp.eu. Vgl. zur Kritik am BIP auch die Carnoules-Declaration von 1994 im Anhang, S. 219 ff.

44 OECD: »Beyond GDP. Measuring Progress, True Wealth, and the Well-Being of Nations«. International Conference, 19.–20.11.2007, Brussels. Abgerufen am 30.4.2012 unter http://www.oecd.org/dataoecd/19/33/38910732.pdf. Siehe auch http://www.beyond-gdp.eu

45 Das Beispiel stammt von Gunter Pauli, www.blueeconomy.com. Auf der Website werden zahlreiche technische Innova-

tionen vorgestellt, die eine verbesserte Ressourcennutzung ermöglichen.

46 Vgl. dazu zum Beispiel http://www.handelsblatt.com/finanzen/recht-steuern/steuern/kaffeekette-wie-starbucks-sich-um-die-steuern-drueckt/7339136.html, aufgerufen am 11.12.2013

47 Beispiel aus: Bernd Mayer: *Wie muss die Wirtschaft umgebaut werden?*, Frankfurt/Main 2008, S. 66

48 Vgl. u. a. den Bericht in der *FAZ* vom 13.12.2013: http://www.faz.net/aktuell/wirtschaft/wirtschaftspolitik/eeg-ausnahmen-industrie-drohen-rueckforderungen-in-milliarden-hoehe-12710074.html, aufgerufen am 14.12.2013

49 Zu den besonders umweltschädlichen Subventionen und Marktverzerrungen siehe auch die Verlautbarungen des Factor-10-Clubs im Anhang, S. 206

50 Zum Beispiel nimmt der ökologische Rucksack von Medikamentenverpackungen um ein Vielfaches ab, wenn man das Aluminium durch Plastik ersetzt. Auch bei Fensterrahmen kann PVC anstelle von Aluminium eingesetzt und so der ökologische Rucksack verkleinert werden.

51 Vgl. S. Bringezu: *Ressourcennutzung in Wirtschaftsräumen. Stoffstromanalysen für eine nachhaltige Raumentwicklung*, Heidelberg 2000

52 Siehe z.B. www.nachhaltigkeitsarena.de

53 Die »Eidgenössische Materialprüfungs- und Forschungsanstalt«, eine interdisziplinäre Forschungs- und Dienstleistungsinstitution für Materialwissenschaften und Technologieentwicklung innerhalb der ETH Zürich.

54 www.worldresourcesforum.org

55 http://www.umweltbundesamt.de/themen/abfall-ressourcen/ressourcenschonung-in-produktion-konsum/faktor-x

56 www.mut-zur-nachhaltigkeit.de

57 Liedtke, Christa, Welfens, Maria J. u. a.: *Mut zur Nachhaltigkeit*, Wuppertal 2008

58 Vgl. Willy Bierter, Gert Irgang, Christopher Manstein, Fried-

rich Schmidt-Bleek: *Machbarkeitsstudie für den Aufbau von »Proregis (Productivity Registry – Center For Resource Productivity Factors For Wealth Creation)«. Endbericht.* CH-Giebenach / A-Altach / A-Klagenfurt / F-Carnoules, November 2000. Abgerufen am 26.1.2013 unter http://www.factor10-institute.org/files/proregis_d.pdf

59 MI-Faktoren sind an folgenden Stellen verfügbar: www.mips-online.com, www.wupperinst.org, www.faktor10.at/mipsacademy; F. Schmidt-Bleek: *Das MIPS-Konzept*, a.a.O.; F. Schmidt-Bleek, C. Manstein: *Klagenfurt Innovation – Neue Wege einer umweltgerechten Produktgestaltung*, Klagenfurt 1999; F. Schmidt-Bleek: *Ökodesign – Vom Produkt zur Dienstleistungserfüllungsmaschine*, Wirtschaftskammer Österreich, WIFI No 303, 1999

60 M. Lettenmeier u.a.: »Resource Productivity In 7 Steps. How To Develop Eco-Innovative Products And Services, And Improve Their Material Footprint«, Wuppertal Spezial 41, Wuppertal Institut 2010, http://www.wupperinst.org/en/publications/entnd?beitrag_id=1309

61 Zum Beispiel im Oktober 2012 auf einer Veranstaltung des European Resources Forum in Berlin.

62 https://www.cdu.de/sites/default/files/media/dokumente/koalitionsvertrag.pdf, S. 36, aufgerufen am 05.02.2013

63 http://www.welt.de/wirtschaft/article122875634/Braunkohle-Lobby-schrieb-am-Koalitionsvertrag-mit.html, aufgerufen am 11.02.14

64 http://www.bundesregierung.de/Webs/Breg/DE/Themen/Nachhaltigkeitsstrategie/2-der-Staatssekretaersausschuss/aufgaben/_node.html, aufgerufen am 18.12.13

65 http://www.nachhaltigkeitsrat.de/der-rat/, aufgerufen am 20.12.2013

66 http://ec.europa.eu/eu2020/

67 http://ec.europa.eu/environment/resource_efficiency/about/roadmap/index_en.htm, aufgerufen am 20.12.2013

68 Schnaas, Dieter: »Teilen ist nicht das neue Haben«, *Wirtschaftswoche,* 08.09.2013, http://www.wiwo.de/technologie/digitale-welt/tauchsieder-teilen-ist-nicht-das-neue-haben/8755156.html, aufgerufen am 22.12.2013

69 Den Entwurf für ein »Rahmengesetz zum Schutz der natürlichen Ressourcen« habe ich formuliert, er findet sich im Anhang S. 237.

70 Zahlen in eckigen Klammern beziehen sich auf Fundstellen in der »Roadmap to a Resource Efficient Europe«. European Commission, Brüssel 20.9.2011, COM(2011)571

71 F. Schmidt-Bleek: *Wieviel Umwelt braucht der Mensch – MIPS, das ökologische Maß für die Wirtschaft*, Berlin, Basel, Boston 1994; ders.: *Das MIPS-Konzept, München 1998;* ders.: *Der ökologische Rucksack, Stuttgart 2004; ders.: Nutzen wir die Erde richtig?*, Frankfurt am Main 2006

72 Eine detaillierte Anleitung zur Dematerialisierung von Produkten und Dienstleistungen ist verfügbar unter: M. Lettenmeier u. a.: »Resource Productivity In 7 Steps – How To Develop Eco-Innovative Products And Services And Improve Their Material Footprint«, Wuppertal Institut 2010,http://www.wupperinst.org/en/publications/entnd?beitrag_id=1309; vgl. auch F. Schmidt-Bleek: *Der Ökologische Rucksack*, Stuttgart, 2004

73 W. R. Stahel: *The Performance Economy*, London, 2010

Dank

Unbewusst und in kurioser Weise gab vor 25 Jahren Stas Shatalin aus der damaligen Sowjetunion den Anstoß zu meinem Konzept der Ressourcenwende. Mein Freund Wolfram Huncke hatte die Idee, Hintergründe und Entwicklung der »neuen Denke im Umweltschutz« einer breiten Öffentlichkeit verständlich zu machen. Klaus Fricke, die treibende Kraft im Verlag, bestand auf einem ungeschminkten Vergleich notwendiger Maßnahmen für die Zukunft Deutschlands und der Wirklichkeit in Politik und Wirtschaft. Wie schon bei früheren Gelegenheiten half mir Rainer Klüting beim ersten Entwurf auch dieses Buches. Kerstin Lücker verdient besonderen Dank. Sie brachte Ordnung und Übersicht in die Gestaltung beider Ausgangsideen. Durch ihre unvoreingenommene Herangehensweise hat sie sehr viel zur Verständlichkeit einer vielschichtigen Materie beigetragen. Kunstvoll bewies sie, wie man mit einer einfachen Sprache komplexe Dinge erklären kann. Dem scharfen Verstand von Jacqueline Griffin verdanke ich den Hinweis auf manche Schwachstellen im Manuskript. Vom Verlag wurde meine Arbeit durch Sophie Boysen und Angelica Schwab und auch von Beatrice Braken-Gülke und Doris Schuck unterstützt.

Es war Ernst von Weizsäcker, der mir 1992 die Chance gab, am soeben gegründeten Wuppertal Institut meine neue Denke im Umweltschutz an der wirklichen Welt zu messen. Ohne meine Mitarbeiter wäre die Ressourcenwende wohl ein theoretisches Konstrukt geblieben. Für ihre innovative und vorurteilsfreie Mitarbeit danke ich besonders: Stephan Bringezu, Fritz Hinterberger, Michael Lettenmeier, Christa Liedtke, Jürgen Malley, Christopher

Manstein, Holger Rohn, Joachim Spangenberg, Hartmut Stiller, Ursula Tischner und Jola Welfens. Mit seinem Systemgehirn hat mir Harry Lehmann dabei geholfen, die schnell wachsende Zahl von Erfahrungen und Überraschungen in der neu entdeckten Welt der Nutzung von natürlichen Ressourcen zu ordnen.

Die Treffen des Factor-10-Clubs in der Rabassière und der Fontaine des Laines in der Provence waren ebenso entscheidend für die Entwicklung des Konzeptes Ressourcenwende, wie sie legendär waren in ihrer wundersamen Mischung aus Besorgnis um die Zukunft, Frohsinn, Humor, gutem Essen und Rosé. Gastgebender Mittelpunkt war dort immer Marie Madeleine Marchal.

Seit den Anfängen des Ringens um eine vorwärts gerichtete und vorsorgende Umweltpolitik waren mir viele Freunde und Kollegen aus aller Welt eine große Hilfe. Zu ihnen gehören Jacqueline Aloisi de Lardarelle, Bob Ayres, Bert Beyers, Willy Bierter, Yi Hen Cheng, Klaus Dosch, Wouter van Dieren, Xaver Edelmann, Paul Ekin, Miki Goto, Roland Gustavsson, Bärbel Höhn, Olaf Holstein, Gert Irgang, Leo Jansen, Friedhelm Korte, Tönis Käo, Ashok Koshla, Franz Lehner, Reinhard Loske, Jim MacNeill, Dennis Meadows, Bernd Meyer, Heinz Mooss, Gunter Pauli, Yannis Paleocrassas, Hubert Rhomberg, Wolfgang Sachs, Magnus Silfverhielm, Walter Stahel, Ernst von Weizsäcker, Anders Wijkman, Joachim Wille, Markku Wilenius, Heinz Wohlmeyer, Ryiochi Yamamoto, Tie-Yong Zuo und manche andere. In Deutschland, Finnland, Indien, Japan, den Niederlanden, Österreich, Schweden und der Schweiz haben uns Praktiker in der Industrie geholfen, Ideen in die dematerialisierte Gestaltung von Dienstleistungsmaschinen umzusetzen.

Allen zu danken ist mir Pflicht und Freude zugleich. Möge das Buch dazu beitragen, die zusehends gefährlicher werdende Situation der Menschen auf unserem Planeten Erde rechtzeitig unter Kontrolle zu bringen.

Bio Schmidt-Bleek

Roseneck, Grunewald, im Februar 2014

7.8.2014.